Portuguese

The Portuguese Language Learning Guide for Beginners

© Copyright 2020

All Rights Reserved. No part of this book may be reproduced in any form without permission in writing from the author. Reviewers may quote brief passages in reviews.

Disclaimer: No part of this publication may be reproduced or transmitted in any form or by any means, mechanical or electronic, including photocopying or recording, or by any information storage and retrieval system, or transmitted by email without permission in writing from the publisher.

While all attempts have been made to verify the information provided in this publication, neither the author nor the publisher assumes any responsibility for errors, omissions or contrary interpretations of the subject matter herein.

This book is for entertainment purposes only. The views expressed are those of the author alone, and should not be taken as expert instruction or commands. The reader is responsible for his or her own actions.

Adherence to all applicable laws and regulations, including international, federal, state and local laws governing professional licensing, business practices, advertising and all other aspects of doing business in the US, Canada, UK or any other jurisdiction is the sole responsibility of the purchaser or reader.

Neither the author nor the publisher assumes any responsibility or liability whatsoever on the behalf of the purchaser or reader of these materials. Any perceived slight of any individual or organization is purely unintentional.

Contents

PART 1: PORTUGUESE FOR BEGINNERS 1
AN INTRODUCTION 2
BEFORE WE START, A HEADS-UP 6
PART I: THE VERY BASICS 8
THE PORTUGUESE ALPHABET 9
    Vowels 9
    Consonants 13
NUMBERS, DAYS OF THE WEEK, MONTHS, SEASONS, AND
TELLING THE TIME 18
    Numbers 18
    Days of the Week 22
    Months 24
    Seasons 25
    Telling the Time 26
CLASSES OF WORDS 27
    Nouns 28
    Determiners 30
    Pronouns 37
    Prepositions 46
    Adjectives 52
    Adverbs 54

- *Accordance with gender* *58*
- *Accordance to number* *62*

#1 – HORA DE QUIZ! 68
PART II: GRAMMAR 70
BASIC PORTUGUESE VERBS 72
#2 – HORA DE QUIZ! 79
PART III: CONVERSATION 81
BASIC GREETINGS 83
INTRODUCING YOURSELF 86
FORMING QUESTIONS AND DIALOGUE 87
- *Buying and Ordering* *87*
- *At Work* *89*
- *At School/College* *90*
- *Traveling* *92*
- *Socializing* *93*
- *Formal Events* *94*

#3 – HORA DE QUIZ! 97
QUIZ ANSWERS 98
QUIZ #1 98
QUIZ #2 103
QUIZ #3 108
APPENDIX: VOCABULARY 112
GLOSSARY OF NOUNS 113
- *Animals* *113*
- *Body and Health* *115*
- *Cardinal Points* *120*
- *Clothes* *120*
- *Colors* *121*
- *Family* *121*
- *Food, Drinks and Eating* *123*
- *Household Items* *125*
- *Instruments* *128*
- *Means of Transportation* *129*

Nature *131*
　　P.O.I. - Places of Interest *134*
　　Religion *134*
　　Abstract Nouns and Others *135*
GLOSSARY OF VERBS 137
COMMON MISTAKES 141
WHO (OR *WHAT*) CAN YOU TRUST? 148
DO YOU SPEAK *BRAZILIAN*? 157
O FIM – CONCLUSION 159
PART 2: MASTERING PORTUGUESE WORDS 160
INTRODUCTION 161
BEFORE YOU START 163
NOUNS 163
BODY 269
CLOTHES 282
COLORS 284
RELATIONSHIPS 286
NATURE 289
NUMBERS 311
ADJECTIVES 316
ADVERBS 339
DETERMINERS 359
PREPOSITIONS AND CONJUNCTIONS 362
PRONOUNS 369
VERBS 374
CONCLUSION 483

Part 1: Portuguese for Beginners

A Comprehensive Guide for Learning the Portuguese Language Fast

AN INTRODUCTION

Are you...?

    א   quite busy and in need of a precise, but thorough, resource to learn Portuguese?

    א   traveling to or working in a Portuguese-speaking country?

Or do you...

    א   want to connect with people, while keeping your personality[1] when speaking Portuguese, instead of just learning how to "tourist-talk"?

    א   want to learn phrases that you can use to navigate social situations and help you make friends and new connections?

If your answer to these questions is "yes," then this book is here to help.

Let's start with a couple of questions: Is it worth learning a new language? And why Portuguese?

---

[1] Fun fact: Studies show that personalities change when people are speaking a different language. If you're interested in this topic and want to know more, you can start by reading this: G. Marina Veltkamp, Guillermo Recio, Arthur M. Jacobs, and Markus Conrad. "Is personality modulated by language?" *International Journal of Bilingualism* 17, no. 4, 2013.

Well, it all comes down to a simple *"why not?"* This book could go on about all of the benefits it pays to your brain, in terms of your memory and other cognitive processes[2], but the learning of a new language undoubtedly transcends that very dispassionate, yet pragmatic, approach. Granted that if you are reading this, you have probably already decided to learn a new language, this guide will still take you through the thought process behind writing it and what you can expect from it.

Learning a new language is such an amazing tool that allows people from different parts of the world to connect more easily. That leads, more importantly, to deeper and more meaningful connections as well. In the case of the Portuguese language, several countries[3] have it as the official language, making it the sixth most spoken idiom on Earth, with 170 million speakers worldwide. This means that learning it grants you the possibility

---

[2] The benefits of learning a new language have been known for years. For instance, we know that: bilinguals generally score higher on standardized math, reading, and vocabulary tests; have better focus, concentration, and attention; delay immediate gratification in the pursuit of long-term goals; have better memory and memorization skills, among many other positive effects. To check out a more detailed list, visit this page
https://www.sandiegounified.org/schools/sites/default/files_link/schools/files/Domain/1 8742/WORLD%20LANGUAGES%20Benefits%20of%20bilingualismarticle.pdf. To further illustrate the idea, a small quote from an interesting article about how the learning of a language benefits cognition and mental processes: "(...) *new findings suggest that individuals benefit from that exposure, with greater openness to other languages and to new learning itself. At the other end of the lifespan, in old age, the active use of two or more languages appears to provide protection against cognitive decline.*" Kroll J., and Dussias P. *The Benefits of Multilingualism to the Personal and Professional Development of Residents of the US.*

[3] Currently, ten countries have Portuguese as their official language: Brazil, Cape Verde, Angola, Guinea-Bissau, Equatorial-Guinea, São Tomé and Príncipe, Macau (technically, Macau isn't a country, but a special administrative region of China, alongside Hong Kong), East Timor, Mozambique, and, of course, Portugal.

of making friends or finding job opportunities in the most obscure places you can imagine.[4]

However, there is more to Portuguese than it just being a great tool of connection between fellow humans scattered around the world. Portuguese is immensely rich and full of music, history, and stories. It has come a long way, with the first form[5] of Portuguese dating back to the eighth century AD. This form was derived from the vulgar Latin spoken by the Romans, with influences from the Celts and other barbarian tribes that lived in the territory, which is now modern-day Portugal.[6]

And that is what this book wants to accomplish—to teach a language for all of the practical uses it holds while showcasing its essence, rhythm, and soul.

To do just that, aside from the fundamental chapters on how the language works, and for you to get in touch with the language and its applications in music, literature, and everyday events, the guide will occasionally have some notes about songs, poems, famous books, and idiomatic expressions that relate to what is being taught. Aside from the cultural richness and value that the content may possess by itself, reading literature or singing along to a Portuguese tune might just be the second-best way to learn a language and perfect the accent—besides trying to speak it with Portuguese speakers.

So, we finish as we started—Why learn Portuguese? What for? Is it worth it, or rather, *Vale a pena?*

---

[4] There are even a lot of Portuguese speakers in other countries due to immigration or Portuguese influence: France, Switzerland, Luxembourg, Uruguay, Venezuela, and Guiana, just to name a few.

[5] Portuguese, as we know it now, is obviously very different from what the language was back then.

[6] Fun fact: Portugal has had its defined borders since 1143 AD.

The answer is very simple:

"*Tudo vale a pena, se a alma não é pequena.*"[7]

---

[7] From the poem *Mar Português*, written by the famous Portuguese poet Fernando Pessoa. It means "*Is it worth it? Everything is worth it, if the soul isn't small.*" For the full poem and an English adaptation, visit this blog: *http://literaryjoint.blogspot.com/2012/03/fernando-pessoa-mar-portugues.html.*

Before we start, a heads-up

Anticipating the confusion that it may cause before we start; it is wise to remind you of the orthographic agreement this book follows.

Currently, only three countries adhere to the Portuguese Orthographic Agreement of 1991. This international treaty was created to unite the language in the countries where Portuguese is the official idiom. It changed various aspects of the language (for instance, the rules of capitalization), but nothing so fundamental that it could preclude somebody that learned the language using one system, not to understand it in the other system.

Despite this—and admitting beforehand that it is also my stand on the issue—many Portuguese writers do not approve of the agreement, and thus don't write accordingly. In contrast, some countries didn't even adhere to it, regardless of having ratified it.[8]

---

8 Despite the ratification of the treaty in 1991, Portugal only signed the agreement into law in 2008. It was then officially implemented by the government after a six-year transition process.

It really won't make that much of a difference to you. Still, keep that information in mind just so that if you happen to see some words spelled slightly differently,⁹ you know why. However, just in case, always double-check. In a best-case scenario, you will spot a mistake that somebody (just like myself), who is probably a native, made. Let's say, for instance, that you are exchanging messages with a Portuguese friend and he/she says:

"Foi um acto cruel!" ↪ "It was a cruel act!"

You should say, "Em vez de 'ACTO,' não se escreve '*ATO* agora?" ↪ Instead of "'ACT,' isn't it written 'ACT' now?"

And well, isn't that something to brag about?

---

9 This can happen if you read Portuguese from a country that is not Portugal since it may vary slightly from place to place. For instance, at the end of this book, you will find a list of words that are written differently in the Portuguese from Brazil. I want to stress that both forms are orthographically correct.

PART I: THE VERY BASICS

The Portuguese Alphabet[10]

Like the English alphabet, the Portuguese alphabet is based on the Latin or Roman alphabet and consists of 26 letters. Nevertheless, the pronunciation of each letter might be different than the way it is pronounced in English. Plus, many sounds are unique to the language or at least are not very common in English. So, let's start by learning how to pronounce each letter. It is not as simple as it may appear—depending on where the letter is in a word, its pronunciation will be quite different. Ok, maybe it isn't *that* different, but it might be different enough to sound weird if not said the correct way. Furthermore, you most likely want to be understood and impress people when you are speaking Portuguese. Thus, you want to get it just right!

Vowels

Let's start with the vowels[11]: A, E, I, O, U. That is easy, but how are they pronounced?

- ℵ "**A**" - like the "A" in "BAR"
- ℵ "**E**" - like the "A" in "WELL"

---

10 If you want to sing the alphabet in European Portuguese, check out this video: https://www.youtube.com/watch?v=aBNGZjjxOS0.

11 Looking for a fun way to practice the pronunciation of the vowels? Check out this song: https://www.youtube.com/watch?v=0ZXcE2YKV34.

- "I" – like the "EE" in "FEED"
- "O" – like the "O" in "MORE"
- "U" – like the "O" in "LOSE"

However, as mentioned, the pronunciation might change: If the letters are surrounded by other letters, if they are at the beginning, middle, or end of a word, if they have a diacritical mark, and so on. There are four big types of pronunciation. Let's see how each letter's sound changes depending on what pronunciation type we are talking about.

- **Open pronunciation**[12]:

A) The open pronunciation of the letter "A" in Portuguese sounds like the "A" in "FAR." It is the correct pronunciation most of the times when "A" is the stressed syllable of the word, like the first "A" in the word "CALMA - CALM," or if it contains the diacritical mark (acute accent) " ´ " like in the word "ALIÁS - BESIDES, INDEED."

E) The open pronunciation of the letter "E" in Portuguese sounds like the "E" in "VET." It is the correct pronunciation most of the times when "E" is the stressed syllable of the word, like the one in "SERRA[13] - MOUNTAIN RANGE," or if it contains the diacritical mark (acute accent) " ´ " like in the word "PÉ - FOOT."

I) The letter "I" is almost always pronounced with an open sound, like the "EE" in "FLEE": "FICAR - STAY; SORRIR - SMILE; GRITAR - SCREAM."

O) The open pronunciation of the letter "O" sounds like the "O" in "CORE." It is the correct pronunciation most of the times when the "O" is the stressed syllable of the word, like in the word "SOL - SUN," or if it contains the

---

12 A good way to memorize is to remember that in open pronunciation, you have to have your mouth wide open to pronounce it.

13 "Serra" can also mean "saw."

diacritical mark (acute accent) " ´ ", like in the word "SÓ - ALONE."

U) "U" is almost always pronounced with an open sound, like the "OO" in the word "COOPER": "UM - ONE; LUZ - LIGHT; LUA - MOON."

As you may have noticed, the open pronunciation is the one we use when saying (or singing if we want it to be more fun) the vowels by themselves: **a, e, i, o, u**. Now, what about the other types of pronunciation? You also probably observed that within the same word, the vowels have different sounds. Let's keep going.

- **Closed pronunciation**[14]**:**

A) The closed pronunciation of the letter "A" sounds like the "A" in the word "MAYBE." It happens when the "A" is at the end of a word, but not exclusively. Remember the word "CALMA - CALM"? The second "A" has the closed pronunciation.

E) The closed pronunciation of the letter "E" sounds like the "E" in "CLOSED." It happens when the "E" is *not* at the end of the word, but it can be in the stressed syllable. For instance: "PECAR - ([TO] SIN)."

O) The closed pronunciation of the letter "O" sounds like the "O" in "SOAP." It happens when the "O" is *not* at the end of the word, but it can be in the stressed syllable, just like the first "O" in the word "OVO - EGG." It is very similar to the nasal pronunciation.

---

14 Here, the trick is to close your lips when saying the letter.

ℵ **Reduced pronunciation[15]:**

E) The reduced pronunciation occurs when the "E" is at the end of the word, like in "VONTADE - WILL."

A, I, O, U) There are not, from my point of view, good examples for these other letters. The differences are so small and so irrelevant that trying to explain them would be needless and perhaps more confusing.

ℵ **Nasal pronunciation[16]:**

A) The nasal pronunciation happens when the "A" precedes an "M" or an "N" like in "ANTES - BEFORE," or when it has the diacritical marks "^" or "~" like in the word "MAÇÃ - APPLE." It sounds similar to the "U" in the word "HUNG."

E) The nasal pronunciation happens when the "E" precedes an "M" or "N" like in the word "GENTE - PEOPLE," or when it has the diacritical marks "^" or "~" like in the word "PÊRA - PEAR." It sounds like the first "E" in the word "EMBARRASSED."

O) The nasal pronunciation happens when the "O" is followed by an "M" or "N" like in the word "ONTEM - YESTERDAY," or the when it has the diacritical marks "^" or "~" like in the word "CÔCO - COCONUT." It sounds similar to the "O" in the word "OVER." Again, it is very similar to the closed pronunciation.

Then, whenever we have two vowels together that we read in one go, instead of pronouncing very clearly each letter, we are talking about diphthongs. It is like the sound of each vowel individually blends with the other, making it one sound, instead of the separate sound of each vowel. So, in Portuguese, we have oral and nasal diphthongs. The oral diphthongs are: **"ai, au, ei,**

---

15 When using the reduced pronunciation, it is almost like you are stopping yourself before finishing the word.

16 The trick here is pretty easy—just block, close, cover, your nostrils with your fingers to make that funny nasal sound.

oi, ou, ui." The nasal diphthongs are: "ão, õe, ãos, õesãoes, ães." They will be especially easy to pronounce when you have a cold!

Consonants[17]

Now, let's take a look at the rest of the letters. They are, as you already know, B, C, D, F, G, H, J, K, L, M, N, P, Q, R, S, T, V, W, X, Y, Z. Although most do not differ much from what the English pronunciation is, there are many variations and a lot of sounds that a single letter can make, depending on which letters surround it. Just like with the vowels, let's take a look at each one.

- **B (bê)** - The "B" in a word sounds just like the one in the English "bola ↪ ball."

- **C (cê)** - The "C" has a lot of different sounds. It may have a soft sound, just like the "C" in "CITY." That happens when the next letter is either an "E" or "I," like in the word "CERA ↪ WAX." When the "C" is followed by an "A," "O," "U," or a consonant, it has a hard sound as in the "C" in "COURT." Like, for instance, in the word "CARRO ↪ CAR" or "CRER ↪ (TO) BELIEVE." Then, we have an exception. The pair "CH" does not make the "C" have a hard sound, nor the sound that the "CH" pair makes in English. Instead, it has the same sound as the "SH" pair in English, just like in the word "SHE." As an example: "CHUVA ↪ RAIN." Finally, we have the "Ç." We call it "C Cedilhado" or "C com cedilha." The cedilla is used to turn a hard sound into a soft one. So, let's take, for instance, "CAÇAR ↪ HUNT." If the "C" did not have the cedilla, it would make a hard sound instead of the soft one it is supposed to make.

---

17 Between parenthesis, you will find the way to pronounce each consonant by itself. Remember what you have learned from the pronunciation of the vowels, or go back if you need to.

א   **D (dê)** - It has the same sound as the "D" in the word "DOLL."

א   **F (éfe)** - It has the same sound as the "F" in the word "FUDGE."

א   **G (gê)** - The "G" might have two different sounds—a hard or soft one. The hard sound happens when it is followed by an "A," "O," or "U," just like the "G" in the word "GANG." Example: "GUARDA ↷ GUARD." When followed by an "E" or "I," it sounds just like a "J."

א   **H (hagá)** - The "H" is always silent in Portuguese. However, as we already know, when paired with a "C" (always in this order "CH"), it changes the sound of the "C."

א   **J (jota)** - Regardless of what vowel is after, "J" is always pronounced like the "S" in "MEASURE," no matter what vowel follows it. Example: "JOGO ↷ GAME." Fun fact: In Spain, it is pronounced like a hard "R," which we will see in a bit.

א   **K (kápa)** - The "K" is pronounced the same way in both languages. And the "Q" in the same way "K" is.

א   **L (éle)** - The "L" has the same pronunciation in the English language, but that depends on whether we encounter it at the beginning of a word, like in "LATE," and between vowels, like in "ELASTIC," or at the end of a word, like in "SHOVEL." However, there is one exception that we do not see—or rather hear—in English. When an "H" follows the "L," the sound it makes is somewhat strange. You can achieve it by touching the ceiling of your mouth with your tongue and pushing it against your teeth while trying to say something like "LHE."[18]

---

18 I know it is quite hard to explain via writing. To hear it and grab a better understanding of what it's supposed to sound like with some examples, check out this video, which is in English: https://www.youtube.com/watch?v=ElMCAOwBHns.

א **M (éme)** - "M" has the same sound it has in English (like the "M" in "MALL") if we see it at the beginning of a word, like in the word "MALUCO ↝ CRAZY" or between vowels, like in the word "AMAR ↝ (TO) LOVE." However, it can have a different sound, just like the "N" in "ANT." That happens when we encounter it at the end of a word, like in "(ELES) FICAM ↝ (THEY'LL) STAY."

א **N (éne)** - It has the same hard sound as the "N" in the word "NEVER" if it is at the beginning of a word or between vowels; but if we find it between a vowel and a consonant, it has the same soft sound as in English, just like the "N" in the word "PANTS." However, when an "H" comes after it, it makes a similar sound to the "LH" sound, but with an "N" instead of an "L" sound.[19]

א **P (pê)** - It has the same sound as the "P" in the word "PARK."

א **Q (qê)** - It has the same sound as the "K" in the word "PARK." However, we have to pay attention to a few details. It is always followed by the letter "U"; however, the letter "U" is not always read. Whenever an "E" or "I" comes after the "QU," the "U" is silent, like in "(EU) QUERO ↝ (I)WANT" or "QUILÓMETRO ↝ KILOMETRE." If it is an "A" or "O" that follows, the "U" is read aloud, just like in "QUALQUER ↝ ANY/WHICHEVER" and "QUOCIENTE ↝ QUOTIENT."

א **R (érre)** - This letter has a similar sound to the English "R" when we find it at the end of a word, or before or after a vowel, just like in the word "MARCA ↝ BRAND" or "ADICIONAR ↝ (TO) ADD." But it can also have a hard sound, and that is when it is either a double "RR," or when we find it at the beginning of a word. To make it, try imitating the purr of a cat!

---

19 Ok, if you still need more help, check out this video and hear how to say it: https://www.youtube.com/watch?v=DCRuTNDPdKw.

א **S (ésse)** - This letter has many different pronunciations. It has the same sound that we know from English when we encounter it at the beginning of a word, or when it is a doubled "SS," just like in the words "SOL ↷ SUN" and "ASSADO ↷ ROASTED." However, before a consonant, it makes the sound we already know from the "SH" pair, like in the word "COSTA ↷ COAST." Finally, between two vowels, it sounds like a "Z," like in the word "USAR ↷ (TO) USE."

א **T (tê)** - It has the same sound as the "T" in the word "TOY."

א **V (vê)** - It has the same sound as the "V" in the word "VASE."

א **X (xiz)** - This letter also has many different pronunciations—a total of five! The problem with this letter is that it has no rule, so you will always have to check how to say it correctly. To start, the most common sound is the "CH" sound, which we already know, like in "XADREZ ↷ CHESS" (the equivalent to the "SH" in English). It also may sound like a "hard C" and "S" together, just like the "X" in the word "BOX." It can have the "Z" sound, like in the word "EXAME ↷ EXAM." Finally, it can make the "SS" sound, like in the word "MÁXIMO ↷ MAXIMUM."

א **Y (ípsilon)** - It has the same sound as the letter "I." It is only used in neologisms and foreign words.

א **W (dabliú)** - Since it is also only used in neologisms and foreign words, it either can sound like a "U" or "V."

א **Z (zê)** - It has the same sound as the "Z" in the word "ZOMBIE." However, when we find it at the end of a word, it sounds like "SH" as in "SHE." Example: "GIZ ↷ CHALK."

But with all this knowledge, how do we know how to read complete words? Which syllable is the stressed one?

You already know that if a vowel has an accent, whichever one it is, that is the syllable you accentuate. However, if there is no diacritical mark, what is the rule? Then, and usually, the stress of the word goes into the penultimate syllable. Take, for instance, the word "CO-**RA**-GEM ↝ COURAGE"—the stress is in the middle, in the syllable "RA."

There are a few exceptions, though. Let's go through them. Words ending in "I," "IM," "INS," "L," "R," "UM," "UNS," and "Z" have their stress shift to the last syllable. Read out loud the next examples, and do not forget to shift the stress to the last syllable of the word.

- RE-QUE-***RI*** ↝ (I) REQUIRED
- MU-SI-***CAL*** ↝ MUSICAL
- MA-NE-***QUIM*** ↝ MANNEQUIN
- MA-NE-***QUINS*** ↝ MANNEQUINS
- CIN-TI-***LAR*** ↝ SPARKLE
- IN-CO-***MUM*** ↝ UNCOMMON
- IN-CO-***MUNS*** ↝ UNCOMMON (pl.)
- ES-TU-PI-***DEZ*** ↝ STUPIDITY

Numbers, Days of the Week, Months, Seasons, and Telling the Time

Numbers

Did you know that the Portuguese use the Arabic numerals? Did you know that Americans and the vast majority of countries use them, too?[20] Well, what did you expect—that we would still use the Roman numerals? How do you say those in Portuguese, though? Let's see:

- 0 - Zero
- 1 - Um
- 2 - Dois
- 3 - Três
- 4 - Quatro
- 5 - Cinco
- 6 - Seis
- 7 - Sete

---

20 The answer to the question, apparently, is not that obvious: https://www.independent.co.uk/news/arabic-numerals-survey-prejudice-bias-survey-research-civic-science-a8918256.html.

- 8 - Oito
- 9 - Nove
- 10 - Dez
- 11 - Onze
- 12 - Doze
- 13 - Treze
- 14 - Catorze
- 15 - Quinze
- 16 - Dezasseis
- 17 - Dezassete
- 18 - Dezoito
- 19 - Dezanove
- 20 - Vinte
- 30 - Trinta
- 40 - Quarenta
- 50 - Cinquenta
- 60 - Sessenta
- 70 - Setenta
- 80 - Oitenta
- 90 - Noventa
- 100 - Cem
- 200 - Duzentos
- 300 - Trezentos
- 400 - Quatrocentos
- 500 - Quinhentos
- 600 - Seiscentos
- 700 - Setecentos
- 800 - Oitocentos
- 900 - Novecentos
- 1000 - Mil
- 1.000.000 - Um milhão

Now, you have all that you need to "create" the numbers between the ones indicated above. So, between 20 and 30, you just do what you would in English—add the number in front of the set of the ten. Like so:

- 21 - Twenty-one ↪ Vinte e um
- 22 - Twenty-two ↪ Vinte e dois
- 23 - Twenty-three ↪ Vinte e três
- 207 - Two-hundred and seven ↪ Duzentos e sete
- 310 - Three-hundred and ten ↪ Trezentos e dez
- 450 - Four hundred and fifty ↪ Quatrocentos e cinquenta
- 573 - Five hundred and seventy-three ↪ Quinhentos e setenta e três
- 1100 - One thousand one hundred ↪ Mil e cem
- 83.100 - Eighty-three thousand one hundred ↪ Oitenta e três mil e cem

You get the point. There is an exception, though. When it comes to "a hundred ↪ cem," when saying the numbers that come after, let's say, for instance, "101," you don't say "cem e um." Instead, it works like this:

- 101 - One hundred and one ↪ **Cento** e um
- 70.102 - Seventy thousand, one hundred and two ↪ Setenta mil, **cento** e dois
- 1.839.154 - One million, eight hundred and thirty-nine thousand, one hundred and fifty-four ↪ Um milhão, oitocentos e trinta e nove mil, **cento** e cinquenta e quatro

From this point on, everything is the same. Still, it is worth paying attention to what a billion is in English because, in Portuguese, the similar word a "bilião" depicts a different reality:

- 1.000.000.000 – Mil milhões → Billion
- 1.000.000.000.000 – Um bilião → Trillion
- 1.000.000.000.000.000 – Mil trilião→ Quadrillion

As for the ordinal numbers, let's see the first ten.

- First → Primeiro
- Second → Segundo
- Third → Terceiro
- Forth → Quarto
- Fifth → Quinto
- Sixth → Sexto
- Seventh → Sétimo
- Eight → Oitavo
- Nineth → Nono
- Tenth → Décimo
- Twentieth → Vigésimo
- Thirtieth →Trigésimo
- Fortieth → Quadragésimo
- Fiftieth → Quinquagésimo
- Sixtieth → Sexagésimo
- Seventieth → Septagésimo
- Eightieth → Octogésimo
- Ninetieth → Nonagésimo
- Hundreth → Centésimo

You need to add the ordinal number, needed from the first ten we saw, between each set of ten. However, notice that both numbers are in their ordinal form and not just the second. Like so:

- Twenty-first → Vigésimo primeiro
- Thirty-second → Trigésimo segundo
- Fifty-fifth → Quinquagésimo quinto

And so on...

Days of the Week

The Portuguese names for the days of the week have an old and interesting origin. Every workday has the suffix "feira," and supposedly, the first day of the week is called "**segunda**-feira," which means "second"—as you know. Why is this?

Most of the idioms around the world have the names of the week's days based on the visible planets from Earth—Mercury, Venus, Mars, Jupiter, Saturn—plus the moon and the sun, while a few others are based on mythological figures[21]. So, in the original Latin, born in the Late Antiquity period and from there on out, the days of the week were called:

- *Dies solis* - Day of the sun
- *Dies lunae* - Day of the moon
- *Dies martis* - Day of Mars
- *Dies mercurii* - Day of Mercury
- *Dies iovis* - Day of Jupiter
- *Dies veneris* - Day of Venus
- *Dies saturni* - Day of Saturn

The Portuguese language is the only one in the romance languages' family that does not follow the rule. This is because São Martinho de Dume, a Portuguese bishop, thought it would be a blasphemy to give pagan names to the week's days during the Holy Week. This happened around 563 BC. He then proposed that during the Holy Week (in the Middle Ages this was solely dedicated to rest and prayers), the Christians should refer to Sunday as the Day of the Lord, and to the following days, as "free" days, days of rest, in numerical order. So:

- *Dominicus* ↪ *Dies Domini* ↪ Domingo
- *Feria secunda* ↪ *Secunda feria* ↪ Segunda-feira
- *Feria tertia* ↪ *Tertia feria* ↪ Terça-feira

---

[21] For instance, the English "Thursday" has its origin in the Old English, in Thor's Day, the God of Thunder.

- *Feria quarta* ↪ *Quarta feria* ↪ Quarta-feira
- *Feria quinta* ↪ *Quinta feria* ↪ Quinta-feira
- *Feria sexta* ↪ *Sexta feria* ↪ Sexta-feira
- *Sabbath*[22] ↪ *Sabatum* ↪ Sábado

Needless to say, the proposal lasted way beyond its original idea of being applied during the Holy Week.

So, initially, the word "feria" meant literally "rest" or "free day." The word evolved to "feira," which means "fair"[23] in English, but now you know its true origin. Additionally, the Portuguese word for "vacation" today is very similar to what it was back then—"férias."

Was it a boring story? As boring and difficult as getting through a typical Monday? Well, it is only appropriate that we get to work then...

- Days of the week ↪ Dias da semana
- Workdays/business days ↪ Dias úteis
- Monday ↪ Segunda-feira
- Tuesday ↪ Terça-feira
- Wednesday ↪ Quarta-feira
- Thursday ↪ Quinta-feira
- Friday ↪ Sexta-feira[24]
- Saturday ↪ Sábado
- Sunday ↪ Domingo
- Weekend ↪ Fim-de-semana
- Day ↪ Dia
- Week ↪ Semana

---

[22] As you may know, the "SABBATH" is the Jewish day destined for rest, which occurred at the end of the week. So, traditionally, that was when the week ended.

23 As in "medieval fair" and not as in "just," which would be "justo" or "correcto."

24 If you want to hear a song in which you can practice your pronunciation of "Sexta-feira," check out this Portuguese band: https://www.youtube.com/watch?v=6gIQx5P9Xl0.

- Weekly ↪ Semanal
- Tomorrow ↪ Amanhã
- The day after tomorrow ↪ Depois de amanhã
- Yesterday ↪ Ontem
- The day before yesterday ↪ Anteontem
- Day off ↪ Folga

Months

Now, let's take a look at the months of the year. When it comes to the names of the months in Portuguese, there is another story to tell. Did you know that there were only ten months originally in Ancient Rome? That is due to the creator of Rome, Romulus, who gave the name to the old city.

So, we had "MARCH," which was dedicated to *Martius*, the god of war. Then came "APRIL." Some say it was dedicated to *Aphrodite*, the goddess of love, while others defend that it derives from the word "APERIRE - ABRIR ↪ TO OPEN," related to the opening of the flowers during that time in the Northern Hemisphere. Then "MAY," which was named after the goddess *Maia,* responsible for the growth of plants and flowers. Then "JUNE" or *Juno,* goddess of wedding and birth. Then "JULY," which was initially called "*Quintiles*" since it was the fifth month of the year. However, it was later rebaptized to pay homage to Julius Caesar. "AUGUST" was also rebaptized to celebrate the emperor, Caesar Augustus. Before that, it was named "*Sextilis.*" Finally, "SEPTEMBER," "OCTOBER," "NOVEMBER," and "DECEMBER" were all named after the Latin words that mean, respectively, seventh, eighth, ninth, and tenth.

However, when the successor of Romulus, Pompilius, rose to power, he added two more months to coincide the twelve months with a lunar cycle.

So, "JANUARY" was added as the first year. It was a homage to *Jano*, a god of two faces, also considered the god of beginnings, and that is why it was named as the first month of the year. Then came "FEBRUARY," which was a reference to the god of purification, called *Februa*. That is why this month has fewer days than the others!

Now, let's dive straight into our list.

- Months ↪ Meses
- January ↪ Janeiro
- February ↪ Fevereiro
- March ↪ Março
- April ↪ Abril
- May ↪ Maio
- June ↪ Junho
- July ↪ Julho
- August ↪ Agosto
- September ↪ Setembro
- October ↪ Outubro
- November ↪ Novembro
- December ↪ Dezembro
- Monthly ↪ Mensalmente
- Trimester ↪ Trimestre
- Semester ↪ Semestre

Seasons

Now, let's take a look at the "épocas do ano!"

- Annual ↪ Anual
- Leap year ↪ Ano bissexto
- Spring ↪ Primavera
- Summer ↪ Verão
- Autumn/Fall ↪ Outono
- Winter ↪ Inverno
- Easter ↪ Páscoa

- Christmas ～ Natal
- Christmas Eve ～ Véspera de Natal/Consoada
- New Year ～ Ano Novo
- New Year's Eve ～ Véspera de Ano Novo
- April Fool's Day ～ Dia das Mentiras
- Halloween ～ Dia das Bruxas
- Vacations ～ Férias
- Holidays ～ Feriados
- Valentine's Day ～ Dia dos Namorados

Telling the Time

Now you know the Portuguese letters, vowels, consonants, numbers, days of the week, months, and seasons, it is time to learn about just that—time!

Portugal's time zone is WET (Western Europe Time), which can be represented by UTC+0. During summer, it is the WEST (Western Europe Summertime) or DST, or UTC+1. Unlike in the United States, for instance, the official format used in Portugal is the 24-hour format. So, every hour after 12 p.m. would just go on in numerical order until the 24th hour (which corresponds to the hour 0), instead of just going back to 1 p.m. This way, the official way to say the time if it is 5.30 p.m., would be 17h30; 12 p.m. - 12h; 1 p.m. - 13h; 2 p.m. - 14h; 3 p.m. - 15h; 4 p.m. - 16h; 5 p.m. - 17h; and so on.

Despite this, you will definitely hear or read something like: «I'll meet you "*às 3 da tarde.*"» or «I'll be there "*às 11 da manhã.*"» or "The concert is "*às 9 da noite.*"» This is because, in informal conversations, it is more common to use **"de manhã"** to indicate a time during the morning—a.m.—and **"da tarde"** and **"da noite"** to indicate the time during the afternoon and night—p.m.

Classes of Words

Did you know there are a total of ten classes of words in the Portuguese language? That's right: the determiners, the pronouns, the nouns, the adjectives, the verbs, the conjunctions, the prepositions, the adverbs, the numerals, and the interjections. You probably studied them in school around the fourth grade. In Portuguese, there are a lot of things that might be different but do not worry—many other things you will surely recognize or be familiar with. Besides, what is not familiar won't be very hard.

Take a look at a few examples of each class of words:

Determiners	Nouns	Adjectives	Verbs	Numerals
O	Crianças	Loura	Estar	Um
(a) Minha	Rapaz	Engraçado	Brincar	Dois
Um	Aluno	Inteligente	Faltar	Dez
Este	Escola	Grande	Ir	Primeiro
Aquele	Lisboa	Esforçada	Sentir	Quinto

The numerals you have already studied. They correspond to the numbers mentioned in the previous chapter—they evidently indicate quantity or a place in a specific order. In the next chapter, we will look at the verbs and how to conjugate them in three different tenses. The following sections will focus on the study of the nouns, determiners, pronouns, prepositions, adjectives, and adverbs.

Nouns

Let's start with the nouns, also known as substantives. In Portuguese, you can also say "substantivo ᔕ substantive," but the translation for "nouns" is "nomes ᔕ names." Nouns are words that designate people, things, animals, actions, qualities, or states.

There five sub-classes of nouns:

- א Proper nouns
- א Common nouns
- א Abstract nouns
- א Concrete nouns
- א Collective nouns

The proper nouns indicate individualized beings—people, things, or animals—and are usually written with an uppercase. Common nouns also indicate beings—people, things, or animals—but these are not individualized and are usually written with a lowercase. The same word can be a proper noun and a common noun; it depends on the sentence and context. Take a look at these sentences to see just that:

Pronouns	Prepositions	Conjunctions	Adverbs	Interjections
Ele	Até	Quando	Aqui	Ena!
Ela	Com	Enquanto	Ali	Ui!
Lhe	De	Mas	Longe	Ai!
Se	Em	E	Tarde	Socorro!
Meu	Por	Pois	Docemente	Ah!

א   "A **Rosa Coelho** foi à **Figueira da Foz**. ↪ Rosa Coelho[25] went to Figueira da Foz[26]."

א   "Esta **rosa** é linda. ↪ This rose is beautiful."

א   "Ontem comi **coelho** ao jantar. ↪ Yesterday I had rabbit for dinner."

א   "Aquela **figueira** está cheia de figos. ↪ That fig tree is full of figs."

א   "Ali fica a **foz** do rio Sado. ↪ Over there is the river Sado's mouth."

In the first sentence, all of the nouns highlighted are proper nouns. The first two, "Rosa" and "Coelho," are names, and the third is the name of a city. The second sentence used "coelho" as well, but this time as a common noun. The third sentence has part of the name of the city we saw in the first sentence—"figueira"—again used as a common noun. Finally, in the fourth sentence, we have the other word that composes the name of the city, "foz"; this time also used as a common noun.

Then, as a sub-subclass of the common nouns, we have the abstract nouns. They indicate actions, qualities, or states. The other sub-subclass of the common nouns are the concrete nouns. They indicate people, things, or animals.

א   "Uma **amiga** minha está no **hospital** com o seu **cão**. ↪ A friend of mine is at the hospital with her dog."

א   "Os médicos têm **esperança** na sua **recuperação**. ↪ The doctors have hope in her recovery."

In the first sentence, we are facing three concrete nouns; in the second sentence, two abstract nouns—"esperança" and "recuperação." The word "médicos" in the second sentence is a collective noun, which we will talk about next.

---

[25] "Coelho" means rabbit, but it is also a last name in Portuguese.
[26] "Figueira da Foz" is a city in the central region of Portugal, near Coimbra.

Finally, we have the collective nouns that indicate a group of various elements of the same species or type. For instance:

א "Uma **multidão** observa o incêndio que consome o **arvoredo**, já perto do **casario**[27]. ↪ A crowd observes the fire that consumes the grove, already near to the houses."

Determiners

Determiners are words that, variating in gender or number, precede the noun, giving us information about it. Basically, we know more details about what we are talking about because of the determiners. They can specify–determine–what we are talking about. For instance, a determiner will indicate:

- א If we are talking about a man or woman
- א If there is one object or many in a given area
- א In which position an object is in space
- א To whom an object belongs to

Hence, there are several sub-classes of determiners:

- א Definite articles
- א Indefinite articles
- א Demonstrative determiners
- א Possessive determiners
- א Interrogative determiners
- א Indefinite determiners
- א Numeral Determiners

Bear in mind that, in English, the determiners "the," "a," and "an" correspond to all of the articles we are going study–the reason being, as mentioned, that the determiners in Portuguese vary in gender and number.

Let's start at the beginning–the **definite articles**:

---

27 "Casario" is an agglomeration of houses.

Singular		Plural	
Masculine	Feminine	Masculine	Feminine
O	A	Os	As

The definite articles indicate objects, things, or people that are specified and perfectly well known. It implies that something is a specific thing or many specific things. Like so:

- "**O** livro. ↪ The book."
- "**A** sala de estar. ↪ The living room."
- "**Os** gatos. ↪ The cats."
- "**As** mãos. ↪ The hands."

As for the **indefinite articles**:

Singular		Plural	
Masculine	Feminine	Masculine	Feminine
Um	Uma	Uns	Umas

The indefinite articles designate objects or people that are not perfectly well known. Basically, they aren't specified. Let's see a few sentences in which they are used:

- "É **um** quadro lindo! ↪ It is a beautiful painting."
- "Eu quero comer **uma** maçã. ↪ I want to eat an apple."
- "**Uns** rapazes passaram por aqui. ↪ A few guys passed by."
- "Tu deste-me **umas** camisas. ↪ You gave me some shirts."

As for the **demonstrative determiners**:

Singular		Plural	
Masculine	Feminine	Masculine	Feminine
Este (This)	Esta	Estes (These)	Estas
Esse (That)	Essa	Esses (Those)	Essas
Aquele (That, but further away than "esse")	Aquela	Aqueles (Those, but further away than "esses")	Aquelas
O outro (The other)	A outra	Os outros	As outras
O mesmo (The same)	A mesma	Os mesmos	As mesmas
Tal		Tais	
Isto (this or this thing right here)			
Isso (That or that thing—further away than "this," but closer than "aquilo")			
Aquilo (That thing over there)			

The demonstrative determiners indicate the position of an object in place or time. They help a lot in knowing where exactly something is regarding those other things around it. Ok, maybe not exactly, but it will definitely point you in the right direction.

For instance:

- "**Esta** comida é óptima. ↪ This food is great."
- "Dá-me **esse** livro. ↪ Give me that book."
- "Não é esse, é **aquele** livro ao fundo da prateleira. ↪ It isn't *that* one, it's that one by the end of the shelf."

As for the **possessive determiners**:

Singular		Plural	
Masculine	Feminine	Masculine	Feminine
Meu (Mine)	Minha	Meus	Minhas
Teu (Yours)	Tua	Teus	Tuas
Seu (His)	Sua (Hers)	Seus	Suas
Nosso (Ours)	Nossa	Nossos	Nossas
Vosso (Yours)	Vossa	Vossos	Vossas
Seu (Theirs)[28]	Sua	Seus	Suas

The possessive determiners express an idea of possession. So, to say that something is yours, or someone else's, you would use the possessive determiners indicated above. Like so:

- א "Aquela é a **minha** casa. ↪ That is my house."
- א "A **tua** caneta. ↪ Your pen."
- א "O vinho é **nosso**! ↪ The wine is ours!"
- א "As cadeiras não são **vossas**. ↪ The chairs are not yours."

---

[28] Instead of "SEU," you will hear natives saying "DELES." It is the word that's used most often—by far!

As for the **interrogative determiners**:

Singular		Plural	
Masculine	Feminine	Masculine	Feminine
Quanto (How much)	Quanta	Quantos (How many)	Quantas
Qual (Which one)		Quais (Which ones)	
Quem (Who, whom)			
Que (What)			

These determiners exist to introduce interrogations, to ask questions. So, for instance:

- "**Quanto** custa uma garrafa de sumo? ↵ How much is a bottle of wine?"
- "**Qual** é o teu nome? ↵ What is your name?"
- "**Quem** és? ↵ Who are you?"
- "**Que** fazes aqui? ↵ What are you doing here?"

As for the **indefinite determiners**:

Singular		Plural	
Masculine	Feminine	Masculine	Feminine
Algum (Any, something)	Alguma	Alguns (Some)	Algumas
Nenhum (None)	Nenhuma	Nenhuns	Nenhumas
Todo (All)	Toda	Todos	Todas
Certo[29] (Certain)	Certa	Certos	Certas
Muito (A lot, many, quite)	Muita	Muitos (Many)	Muitas
Outro (Other)	Outra	Outros (Others)	Outras
Pouco (Little, not much)	Pouca	Poucos (Few)	Poucas
Tanto (Much, such)	Tanta	Tantos (Many)	Tantas
Qualquer (Any)		Quaisquer	
Tudo (Everything)			
Nada (Nothing)			
Cada (Each)			
Alguém (Someone, somebody)			
Ninguém (No one, nobody)			

---

[29] It can also mean "CORRECT" or "RIGHT."

The indefinite determiners indicate beings or things in an imprecise way, not specified. Take the following examples to make things clearer:

- "Alguém está aqui. ⤳ Somebody is here."
- "Ninguém está aqui. ⤳ Nobody is here."
- "Nenhum homem come tanto como eu! ⤳ No man eats as much as I do."
- "Qualquer coisa serve! ⤳ Anything is fine."

You can see that—very similar to what the indefinite articles do concerning nouns—the indefinite determiners cast a general idea, an imprecise not specified detail about the situation or what is going to happen.

Finally, as for the **numeral determiners**, they correspond to the numbers you studied in the previous chapter.

Pronouns

We already talked about nouns and determiners, so now it is time to deal with the pronouns. Pronouns substitute the nouns—they exist in a sentence to represent a noun. There are six types of pronouns:

- Personal pronouns
- Demonstrative pronouns
- Possessive pronouns
- Relative pronouns
- Interrogative pronouns
- Indefinite pronouns

In this chapter, we are going to focus on the personal, demonstrative, and possessive pronouns and how to use them in a sentence. Let's dive right in.

א Personal pronouns

These are the most important, and more frequently used, in speech and writing:

- א   "EU" ↝ in English it would translate to "I"
- א   "TU" ↝ in English it would translate to "YOU"
- א   "ELE" ↝ in English it would translate to "HE"
- א   "ELA" ↝ in English it would translate to "SHE"
- א   "NÓS" ↝ in English it would translate to "US"
- א   "VÓS" ↝ in English it would translate to "WE"
- א   "ELES" ↝ applied to a group of feminine subjects, in English it would translate to "THEY"
- א   "ELAS" ↝ applied to a group of masculine subjects, in English it would translate to "THEY"

These sets of pronouns directly designate the subject of a sentence. They work just like the pronouns work in the English language—you just have to substitute the noun for the corresponding pronoun. Like so:

- א   "**Eu** não irei com a minha mãe às compras. **Ela** gosta de ir sozinha. ↝ I won't go shopping with my mother. She likes to go alone."

Next, we will see what happens if we want to substitute a noun that is the object of the phrase, and not the subject. So, we can be talking about the direct object pronouns or indirect object pronouns. The difference between these two is quite easy to understand and will establish what role pronouns play in a sentence. Knowing what each group is all about will help you understand what the sentence means and what it is telling you—what is the function of each word and how they all connect. Let's get to it then.

The **direct object** category comprises ten pronouns:

- "ME" ↪ in English it would translate to "ME"[30]
- "TE" ↪ in English it would translate to "YOU"
- "O" ↪ in English it would translate to "IT"
- "A" ↪ in English it would translate to "IT"
- "LHE" ↪ in English it would translate to "TO HIM/HER"
- "NOS" ↪ in English it would translate to "US"
- "VOS" ↪ in English it would translate to "YOU"
- "OS" ↪ in English it would translate to "THEM"
- "AS" ↪ in English it would translate to "THEY"
- "LHES" ↪ in English it would translate to "TO THEM"

The **indirect object** category comprises eight pronouns:

- "ME" ↪ in English it would translate to "ME"
- "TE" ↪ in English it would translate to "YOU"
- "LHE" ↪ in English it would translate to "TO HIM/HER"
- "NOS" ↪ in English it would translate to "US"
- "VOS" ↪ in English it would translate to "YOU"
- "LHES" ↪ in English it would translate to "TO THEM"

The difference between these two groups of pronouns is, apparently, not much. However, depending on the function they are performing within a phrase, you can easily identify and separate them. The direct object pronouns will be achieved or lead the following specific questions: "O QUÊ? ↪ WHAT?" and "QUEM? ↪ WHO?"

---

[30] They are written the same but sound different. While the English "ME" has the Portuguese "I" sound, with the open pronunciation, the Portuguese "ME" has an "E" sound, but a closed one.

On the other hand, with the indirect object pronouns, you will get to the questions "A QUEM?" and "PARA QUEM?" that in English translates to "TO WHOM?"

Let's see some examples and ask some questions to make the subject clearer.

> א   "Daniela vai dar a bola. ↪ Daniela is going to give the ball."

Who is going to give something? Daniela. **What** is Daniela going to give? A ball. So, we could substitute these two nouns for their pronouns, which belong to the direct object category. Like so:

> א   "**Ela** vai dá-**la**. ↪ She is going to give it."

Now, let's a look at another example:

> א   "Eu desobedeço aos meus pais. ↪ I disobey my parents."

Who doesn't obey? Me. To **whom**? My parents. You can see that the sentence already has the personal pronoun substituting the subject of the sentence (EU ↪ ME, instead of the subject's name), but we can also substitute the noun "PAIS ↪ PARENTS" for an indirect object pronoun. Like so:

> א   "Eu desobedeço-**lhes**. ↪ I disobey them."

Now, the only thing left to do is figure out how to insert the pronouns in a sentence. How do we add the pronouns like we did in those examples given above? The good news is that the rules we are going to see next apply to both direct and indirect object pronouns. That makes things easier.

So, the first rule to know, which applies to most cases, is that we insert the pronoun after the verb, separated by the verb by a hyphen. So, for instance, the sentence:

> א   "Eu comi a banana ontem. ↪ I ate the banana yesterday."

would turn into:

- "Eu comi-_a_ ontem. ↪ I ate it yesterday."

Even though the previous rule is the most frequent, there are a few situations in which the pronoun needs to be placed before the verb, or there is a contraction between words, or in some cases, we have to add a little something, and in others, we even have to mix direct and indirect object pronouns in the same word. It probably sounds harder than it actually is, so let's jump right in with no fear.

- When the verb ends IN "R," "S," or "Z"
- When the verb ends with an "M"
- The presence of both direct and indirect object pronouns
- When there is an adverb
- In a negative sentence
- In a question
- When there is a relative pronoun
- When there is a preposition

Let's take a look at what happens in each case.

- **When the verb ends IN "R," "S," or "Z"**

When the last letters of the verb are the ones mentioned, they get cut off, and you add an "L" to the beginning of the pronouns "O" or "A" (or "OS" or "AS" if it's in the plural form). For instance, let's take the first example given about the direct object pronouns:

- "Daniela vai dar a bola. ↪ Daniela is going to give the ball."

"Ela vai dá-_la_. ↪ She is going to give it."

- "Ele fez bolos. ↪ He baked cakes."

"Ele fê-_los_. ↪ He baked them."

ℵ When the verb ends with an "M"

When the sentence has a verb that ends with an "M," i.e., a nasal sound, we have to keep the verb the same, but add an "N" to the pronoun. That happens because the sound of the verb ending in "M" with the "O" or "A" right after could end up being confusing. So, for instance:

ℵ   "Eles cantam a canção muito bem. ↪ They sing the song very well."

"Eles cantam-**na** muito bem. ↪ They sing it very well."

ℵ The presence of both direct and indirect object pronouns

Sometimes both direct and indirect objects are found in a sentence. To substitute the nouns for pronouns in this situation you need to mix both pronouns that are going to be used together.

ℵ   "Eu dei a minha roupa à Inês ↪ I gave my clothes to Inês."

"Eu dei-***lha***. ↪ I gave it to her."

ℵ   "Tu vendeste-me os livros. ↪ You sold the books to me."

"Tu vendeste-***mos***. ↪ You sold them to me."

So, in the first sentence, we can ask the following questions: <u>**Who** is giving something?</u> I am—"EU" is substituting the subject's name. <u>Giving **what**?</u> The clothes. In Portuguese, we are dealing with a feminine word, as you can see indicated by the feminine definite article that precedes it—"A ROUPA." So, when substituting it for a pronoun, we have to use "A." <u>To **whom**?</u> Inês. Up until here, we were dealing with direct object pronouns. However, this last question gives us the answer that will lead us to the correct indirect object pronoun, which is "LHE." Since we have to insert both "LHE" and "A" after the verb, they blend, creating "LHA."

The same logic works for the second example given, but now with the direct object pronoun "OS," and the indirect object pronoun "ME" since "you" (who?) sold the books (what?) to me (to whom?).

א **When there is an adverb**

When the sentence has an adverb, the rule changes completely. In the previous cases, the pronoun is inserted in the sentence after the verb. When there is an adverb in the sentence, modifying the verb, the adjective, or the adverb itself, the pronoun is instead inserted before the verb. Let's see a few examples, using the adverbs "JÁ ↪ ALREADY" and "TALVEZ ↪ MAYBE."

    א   "Ela já ofereceu o livro ao Miguel. ↪ She has already offered the book to Miguel."

"Ela já *lhe* ofereceu o livro. ↪ She has already offered him the book."

    א   "Talvez coma sopa. ↪ I might eat soup."

"Talvez *a* coma. ↪ I might eat it."

א **In a negative sentence**

If we are facing a negative sentence, the solution is the same as the last one you just saw. The pronoun is inserted before the verb. Like so:

    א   "Tu não telefonaste à Tia Maria. ↪ You didn't call Tia Maria."

"Tu não *lhe* telefonaste. ↪ You didn't call her."

א **In a question**

When it comes to sentences that are questions, the same rule you just saw applies once again. Let's see an example:

    א   "Quem é que chamou os bombeiros? ↪ Who called the firemen?"

"Quem é que *os* chamou? ↪ Who called them?

א **When there is a relative pronoun**[31]

When there is a relative pronoun in the sentence, the pronoun is inserted before the verb as well. It is getting easier by the "scroll," isn't it?

> א "Eu quero que faças os teus trabalhos de casa. ↷ I want you to do your homework."
>
> "Eu quero que **os** faças. ↷ I want you to make it."

א **When there is a preposition**

Finally, when there is a preposition in the sentence, we apply the same process we have been going through in these last situations. The pronoun is put before the verb. Like so:

> א "A avó disse aos seus netos para levarem guarda-chuva. ↷ The grandmother told her grandchildren to take an umbrella."
>
> "A avó disse-lhes para **o** levarem. ↷ The grandmother told them to tacke it."

א **Demonstrative pronouns**

The case with the demonstrative pronouns is equal to what happens with the possessive pronouns. They exist not only to indicate the position of an object in place or time but also to substitute the noun while doing it. Let's see the examples we saw for the demonstrative determiners being used in a sentence, and some answers with demonstrative **pronouns**:

> א "**Esta** comida é óptima. Para mim, **esta** é melhor. ↷ This food is great. To me, this one is better."
>
> א "Dá-me esse livro. **Este** ou **aquele**? ↷ Give me that book. This or that one?"
>
> א "Não é **esse**, é aquele livro ao fundo da prateleira. ↷ It isn't *that* one, it's the one by the end of the shelf."

---

[31] A relative pronoun represents nouns that were mentioned previously in a sentence and with which the relative pronoun is connected—just like what the word "WHICH" does in English, and did in this very sentence.

Did you notice that in the last sentence, nothing was added? The previous sentences were the same examples given a few pages earlier, in the demonstrative determiners section, but a sentence with an example of a demonstrative possessive had to be added. In the last sentence, however, the sentence needs no additions. That is because it already has a demonstrative determiner. The first "ESSE" is referring to the book but substituting the noun, which only comes after the demonstrative determiner "AQUELE."

ℵ Possessive pronouns

Finally, we have the possessive pronouns. The possessive pronouns are the possessive determiners you already studied a few pages earlier. However, they now are used differently. So, when facing a possessive determiner, we are dealing with a word that adds information about to whom something belongs, about who owns something. Nonetheless, if a word that indicates possession, completely substitutes the noun, it is then a possessive pronoun. Again, like with the demonstrative pronouns, let's take the examples we saw in the possessive determiners section and use possessive **pronouns** in a different situation. See the difference:

ℵ "Aquela[32] é a minha casa. Qual[33] é a **tua**? ↪ That is my house. Which one is yours?"

ℵ "A tua caneta é azul. A **minha** é verde. ↪ Your pen is blue. Mine is green."

ℵ "O vinho é nosso! Ou será **vosso**? ↪ The wine is ours! Or is it yours?"

---

32 Can you identify what "AQUELA" is? Is it a pronoun or determiner? That's right—it's a demonstrative pronoun! It substitutes the noun in the sentence.

33 We are not going to study the interrogative pronouns, but that is one example. It basically corresponds to the interrogative determiners, following the same logic we have been seeing—it substitutes the noun.

- "As cadeiras não são vossas. São **suas** ↪ The chairs are not yours. They are theirs."

Prepositions

Prepositions are words used to connect two parts of a sentence. They are never used by themselves because of that—their purpose is to establish the connection, the relationship between the two parts of a phrase, that are dependent and might mean something different without an element that ties them together. Let's see a few examples to understand better what this is all about:

Precedent	Preposition	Subsequent
Vou (I'm going)	**A** (To)	Paris
Chegarei (I will arrive)	**A** (On)	Tempo (Time)
Estado (State)	**De** (Of)	Espírito [34] (Mind)
Chorei (I cried)	**De** (Of)	Dor (Pain)

There are simple prepositions and compound prepositions. In this book, we will only focus on simple prepositions and what their function in a phrase usually is. They are:

- A
- APÓS
- ATÉ
- COM
- CONTRA
- DE
- DESDE
- EM

---

34 "Espírito" literally means "spirit," but the expression is more adequately translated into the known English expression "state of mind." Note that if there were no preposition—the "de" or "of" in the English version—the expression would not be or mean the same, even though both words can exist by themselves in a sentence. It is now, hopefully, clear that a preposition's function is to link words in a sentence to create a new meaning.

- ENTRE
- PARA
- POR
- SEM
- SOB
- SOBRE

Let's take a look at what role each preposition can play within a sentence.

ℵ Preposition "A"

"A" generally indicates movement, in space or time, or it can indicate a situation, in space or time. Very frequently, you will see the contraction of this preposition with the definite article "O."

- "Eu vou **a** Espanha. ↪ I'm going to Spain."
- "Daqui **a** uma semana. ↪ In a week."
- "O meu gato adormeceu **ao** meu lado. ↪ My cat fell asleep by my side."
- "**A** 9 de Setembro tenho uma consulta. ↪ I have an appointment on September 9."

Notice that in the third sentence, we have "AO" instead of just "A." This is because when a definite article follows the preposition "A," they get together to form one word, which is itself a preposition, born of that contraction. However, what if the definite article that follows the preposition "A" is an "A"? Then, we signal it by adding the diacritical mark (´). Like so:

- "Vou comer fruta **à** sobremesa. ↪ I'm going to eat fruit for dessert."

ℵ Preposition "Após"

"APÓS" indicates consequence, something after something, like the word "AFTER."

- "**Após** meia hora, chegámos. ↪ After half an hour, we arrived."

- "**Após** alguns segundos, parei. → After a few seconds, I stopped."

Preposition "Até"

"ATÉ" indicates the approximation of a limit, just like "TO," "UP TO," "BY," and "UNTIL" can indicate sometimes.

- "Ele foi **até** ao quarto. → He went to the room."
- "Eu sei contar **até** dez. → I know how to count up to ten."
- "Os resultados estarão prontos **até** amanhã. → The results will be ready by tomorrow."
- "O prazo é **até** ao último segundo do dia. → The deadline is until the last second of the day."

Preposition "Com"

"COM" indicates addition, association, company, and so on, just like the word "WITH" does.

- "Nós vamos **com** eles às compras. → We are going shopping with them."
- "**Com** um dia assim, temos que ir à praia. → With a day like this, we have to go to the beach."
- "Eu quero pão **com** queijo. → I want bread with cheese."

Preposition "Contra"

"CONTRA" expresses, much like the word "AGAINST," an idea of two things directed towards one another. It also translates to the word "VERSUS."

- "Eu joguei **contra** o João. → I played against John."
- "Eu encostei o meu corpo **contra** o seu. → I pressed my body against his."
- "Eu **contra** ti. → Me versus you."

ℵ Preposition "De"

"DE" indicates the movement away from something, or the origin of that movement or that something, much like the word "FROM."

- ℵ "Vieste **de** longe? ↵ Did you come from far?"
- ℵ "O pássaro despareceu **de** um momento para o outro³⁵. ↵ Then the bird disappeared."
- ℵ "O barulho vem **de** fora. ↵ The noise comes from outside."
- ℵ "É sal **do** mar. ↵ It's salt from the sea."
- ℵ "A areia é **da** praia. ↵ The sand is from the beach."

You may have noticed, once again, that in the last two sentences, the preposition changed to "DO" and "DA." This is because the preposition must match the gender of the word.

Preposition "Desde"

"DESDE" expresses the movement away from something, much like "DE," but with some emphasis on that origin. It translates most times to "SINCE," but it can also be expressed by "FROM."

- ℵ "**Desde** a semana passada. ↵ Since last week."
- ℵ "Eu consigo ver as montanhas **desde** a minha casa. ↵ I can see the mountains from my house."

ℵ Preposition "Em"

"EM" can be indicative of time, space, or mode.

- ℵ "Eu estou **em** casa. ↵ I'm at home."
- ℵ "De vez **em** quando, vemos uma raposa por aqui. ↵ Once in a while, we see a fox around here."

---

35 Literally, "from one moment to the other." It means that something happened really fast, with no warning.

- "**Em** Fevereiro faço anos. ↪ In February, it's my birthday."
- "Eu vou pagar **em** dinheiro. ↪ I will pay in cash."

This preposition can also come before a definite article. In that case, if the article is "O," the preposition turns into "NO"; if instead, the article is "A," then the preposition turns into "NA."

- "As minhas coisas estão **no** carro. ↪ My things are in the car."
- "Elas não acreditam **nas** vacinas. ↪ They don't believe in the vaccines."

Preposition "Entre"

"ENTRE" indicates the position between two limits. "BETWEEN" is actually the preposition that translates this same idea in English.

- "Eu estou **entre** a espada e a parede[36]. ↪ Between a rock and a hard place/Between the devil and the deep blue sea."
- "Não há nada **entre** nós. ↪ There is nothing between us."

Preposition "Para"

"PARA" expresses movement toward a limit, an end-goal, an objective within the sentence. It is similar to the preposition "A," but it differs from it because it implies a bigger emphasis on the starting point and direction, instead of focusing more on the idea of the movement ending.

- "Eu vou **para** Berlim. ↪ I am going to Berlin."
- "**Para** mim, isso não faz sentido. ↪ To me, that doesn't make sense."

---

36 Literally, it would mean "between a sword and the wall." Even though it will have to do, the translation written in the text is not quite perfect since the Portuguese expression means that there is no available choice. In contrast, the expression in English is more related to having to choose between an equally unpleasant outcome.

- "A gente está a ir **para** a missa. ↪ The crowd is going to the church."

Preposition "Por"

The preposition "POR" indicates the extension between limits, across time, space, and other concepts. For instance:

- "Vou ficar preso **por** seis meses. ↪ I'm going to be in jail for six months."
- "Vou contar moeda **por** moeda. ↪ I'm going to count coin by coin."
- "Vamos viajar **por** Coimbra. ↪ We are going to travel by Coimbra."

Like what happened with the prepositions "A," "DE," and "EM," when there is a definite article after the preposition, we contract both words. The preposition "POR" is the one that changes the most, however: when there is the definite article "A" after, it changes to "PELA"; when there is the definite article "O" after it, the preposition changes to "PELO." Let's see those applied to a sentence:

- "Saímos **pela** madrugada. ↪ We leave by dawn."
- "Passei **pelo** supermercado para comprar água. ↪ I went by the supermarket to buy water."

Preposition "Sem"

"SEM" indicates the lack of something, much like the preposition "WITHOUT." It is the opposite of "COM."

- "**Sem** ti, a vida não faz sentido. ↪ Without you, life makes no sense."
- "Eu quero uma salada **sem** tomate, por favor. ↪ I want a salad with no tomato, please."

ℵ Preposition "Sob"

"SOB" indicates an inferior position, just like "UNDER," "UNDERNEATH," or "BENEATH."

- ℵ "O garfo está **sob** a mesa. ↪ The fork is underneath the table."
- ℵ "O país está **sob** a liderança de um governo socialista. ↪ The country is under the leadership of a socialist government."
- ℵ "**Sob** o sol. ↪ Underneath the sun."

ℵ Preposition "Sobre"

"SOBRE" is the opposite of the preposition "SOB," indicating a position of superiority, just like the english words "ON," "UPON," "ABOUT," or "OVER."

- ℵ "O garfo está **sobre** a mesa. ↪ The fork is over the table."
- ℵ "Vamos falar **sobre** política. ↪ Let's talk about politics."
- ℵ "Vou reflectir **sobre** isso. ↪ I'm going to reflect upon that."
- ℵ "Ele escreveu um livro **sobre** desporto. ↪ He wrote a book on sports."

Adjectives

Adjectives exist to give an attribute to a noun. In Portuguese, they must agree in number and gender with the noun they are describing. So, it is essential to notice and identify in which gender the substantive is—masculine or feminine—so you know how to write the adjective accordingly. The same things apply to number. The adjective must be in accordance with the noun in number—singular or plural. You will see in more detail how to do this in the next section.

For now, check out the table below in which we start with some nouns and transform them into adjectives:

Noun	Masculine	Feminine	Plural
Beleza (Beauty)	Belo (Beautiful)	Bela	Belos/as
Rapidez (Quickness)	Rápido (Quick)	Rápida	Rápidos/as
Altura (Height)	Alto (Tall)	Alta	Alto/as
Gordura (Fatness)	Gordo (Fat)	Gorda	Gordo/as
Bondade (Kindness)	Bom (Kind)	Boa	Bons/Boas
Fealdade (Ugliness)	Feio (Ugly)	Feia	Feios/as
Sabor (Taste)	Saboroso (Tasty)	Saborosa	Saborosos/as
Maldade (Badness, wickedness, evilness)	Mau (Bad, wicked, evil)	Má	Maus/Más
Inteligência (Intelligence)	Inteligente (Intelligent)	Inteligente	Inteligentes

Even though most adjectives that end in "O" need to change the ending to an "A" to be in the feminine form, some adjectives do not follow this rule. Some are uniform and maintain the same letters in either form—like the adjective "INTELIGENTE"; others are irregular, and have to completely change their ending, like "MAU ↪ MÁ," or "BOM ↪ BOA." Since there is no rule to apply to those situations, you just have to read, write, and practice!

As for the variation in number, you probably noticed that in almost every case, we just needed to add an "S" to express the plural form. The only exception was with the adjective "BOM," which turned into "BONS." That happens because, in Portuguese, we cannot ever have an "M" before an "S." So, with every word that ends in "M," we add an "S" to make it plural, but change the "M" to "N." But more of that in a bit! Now, off to the variation of gender.

Adverbs

An adverb is a word that modifies the verb, the adjective, or another adverb. It never modifies a noun. It basically expresses or illustrates the circumstances in which the verbal action occurs. Let's see how an adverb can modify each one of the classes of words mentioned above.

"A Professora ensinou **pacientemente** a matéria. ↪ The teacher taught the subject patiently."

"Ele era **extremamente** alto. ↪ He was extremely tall."

"Havia **muito** poucas bananas. ↪ There weren't many bananas."

See that in the first sentence, the adverb "PACIENTEMENTE" modifies the verb "ENSINAR," specifying how it is being done. In the second sentence, the adverb "EXTREMAMENTE" changes the adjective "ALTO," adding another detail to the description of the man. Finally, in the third sentence, the adverb "MUITO" changes the adverb "POUCO," functioning as an emphasis on the low number of bananas.

Adverbs can do these modifications in several different ways—seven, to be specific. These are the categories of adverbs:

- Adverbs of affirmation
- Adverbs of denial
- Adverbs of doubt
- Adverbs of exclusivity
- Adverbs of mode or manner
- Adverbs of place
- Adverbs of quantity or intensity
- Adverbs of time

Even though the names of the categories are pretty self-explanatory, let's go through each one and look at a few examples.

Adverbs of affirmation

The adverbs of affirmation are inserted in sentences to make an affirmation.

- Certamente ↪ Certainly
- Decerto ↪ Surely
- Efectivamente ↪ Effectively
- Realmente ↪ Really
- Sim ↪ Yes

Adverbs of denial

The adverbs of denial are inserted in sentences to deny something.

- Jamais ↪ Ever
- Não ↪ No
- Nunca ↪ Never
- Tampouco ↪ Nor, neither

- **Adverbs of doubt**

The adverbs of doubt indicate doubt or a question within a sentence.

- Possivelmente ↪ Possibly
- Provavelmente ↪ Probably
- Quiçá ↪ Perhaps
- Talvez ↪ Maybe

- **Adverbs of exclusivity**

The adverbs of exclusivity express an idea of exclusion of some elements within the sentence.

- Apenas ↪ Only, just
- Excepto ↪ Except, save
- Só ↪ Only
- Unicamente ↪ Uniquely

- **Adverbs of mode or manner**

The adverbs of manner express the mode or manner in which the action occurs. It is related to the question "COMO? ↪ HOW?"

- Assim ↪ Thus, therefore
- Bem ↪ Well, right
- Mal ↪ Badly
- Devagar ↪ Slowly
- Facilmente ↪ Easily
- Rapidamente ↪ Quickly
- Lentamente ↪ Slowly
- Cuidadosamente ↪ Carefully

- **Adverbs of place**

The adverbs of place indicate where the action occurs. It is related to the question "ONDE? ↪ WHERE?"

- Abaixo ↪ Below
- Acima ↪ Above
- Adentro ↪ Inside

- Aí ↪ There, then
- Além ↪ Over there, beyond
- Ali ↪ Over there, in there
- Algures ↪ Somewhere
- Nenhures ↪ Nowhere
- Aqui ↪ Here

Adverbs of quantity or intensity

The adverbs of quantity or intensity express the quantity or degree with which the verbal action occurs. It indicates how much, to what degree, or to what extent something is happening.

- Bastante ↪ Quite, enough
- Demais ↪ Too, too much
- Demasiado ↪ Too, too much
- Imenso ↪ A lot
- Mais ↪ More, further, much
- Menos ↪ Least
- Muito ↪ Much, very, highly
- Pouco ↪ Little
- Quase ↪ Almost
- Suficientemente ↪ Sufficiently, enough

Adverbs of time

The adverbs of time indicate the moment when the action occurs, or how often. It is associated with the question "QUANDO? ↪ WHEN?"

- Afinal ↪ After all
- Agora ↪ Now
- Amanhã ↪ Tomorrow
- Antes ↪ Before
- Depois ↪ After
- Frequentemente ↪ Frequently, often
- Já ↪ Already, now, yet
- Sempre ↪ Always

You probably noticed that many adverbs have the ending "MENTE," much like the adverbs in English have the ending "LY." That could be an easy trick to remind yourself how to generally identify adverbs within sentences, and also how to create them from adjectives.

Accordance with gender

The variation in gender is, generally, something that is very easy to solve. Most of the time, the "O" at the end of a noun indicates that the word is masculine; an "A" is feminine. There is no neutral gender—a noun will always be either masculine or feminine, even if there is no "O" or "A" at the end. In those cases, the article before the noun might do the trick. Remember that the determiners and the adjectives have to agree with the gender of the noun. Let's see some examples:

- **A** minh**a** caix**a**. ↪ My box.
- Aquel**a** camis**a**. ↪ That shirt.
- **O** chã**o** é pret**o**. ↪ The floor is black.
- Ess**a** bol**a** é redond**a**. ↪ That ball is round.

We have already seen the feminine forms of the determiners. However, with the nouns and adjectives, usually, to change the gender of one word to the other, you just have to change the "O" into "A," or vice-versa. That applies to nouns whose gender may vary. Evidently, when we are talking, for instance, about a "MESA ↪ TABLE," which is a feminine noun, we cannot change its gender. The gender generally changes when we are referring to people or animals. So, with:

- **Nouns ending in "O"**
    - Aluno/a ↪ Student
    - Gato/a ↪ Cat
    - Lobo/a ↪ Wolf, she-wolf
    - Menino/a ↪ Boy/girl

This is, obviously, a rule with many exceptions. Several nouns that end in "A" are masculine, and several ones that don't end in "A" are feminine. For instance:

- **O** saca-rolh**as** ↪ Bottle opener
- **O** Poet**a** ↪ Poet
- **Um** pijam**a** ↪ Pajamas
- **A** aguardent**e**[37] ↪ Brandy
- **Uma** alfac**e** ↪ Lettuce
- **A** dinamit**e** ↪ Dynamite

- ## Nouns ending in "ÃO"

When it comes to nouns ending in "ÃO," which is masculine, their feminine form can be achieved by taking away the "ÃO" and adding "Ã," "OA," or "ONA." Let's see some examples:

- Campeão - Campe**ã** ↪ Champion
- Cirurgião - Cirurgi**ã** ↪ Surgeon
- Patrão - Patr**oa** ↪ Boss
- Leão - Le**oa** ↪ Lion - Lioness
- Cabeção - Cabeç**ona** ↪ Somebody with a big head
- Pobretão - Pobret**ona** ↪ Somebody who is really poor

- ## Nouns ending with a consonant

With most of the nouns that end with a consonant, usually a masculine form, we just have to add an "A" to the end of the word, while maintaining the ending.

- Camponês - Camponesa ↪ Peasant
- Cantor - Cantora ↪ Singer
- Condutor - Condutora ↪ Driver
- Freguês - Freguesa ↪ Citizen, customer
- Professor - Professora ↪ Professor, teacher[38]

---

[37] "Aguardente" is a very strong Portuguese drink that looks like water but smells and tastes like fire. After all, it literally means "burning/ardent water."

- Senador - Senadora ↪ Senator
- Senhor - Senhora ↪ Sir - Madam
- Vendedor - Vendedora ↪ Salesman - Saleswoman

However, some nouns that end in "OR" don't change to "ORA" to make it a feminine noun; instead, they change to "EIRA," taking out the "OR" at the end of the noun. Like so:

- Cantador - Cantadeira ↪ Singer
- Lavador - Lavadeira ↪ Washer (either a man or a woman)

- **Nouns ending in "E"**

Most nouns that end in "E" just need to switch this "E" for an "A" to get the feminine form:

- Mestre - Mestra ↪ Master
- Monge - Monja ↪ Monk

- **Nouns ending in "EL"**

When it comes to nouns ending in "EL," our job is easy. They are almost always masculine. Take a look at a few examples:

- O pincel ↪ The paintbrush
- O mel ↪ The honey
- O papel ↪ The paper

However, there are some exceptions. Here is a list of words that do not follow any rules and that you should try to memorize:

- Actor - Actriz ↪ Actor - Actress
- Boi - Vaca ↪ Ox - Cow
- Conde - Condessa ↪ Count - Countess
- Duque - Duquesa ↪ Duke - Duchess
- Genro - Sogra ↪ Son-in-law - Mother-in-law

---

[38] Even though in English, these words describe different realities, in Portuguese, both translate to "Professor" or "Professora."

- Herói - Heroína ↪ Hero - Heroine
- Homem - Mulher ↪ Man - Woman
- Imperador - Imperatriz ↪ Emperor - Empress
- Pai - Mãe ↪ Father - Mother
- Poeta - Poetisa ↪ Poet - Poetess
- Sultão - Sultana ↪ Sultan - Sultana

As for the adjectives, though many words that have the same endings as the nouns have the same rules, there are some exceptions. Let's take a look at a few specificities within the class of adjectives in terms of gender variation.

- **Adjectives ending in "U," "ÊS," and "OR"**

With adjectives ending in those three ways, we just need to add an "A."

- Cru - Crua ↪ Raw
- Nu - Nua ↪ Naked
- Francês - Francesa ↪ French
- Inglês - Inglesa ↪ English
- Conservador - Conservadora ↪ Conservative
- Encantador - Encantadora ↪ Charming, enchanting

- **Adjectives ending in "ÃO"**

When adjectives end in "ÃO," they sometimes change to "Ã"; other times to "ONA" to achieve the feminine gender.

- São - Sã ↪ Healthy
- Chorão - Chorona ↪ Somebody that cries a lot

- **Adjectives ending in "EU"**

Finally, when adjectives end in "EU," we just have to change the "EU" to "EIA." Like so:

- Europeu - Europeia ↪ European
- Hebreu - Hebreia ↪ Hebrew
- Plebeu - Plebeia ↪ Plebeian, commoner

Accordance to number

Now let's see how to put singular nouns and adjectives into their plural forms. We will analyze six different sets of words that follow a rule when changing into the plural form. They are:

- א   Words ending in a vowel our diphthongs
- א   Words ending in "AL" and "UL"
- א   Words ending in "EL" and "OL"
- א   Words ending in "R," "Z," or "N"
- א   Words ending in "ÃO"
- א   Compound nouns

א   Words ending in "A," "E," "O," "I," "U," and nasal vowel

Let's start with words that end with a vowel—usually, all you need is to add an "S" at the end.

- א   Mesa - Mesas ↪ Table - Tables
- א   Mochila - Mochilas ↪ Backpack - Backpacks
- א   Estante - Estantes ↪ Bookcase - Bookcases
- א   Mãe - Mães ↪ Mother - Mothers
- א   Lei - Leis ↪ Law - Laws
- א   Javali - Javalis ↪ Boar - Boars
- א   Tinteiro - Tinteiros ↪ Toner - Toners
- א   Saco - Sacos ↪ Bag - Bags
- א   Pau - Paus ↪ Stick - Sticks
- א   Peru - Perus ↪ Turkey - Turkeys

With words that end with *nasal vowels* (to make a nasal sound with "A," "E," "I," "O," and "U" at the end of the word, you add the letter "M"), you add the "S" but have to change the "M" to an "N" because, as you saw in the adjectives section, you cannot have "MS" in Portuguese. So, this is what should happen:

- Bem - Bens ↪ Good - Goods
- Som - Sons ↪ Sound - Sounds
- Atum - Atuns ↪ Tuna

Words ending in "AL," "EL," "OL," and "UL"

With these words, we just need to get rid of the "L" and add an "IS" instead.

- Animal - Animais ↪ Animal - Animals
- Paul - Pauis ↪ Bog - Bogs
- Níquel - Níqueis ↪ Nickel - Nickels
- Álcool - Álcoois ↪ Alcohol - Alcohols

Words ending in "IL"

When we are facing words that end in "IL," we have to substitute the "L" for an "S." Like so:

- Ardil - Ardis ↪ Trick - Tricks
- Barril - Barris ↪ Barrel - Barrels
- Covil - Covis ↪ Lair - Lairs

Words ending in "R", "Z" or "N"

When we find words that end in "R," "Z," or "N," we just need to add an "ES" to the end of the word. Like so:

- Mar - Mares ↪ Sea - Seas
- Colher - Colheres ↪ Spoon - Spoons
- Rapaz - Rapazes ↪ Boy - Boys
- Cruz - Cruzes ↪ Cross - Crosses
- Abdómen - Abdómenes ↪ Abdomen - Abdomens
- Cânon - Cânones ↪ Canon - Canons

Words ending in "ÃO"

Now, we are going to deal with words that end in "ÃO." With these types of words, there are three options in the plural form: it can end in "ÕES" or "ÃES" instead of "ÃO," or an "S" is just added at the end. There is no rule or criteria to use. You really just have to memorize it. However, the most common one is "ÕES," so if in doubt, just go for it and risk it. You will definitely make a mistake that many Portuguese natives, who have been studying this and hearing the language their whole lives, sometimes still make!

- Balão - Balões ↪ Balloon - Balloons
- Botão - Botões ↪ Button - Buttons
- Canção - Canções ↪ Song - Songs
- Coração - Corações ↪ Heart - Hearts
- Cão - Cães ↪ Dog - Dogs
- Pão - Pães ↪ Bread - Breads
- Catalão - Catalães ↪ Catalan - Catalans
- Guardião - Guardiães ↪ Guardian - Guardians
- Cidadão - Cidadãos ↪ Citizen - Citizens
- Mão - Mãos ↪ Hand - Hands
- Bênção - Bênçaos ↪ Blessing - Blessings
- Órfão - Órfãos ↪ Orphan - Orphans

Compound nouns

Finally, the hard part—the compound nouns. Compounds nouns are nouns composed of two words. Surprising, isn't it? More surprising is how to understand the plural of the compound nouns. It is not always easy. Let's dive in.

Compound nouns with no hyphen

Firstly, we have the compound nouns that are composed of words that are together with no hyphen. The plural of these words is easy: we just need to add an "S" to the end of the word. Like so:

- Aguardente - Aguardentes ↪ Brandy - Brandies
- Clarabóia - Clarabóias ↪ Skylight - Skylights
- Malmequer - Malmequeres ↪ Daisy - Daisies
- Pontapé - Pontapés ↪ Kick - Kicks

א **Compound nouns with a hyphen**

When we are facing words that have a hyphen, the plural can be applied to both words, to the first or the second word. See the examples below:

א Couve-flor - <u>Couves-flores</u> ↪ Cauliflower - Cauliflowers

א Obra-prima - <u>Obras-primas</u> ↪ Masterpiece - Masterpieces

א Navio-escola - Navios-escola ↪ Training ship - Training ships

א Grão-mestre - Grão-<u>mestres</u> ↪ Grandmaster - Grandmasters

א Guarda-marinha - <u>Guardas-marinhas</u> ↪ Coast guard - Coast guards

א Guarda-roupa - Guarda-<u>roupas</u> ↪ Wardrobe - Wardrobes

However, there are some details we can pay attention to and also apply a few set of rules to that will help us. So:

a) if the first word of the noun is a verb or an invariable word[39], and the second word is a noun or an adjective, only the second word changes to the plural form:

א Guarda-chuva - Guarda-chuvas ↪ Umbrella - Umbrellas

א Vice-presidente - Vice-presidentes ↪ Vice president - Vice presidents

א Bate-boca - Bate-bocas ↪ Squabble - Squabbles

א Abaixo-assinado - Abaixo-assinados ↪ Petition - Petitions

א Grão-duque - Grão-duques ↪ Grand duke - Grand dukes

---

[39] An invariable word is a word that does not change in number or gender.

b) if the two words are connected by a preposition, only the first word turns into the plural form:

- Chapéu-de-sol - Chapéus-de-sol ↪ Sunhat - Sunhats
- Pão-de-ló[40] - Pães-de-ló ↪ Sponge cake - Sponge cakes
- Pé-de-cabra - Pés-de-cabra ↪ Crowbar - Crowbars

c) if the second word of the noun is a noun that works as a specific determiner[41], only the first word in the noun turns into the plural form as well:

- Decreto-lei - Decretos-lei ↪ Decree-law - Decree-laws
- Contrato-promessa - Contratos-promessa ↪ Pre-agreement – Pre-agreements
- Palavra-chave - Palavras-chave ↪ Password - Passwords

d) Finally, if the word is composed of two nouns, or of a noun and an adjective, both words turn into their respective plural. Like so:

- Carta-bilhete - Cartas-bilhetes ↪ Letter/note - Letters/notes
- Amor-perfeito - Amores-perfeitos ↪ Pansy - Pansies
- Pequeno-almoço - Pequenos-almoços ↪ Breakfast - Breakfasts
- Cidade-estado - Cidades-estados ↪ City State - City States

---

40 "Pão-de-ló" is a very traditional cake in Portugal. It is made of eggs, flour, and sugar—the secret is that it's undercooked, to the point that inside is super moist. Yummy!

41 It means it specifies what the first noun is or how it works or is applied.

You are probably tired of nouns by now, but what about the adjectives? Well, the reason for the lack of attention concerning adjectives is that they follow the same rules as nouns. Nevertheless, and as always, there is an exception[42]. In the compound adjectives, like "Médico-cirúrgico ↝ Surgeon," only the second word, the one after the hyphen, turns into the plural form. So:

- Médico-cirúrgico - Médico-cirúgicos ↝ Surgeon - Surgeons
- Afro-asiático - Afro-asiáticos ↝ Afro-asian - Afro-asians
- Anglo-saxónico - Anglo-saxónicos ↝ Anglo-saxon - Anglo-saxons

Yet, there are exceptions to the exceptions. With the word "SURDO-MUDO ↝ DEAF-MUTE," for instance, the plural form is on both words.

---

[42] As the Portuguese saying goes: "A excepção confirma a regra. ↝ The exception proves/confirms the rule."

#1 – Hora de Quiz![43]

1) Indicate to which class of nouns these words belong to:

Carro; pessoa; João; cidade; Lisboa; pinhal; generosidade; rapaz; aflição; turma; felicidade; América; alegria; formigueiro; casal; Mondego; rio; bondade; frota; pensamento.

2) Highlight the words that can be both proper and common nouns:

Luís; oliveira; porto; câmara; computador; escola; caderno; copo; Albufeira

3) Write the correct definite article—singular or plural, masculine or feminine—before the following words:

Carro; sapo; folha; árvore; corações; televisão; toalhas; sabonetes

4) Write the correct definite article—singular or plural, masculine or feminine—before the following words:

Mesas; borracha; afia; forno; quadros; saia; vela; filme

5) Identify the determiners in the sentences, and write down to which group they belong to:

"Essa chave não é a minha chave. Alguém a roubou! ↵ That key is not my key. Somebody stole it!"

"Cada um de nós tem pouco para fazer. ↵ Each one of us hasn't got much to do."

"Aquele animal está muito perto de nós. ↵ That animal is very near to us."

"O vosso pai é sempre o mesmo palerma. ↵ Your dad is always the same dork."

"Eu não sei quem tu és. ↵ I don't know who you are."

---

[43] "Quiz time!"

6) Underline the pronouns in the following sentences:

"Eu tenho uma bola azul. Vou dá-la à Mariana ↩ I have a blue ball. I'm going to give it to Mariana."

"Estás a ver as casas desta rua? Aquela é a minha. ↩ Are you seeing the houses in this street? That one is my own."

"A Catarina irá cozinhar o jantar. Ela cozinha muito bem. ↩ Catarina will cook dinner. She cooks very well."

7) Insert prepositions to complete the sentences:

"Eu gosto _ aprender Português. ↩ I like learning Portuguese."

"O meu avô vai ___ hospital. ↩ My grandfather is going to the hospital."

"O meu cão está ___ casa_ meu vizinho. ↩ My dog is at my neighbor's house."

8) Transform the nouns into adjectives and insert them in the following sentences:

"O meu pai é muito _____(gordura)."

"A água está ____(gelo)."

"Jogar basquetebol é muito _____(diversão)."

"Eu acho a escola _____(aborrecimento)."

9) Write down these words according to the feminine gender:

Juiz; senhor; aluno; imperador; vendedor; actor; leitor; espanhol; português; pigmeu; infante; inspector; jornalista; embaixador; doente.

10) Write these words in their plural form:

Mar; rapaz; pato; canção; escrivão; cristão; irmão; alemão; opinião; sótão; paredão; farol; móvel; animal; funil; fóssil; nuvem; jardim.

PART II: GRAMMAR[44]

---

[44] The recommended song for this chapter is "O Cheiro dos Livros" by Cabeças no Ar.

Did you know that there are three big classes of verbs in Portuguese? The ones ending in "AR," the ones ending in "ER," and the ones ending in "IR." Assuming the verb we are facing is a regular verb[45], and depending on the ending we are dealing with, the conjugation of that verb will always be the same. This means that the stem of the verb continues being the same (the part of the verb that is left once you take the "AR," "ER," or "IR"), while you substitute the ending. Piece of cake, isn't it?[46]

---

45 Regular verbs are the ones that maintain the stem throughout the whole process of conjugation.

46 Or, in Portuguese, "É canja!" While it is the equivalent of the expression in the text, meaning that something is very easy to do, it literally means "It's broth!" More specifically, chicken broth, a very popular Portuguese soup, which is very easy to make—hence the saying.

Basic Portuguese Verbs

Below is a list of the twenty most used verbs in Portuguese. Some of them we will conjugate in three different tenses in the next section. Study them well and revisit this chapter—you will definitely need to use, hear, or read most (if not all) of these verbs, sooner or later.

- א Amar ↩ (to) Love
- א Cantar ↩ (to) Sing
- א Comer ↩ (to) Eat
- א Dar ↩ (to) Give
- א Dizer ↩ (to) Say
- א Estar* ↩ (to) Be
- א Estudar ↩ (to) Study
- א Falar ↩ (to) Speak
- א Fazer ↩ (to) Do
- א Haver ↩ (to) Exist
- א Ir ↩ (to) Go
- א Olhar ↩ (to) Look
- א Partir ↩ (to) Break
- א Poder ↩ Can
- א Pôr ↩ (to) Put
- א Querer ↩ (to) Want

- א Ser* ↝ (to) Be
- א Ter ↝ (to) Have
- א Trazer ↝ (to) Bring
- א Vir ↝ (to) Come

Note: The verbs "SER" and "ESTAR" translate to the verb "TO BE." However, while "SER" is used to talk about permanent, steady states that won't ever change, the verb "ESTAR" is, generally, used in states that are more likely to suffer changes. So, for instance, you would have to use the verb "SER" to talk about your personality, sexuality, or nationality.[47] The verb "ESTAR" would be reserved for those other things that might change throughout your life, like the weather or how you feel at a given day. So, for instance, you would say, "Eu *sou* Portuguesa ↝ I'm Portuguese," but say, "Eu **estou** em Portugal ↝ I am in Portugal."

Tenses

Now, let's get to the tenses and start conjugating verbs! Sounds fun, right? Don't worry, it is not as boring, nor as difficult, as you might think. As you now know, there are three classes of verbs. Again, we will keep the stem of the verb and change the ending, according to the tense that we are conjugating the verb in.

You will surely know the infinitive, so we will focus and study the Present tense, Past Simple tense, and Future Indicative Tense. These are the tenses that are most commonly used and fundamental to know and master to understand basic Portuguese.

Keep in mind that the rules you are about to study only apply to the regular verbs. The irregular verbs are just that—irregular; they follow no rule. They basically obey nothing.

---

47 To say that you are married, what verb would you use? Supposedly, being something that could change, the answer should be that you should use the verb "ESTAR." However, it is very common to say, "Eu sou casado/a ↝ I'm married" using the verb "SER" instead. And that happens because, a long time ago, when somebody got married, it was not supposed to be a temporary state, but last forever.

"AR" ending

Let's take the verb "ESTUDAR ↪ (TO) STUDY," for instance.

"ESTUDAR"	Present Tense	Past Simple	Future
Eu ↪ I	Estud-*o*	Estud-*ei*	Estudar-*ei*
Tu ↪ You	Estud-*as*	Estud-*aste*	Estudar-*ás*
Ele/Ela ↪ He/She	Estud-*a*	Estud-*ou*	Estudar-*á*
Nós ↪ We	Estud-*amos*	Estud-*ámos*	Estudar-
Vós ↪ You[48]	Estud-*ais*	Estud-*astes*	Estudar-*eis*
Eles/Elas ↪ They	Estud-*am*	Estudar-*am*	Estudar-*ão*

In the Present Tense, you just have to add the following endings to the stem of the verb: "O," "AS," "A," "AMOS," "AIS," and "AM."

In the Past Simple Tense, you just have to add the following endings to the stem of the verb: "EI," "ASTE," "OU," "ÁMOS," "AIS," and "AM."

In the Future Indicative Tense, you just have to add the following endings to the stem of the verb: "EI," "ÁS," "Á," "EMOS," "EIS," and "ÃO."

---

[48] "VÓS" is a dated word. Instead, what is more frequently used is "VOCÊS." However, the verb after is conjugated in the third-person plural. Like so:

"Vós estudais muito – Vocês estudam muito. ↪ You study a lot."

"ER" ending

Let's take the verb "COMER ↪ (TO) EAT," for instance.

"EAT"	Present Tense	Past Simple	Future
Eu ↪ I	Com-*o*	Com-*i*	Comer-*ei*
Tu ↪ You	Com-*es*	Com-*este*	Comer-*ás*
Ele/Ela ↪ He/She	Com-*e*	Com-*eu*	Comer-*á*
Nós ↪ We	Com-*emos*	Com-*emos*	Comer-*emos*
Vós ↪ You	Com-*eis*	Com-*estes*	Comer-*eis*
Eles/Elas ↪ They	Com-*em*	Comer-*am*	Comer-*ão*

In the Present Tense, you just have to add the following endings to the stem of the verb: "O," "ES," "E," "EMOS," "EIS," and "EM."

In the Past Simple Tense, you just have to add the following endings to the stem of the verb: "I," "ESTE," "EU," "EMOS," "ESTES," and "AM."

In the Future Indicative Tense, you just have to add the following endings to the stem of the verb: "EI," "ÁS," "Á," "EMOS," "EIS," and "ÃO."

"IR" ending

Let's take the verb "PARTIR ↪ (TO) BREAK," for instance.

"PARTIR"	Present Tense	Past Simple	Future
Eu ↪ I	Part-*o*	Part-*i*	Partir-*ei*
Tu ↪ You	Part-*es*	Part-*iste*	Partir-*ás*
Ele/Ela ↪ He/She	Part-*e*	Part-*iu*	Partir-*á*
Nós ↪ We	Part-*imos*	Part-*imos*	Partir-*emos*
Vós ↪ You	Part-*is*	Part-*istes*	Partir-*eis*
Eles/Elas ↪ They	Part-*em*	Partir-*am*	Partir-*ão*

In the Present Tense, you just have to add the following endings to the stem of the verb: "O," "ES," "E," "IMOS," "IS," and "EM."

In the Past Simple Tense, you just have to add the following endings to the stem of the verb: "I," "ISTE," "IU," "IMOS," "ISTES," and "AM."

In the Future Indicative Tense, you just have to add the following endings to the stem of the verb: "EI," "ÁS," "Á," "EMOS," "EIS," and "ÃO."

Irregular verbs + Exceptions

However, as mentioned, we have verbs that even though they belong in one of the three classes of verbs seen above, they actually do not. Confusing, right? This is because they are irregular verbs, exceptions with which we cannot follow the rules studied earlier. When those come before you, you just have to memorize them... Let's see an example of an irregular verb of each verb group, conjugated in the three tenses.

Starting with the "AR" class:

"ESTAR ↪ TO BE"	Present Tense	Past Simple	Future
Eu ↪ I	Estou	Estive	Estarei
Tu ↪ You	Estás	Estiveste	Estarás
Ele/Ela ↪ He/She	Está	Esteve	Estará
Nós ↪ We	Estamos	Estivemos	Estaremos
Vós ↪ You	Estais	Estivestes	Estareis
Eles/Elas ↪ They	Estão	Estiveram	Estarão

As for the "ER" group:

"SABER ↝ TO KNOW"	Present Tense	Past Simple	Future
Eu ↝ I	Sei	Soube	Saberei
Tu ↝ You	Sabes	Soubeste	Saberás
Ele/Ela ↝ He/She	Sabe	Soube	Saberá
Nós ↝ We	Sabemos	Soubemos	Saberemos
Vós ↝ You	Sabeis	Soubestes	Sabereis
Eles/Elas ↝ They	Sabem	Souberam	Saberão

Finally, the "IR":

"IR ↝ TO GO"	Present Tense	Past Simple	Future
Eu ↝ I	Vou	Fui	Irei
Tu ↝ You	Vais	Foste	Irás
Ele/Ela ↝ He/She	Vai	Foi	Irá
Nós ↝ We	Vamos	Fomos	Iremos
Vós ↝ You	Ides	Fostes	Ireis
Eles/Elas ↝ They	Vão	Foram	Irão

#2 – Hora de Quiz!

1) Conjugate the verb "ABRAÇAR" in the three tenses we have studied.

2) Conjugate the verb "CORRER" in the three tenses we have studied.

3) Conjugate the verb "SENTIR" in the three tenses we have studied.

4) Conjugate the verb "DAR" in the three tenses we have studied.

5) Conjugate the verb "TER" in the three tenses we have studied.

6) Conjugate the verb "HAVER" in the three tenses we have studied.

7) Conjugate the verb "VIR" in the three tenses we have studied.

8) Rewrite these sentences in the simple past tense:

"Eu adoro aprender Português. Não acho nada difícil."

9) Rewrite these sentences in the future tense:

"Com *Portuguese for Beginners*, eu sei tudo o que é importante. Não há dúvidas."

10) Identify the verbs used in the following sentence, indicating the tenses they are conjugated in:

"Um dia irei a Portugal. Fiz uma promessa, e eu vou cumprir essa promessa.

PART III: CONVERSATION[49]

---

[49] The recommended movie for this chapter is "Gaiola Dourada ↝ Golden Cage." It a French film about Portuguese immigrants and was made by a French director, the son of Portuguese immigrants. It is very funny and full of simple but realistic dialogue from which you can learn—while laughing!

Before starting, you should know that, in Portuguese, there is a formal way of communication. This formal way is used in formal situations, with someone you do not know (like a stranger on the street), and as a demonstration of respect for older people. So, instead of using the second-person singular—"TU"—you should use "VOCÊ," conjugating the verb that follows in the third-person singular. However, there is an important thing to remember. The "VOCÊ" is rarely used and is considered rude to insert it into a sentence. So, when speaking formally, whether it is with an older person, an unknown person you just met on the street, or your doctor, the structure of the sentence is the same as it would be with the "VOCÊ" in it, but you either omit it entirely or substitute it for the person's name or equivalent. Like for instance, "O/A SENHOR/A ↪ SIR / MADAM"; "O/A PROFESSOR/A ↪ TEACHER"; "O/A DOUTOR/A ↪ DOCTOR." Look at these examples:

ℵ "Rita, queres vir comigo ao cinema? ↪ Rita, do you want to come with me to the movies?"

"(A Rita) ~~Você~~ *quer* vir comigo ao cinema?"

ℵ "Tu és o melhor médico do mundo. ↪ You are the best doctor in the world."

"(O doutor) ~~Você~~ *é* o melhor médico do mundo."

In the following sections, you will see sentences using both forms of communication.

Note: If you are approaching somebody in the street to ask for help, you should use the formal way of communicating, but do not overthink it—the fact that you are making an effort to speak Portuguese to natives will be highly appreciated. No one will see it as disrespectful.

Basic Greetings

- Good morning! ↝ Bom dia!
- Good evening. ↝ Boa tarde.
- Good night. ↝ Boa noite.
- Hello/Hi! ↝ Olá!
- Welcome to Portugal! ↝ Bem-vindo a Portugal!
- How are you[50] feeling today? ↝ Como estás?/Como te estás a sentir?
- We have just arrived! ↝ Acabámos de chegar!
- Did you have a nice flight? ↝ Tiveste um bom voo?
- Where are you staying at? ↝ Onde é que vão ficar?
- Make yourself confortable. ↝ Estás à vontade.
- You lost weight! ↝ Perdeste peso!
- Long time no see! ↝ Há muito tempo que não te vejo!
- I'm excited to see you. ↝ Estou entusiasmado/entusiasmada por ver-te.

---

[50] Remember that "YOU" can translate to "TU" and "VÓS" (or "VOCÊS"). It depends on how many people the question is being asked to.

- Is everything ok? ↪ Está tudo bem?
- How are you? ↪ Como estás?
- How are you doing? ↪ Como estás?/ Tudo bem?
- You look nice! ↪ Estás com bom aspecto!
- How is your family? ↪ Como está a sua família?
- Where have you been? ↪ Onde tens andado?
- What have you been up to? ↪ O que é que tens feito?
- I didn't see you there, hello! ↪ Não te vi aí, olá!
- I appreciate it. ↪ Eu agradeço, obrigado/a.
- You're welcome! ↪ De nada!
- Nice to meet you. ↪ Prazer em conhecer-te.
- Thank you, bye. ↪ Obrigado/a, adeus, xau.
- Have a nice day. ↪ Tenha um bom dia.
- You too, thanks. ↪ Tu também, obrigada/o.
- Send my regards to X ↪ Manda os meus cumprimentos a X
- See you later! ↪ Até logo!
- See you soon. ↪ Até já.
- Thank you for your help. ↪ Obrigado/a pela ajuda.
- Come back soon. ↪ Volte em breve.
- Come anytime you want/need. ↪ Volta quando quiseres/precisares.
- My condolences. ↪ As minhas condolências, os meus pêsames.
- Give me a kiss! ↪ Dá-me um beijo!
- I'm fine! ↪ Estou bem!
- Let's go! ↪ Vamos!
- Could you translate this for me, please? ↪ Podes traduzir isto para mim, por favor?
- Could you speak more slowly, please? ↪ Podias falar mais devagar, por favor?

- Could you write that down, please? ᴖ Podes escrever isso, por favor?
- Do you speak English? ᴖ Falas Inglês?
- Excuse me. ᴖ Com licença/Desculpe.
- I don't speak portuguese very well. ᴖ Eu não falo Português muito bem.
- I need some help. ᴖ Eu preciso de ajuda.
- I only speak English. ᴖ Eu só falo Inglês.
- I understand. ᴖ Eu percebo/entendo.

Introducing Yourself

- My name is X. ↪ O meu nome é X., Eu chamo-me X.
- I live in Albufeira. ↪ Eu vivo em Albufeira.
- I'm 25 years old. ↪ Eu tenho 25 anos.
- I have a boyfriend/girlfriend. ↪ Eu tenho namorado/namorada.
- I'm single. ↪ Estou solteiro/solteira.
- I'm engaged. ↪ Estou noivo/noiva.
- I'm married. ↪ Sou casado/casada.
- My birthday is after tomorrow. ↪ O meu aniversário é depois de amanhã.
- I work at an office. ↪ Eu trabalho num escritório.
- I have two pets. ↪ Eu tenho dois animais domésticos.
- My dream is to be a doctor. ↪ O meu sonho é ser médico.
- I don't own a car. ↪ Eu não tenho carro.
- My interests are X. Os meus interesses são X.

Forming Questions and Dialogue

Buying and Ordering

א   Can you bring me the menu, please? ↪ Pode trazer-me o menu, por favor?

א   Can you help me, please? ↪ Pode ajudar-me, por favor?

א   What is today's special? ↪ Qual é o prato do dia?

א   I didn't understand, could you repeat, please? ↪ Não percebi, pode repetir, por favor?

א   I want to order, please. ↪ Quero fazer o pedido, por favor.

א   To drink, I'll have sparkling water. ↪ Para beber quero uma água com gás.

א   Where is the bathroom? ↪ Onde é a casa de banho?

א   Excuse me, will you let me through? ↪ Desculpe, deixa-me passar?

א   I want beef with a side of chips. ↪ Quero um bife com batatas.

- There is a fly in my soup. ↪ Está uma mosca na minha sopa.
- The rice is too salty! ↪ O arroz está demasiado salgado.
- I want to talk with the manager. ↪ Quero falar com o gerente.
- Do you have takeaway? ↪ Tem comida para levar?
- Is the order going to take long? ↪ O pedido vai demorar muito?
- The beef is rare! I want it well done. ↪ O bife está cru! Eu quero-o bem passado.
- It's delicious! ↪ Está delicioso!
- What do you recommend? ↪ O que recomenda?
- What do you have for dessert? ↪ O que tem para sobremesas?
- Can you bring me the bill, please? ↪ Pode trazer-me a conta, por favor?
- You can keep the change, thank you. ↪ Pode ficar com o troco, obrigada.
- Are the vegetables fresh? ↪ Os vegetais são frescos?
- Where do I find the milk? ↪ Onde posso encontrar o leite?
- The price is 5,24€. ↪ O preço é 5,24€.[51]
- Here's 10€. I don't have change, sorry. ↪ Aqui estão 10€. Não tenho trocado, desculpe.
- That's expensive. Don't you have anything cheaper? ↪ Isso é caro. Não tem nada mais barato?

---

[51] Which is read "cinco euros e vinte e quatro cêntimos ↪ five euros and twenty-four cents."

At Work

א The client made a positive review of our service. ↩ O cliente fez um comentário positivo sobre o nosso serviço.

א What is the currency in this country? ↩ Qual é a moeda neste país?

א It's Euros. Do you know the exchange rate? ↩ É Euros. Sabes qual é a taxa de câmbio?

א Can you help me with the customer service? ↩ Podes ajudar-me com o apoio ao cliente?

א The boss asked me to do the presentation. ↩ O patrão pediu-me para fazer a apresentação.

א The taxes are already included in the price tag. ↩ Os impostos já estão incluídos no preço.

א Nice, that makes things easier. Can I pay with VISA card? ↩ Boa, isso torna as coisas mais fáceis. Posso pagar com cartão VISA?

א When will we receive the paycheck? ↩ Quando é que vamos receber o salário?

א I was about to go do the transfer right now. ↩ Ia fazer a transferência agora mesmo.

א So, how can I help you? ↩ Então, como o posso ajudar?

א I need to take the day off, I don't feel so good. ↩ Preciso de tirar o dia, não me sinto muito bem.

א I need to withdraw money. Where is the ATM[52] machine? ↩ Preciso de levantar dinheiro. Onde é a máquina multibanco?

---

[52] Keep in mind that some ATMs in Portugal might charge a fee for some operations. However, the "multibancos," for most types of cards, won't.

At School/College

- Portuguese 101 is going to be in which room? ↪ A aula introdutória de português vai ser em que sala?
- We don't have Portuguese 101 today. ↪ Não temos a aula introdutória de Português hoje.
- Are we late? ↪ Estamos atrasados?
- No, we are early. The teacher always starts 10 minutes after. ↪ Não, estamos adiantados. O/a professor/a começa sempre 10 minutos depois.
- May I come in? ↪ Posso entrar?
- Yes, have a seat. ↪ Sim, sente-se.
- I'm sorry I'm late. ↪ Desculpe o atraso.
- Is this seat taken? ↪ Este lugar está ocupado?
- No, go ahead. ↪ Não, está à vontade.
- Teacher, why is this answer wrong? ↪ Professor, porque é que esta resposta está errada?
- Mark, the question was... – Mark, a pergunta era...
- I'm going to skip this class, it's so boring. ↪ Vou faltar à aula, é tão aborrecida.
- No worries, I'll give you my notes after. ↪ Não te preocupes, eu dou-te os meus apontamentos depois.
- May I go to the bathroom? ↪ Posso ir à casa-de-banho?
- Teacher, when is the test? ↪ Professor, quando é o teste?
- Next Thursday. But you will have the essay about modern art before that! ↪ Na próxima quinta-feira. Mas têm a composição sobre arte moderna antes disso!
- Teacher, I didn't understand. Can you explain it again, please? ↪ Professor, não percebi. Pode explicar outra vez, por favor?

א   Sure, but pay more attention, X. You are talking a lot. ↵ Claro, mas presta mais atenção, X. Estás a falar muito.

א   I have a question: why did the author say that X? ↵ Tenho uma dúvida: porque é que o autor disse que X?

א   Can I give my opinion on that matter? ↵ Posso dar a minha opinião sobre esse assunto?

א   Did you do the homework? ↵ Fizeste o trabalho de casa?

א   I also didn't do it! I was going to ask you the same. ↵ Também não fiz. Ia-te perguntar o mesmo.

א   Have you already studied page 22? I don't get it. ↵ Já estudaste a página 22? Não percebo.

א   I want you to sit next to me so that I can cheat on the calculus test. ↵ Eu quero que te sentes ao meu lado para poder copiar no teste de cálculo.

א   No way. You should have studied. ↵ Nem penses. Devias ter estudado.

א   Who is the next group to make the presentation? ↵ Qual é o próximo grupo a apresentar?

א   I missed the last lesson. Can you send me an e-mail with the summary? ↵ Faltei à última aula. Podes mandar-me um e-mail com o resumo?

א   The teacher didn't show up, I think she's in a conference. ↵ A professora não apareceu. Acho que ela está numa conferência.

א   Can you lend me a red pen? ↵ Podes-me emprestar uma caneta vermelha?

א   I only have blue markers, sorry. ↵ Só tenho marcadores azuis, desculpa.

א   Can you help me with this exercise? ↵ Podes-me ajudar neste exercício?

א   I haven't studied that part yet. ↵ Ainda não estudei essa parte.

א   I'm going to fail in this exam! ↵ Vou chumbar neste exame!

א   Relax, there's still time until the end of the course. ↵ Calma, ainda tens tempo até ao final do curso.

א

Traveling

א   How much is the ticket? ↵ Quanto custa o bilhete?

א   The flight was turbulent. ↵ O voo foi turbulento.

א   The subway is by the airport. ↵ O metro é perto do aeroporto.

א   Where is the nearest taxi square? ↵ Onde é a praça de táxis mais próxima?

א   I'm going to take the bus. ↵ Vou apanhar o autocarro.

א   At what time does the next train leave? ↵ A que horas é que parte o próximo comboio?

א   Maybe we could rent a car! ↵ Se calhar podemos alugar um carro!

א   Is the hotel within walking distance? ↵ Dá para ir a andar até ao hotel?

א   Don't lose the hotel key. ↵ Não percas a chave do hotel.

א   I'm sharing the room at the hostel. ↵ Estou a partilhar o quarto no hostel.

א   Let's rent a cheap house together! ↵ Vamos arrendar uma casa barata juntos!

א   Bring the map to the sightseeing tour bus. ↵ Traz o mapa para a viagem panorâmica.

א   Can you take me to the nearest hotel? ↵ Pode levar-me ao hotel mais próximo?

א   Here is your key. ↵ Aqui tem a sua chave.

א   I lost my room key. Would you mind giving me another one? ↪ Eu perdi a chave do meu quarto. Importa-se de me dar outra?

א   I'm going to pay in cash. ↪ Vou pagar em dinheiro.

א   Can you get me a receipt? ↪ Pode passar-me factura?

א   I want to write a complaint. ↪ Eu quero escrever uma reclamação.

א   Would you mind calling me a taxi, please? ↪ Importa-se de me chamar um táxi, por favor?

א   What's your destination? ↪ Qual é o seu destino?

א   I need a transfer for the airport. ↪ Preciso de um *transfer* para o aeroporto.

א   Can you take me to this address? ↪ Pode levar-me para esta morada?

א   Two tickets, please. ↪ Dois bilhetes, por favor.

Socializing

א   I missed you! ↪ Tinha saudades tuas!

א   Let's schedule a dinner tomorrow. ↪ Vamos marcar um jantar amanhã.

א   I have a date with him. ↪ Tenho um encontro com ele.

א   Don't you like to party? ↪ Não gostas de festejar?

א   I'll pay the next round! ↪ Eu pago a próxima rodada!

א   Do you come here often? ↪ Vens aqui regularmente?

א   Have you ever been in that restaurant? ↪ Já alguma vez foste aquele restaurante?

א   We saw that movie at the cinema. ↪ Vimos esse filme no cinema.

- I love to dance! ↪ Adoro dançar!
- You are the nicest person I ever met. ↪ Tu és a pessoa mais simpática que eu já conheci.
- I'm in the best mood. ↪ Estou bem disposto!
- Bring some friends to the party later. ↪ Traz amigos para a festa de logo.
- Let's have a drink. ↪ Vamos beber um copo.
- May I join you and your friends? – Posso juntar-me a ti e aos teus amigos?
- What do you want to drink? ↪ O que quer beber?
- Do you have any plans for tonight? ↪ Tem alguns planos para hoje?
- Can I take you to dinner? ↪ Posso levar-te a jantar?
- Would you like to go get a coffee? ↪ Gostaria de ir tomar um café?
- I need some help, please. ↪ Eu preciso de ajuda, se faz favor.
- Can you repeat that, please? ↪ Pode repetir isso, por favor?
- How do you spell that word? ↪ Como se soletra essa palavra?
- How do I pronounce it? ↪ Como é que se pronuncia?

Formal Events

- May I come in? ↪ Posso entrar?
- Please come in. ↪ Por favor entre.
- Nice to meet you. ↪ Prazer em conhecê-lo.
- Likewise. ↪ Igualmente.
- Please sit over there. ↪ Por favor sente-se ali.

- Thank you for having me. ↪ Obrigada por me receber.
- Why did you apply for this job? ↪ Porque se candidatou a este emprego?
- Because I love the company and what it stands for. ↪ Porque adoro a empresa e aquilo que ela representa.
- What sparked your interest in this position? ↪ O que suscitou o seu interesse nesta posição?
- It is what I always wanted to do. ↪ É o que sempre quis fazer.
- Do you have experience in the area? ↪ Tem experiência na área?
- Yes, my degree is in X, and I've been working in this business ever since I graduated. ↪ Sim, a minha licenciatura é em X, e tenho trabalhado nesta área desde então.
- What are your academic credentials? ↪ Quais são as suas credenciais académicas?
- I have a major in X and a PhD in Y. ↪ Eu tenho uma licenciatura em X, e um doutoramento em Y.
- What is your *alma mater?* ↪ Qual é a sua Universidade?
- I studied at X College. ↪ Estudei na Universidade X.
- What are your biggest strengths? ↪ Quais são os seus pontos fortes?
- I'm a hard worker, very dynamic, stress resistant, and I'm open to criticism. ↪ Eu sou trabalhador, muito dinâmico, resistente ao stress, e aberto a críticas.
- What are your weaknesses? ↪ Quais são as suas fraquezas?
- I'm a perfectionist and very stubborn. ↪ Sou perfeccionista e muito teimoso.

א What are your ambitions regarding this job? ᔕ Quais são as suas ambições relativamente a este trabalho?

א I hope I improve my skills, proving myself of value to the company, and help it grow even more. ᔕ Espero melhorar as minhas capacidades, provando ser de valor para a empresa, e ajudando-a a crescer ainda mais.

א When do you want to start? ᔕ Quando quer começar?

א Now! ᔕ Agora!

א This is the number we had in mind for this specific position. ᔕ Este é o valor que tínhamos em mente para esta posição específica.

א Are you comfortable with it? ᔕ Está comfortável com ele?

א How much were you expecting to earn? ᔕ Quanto estava à espera de receber?

א We liked your interview and application, and will review it carefully. ᔕ Gostámos da sua entrevista e candidatura, e vamos revê-la cuidadosamente.

א Thank you for the opportunity. I will not let you down. ᔕ Obrigada pela oportunidadade. Não o desiludirei.

#3 – Hora de Quiz!

1) Translate the following sentence into Portuguese:

"Hello, ma'am, and good afternoon! My name is João, and I'm 25 years old. I'm visiting Portugal, and I love the weather here. I really want to come back!"

2) Ask the question that fits the answer:

"Sim, eu gostei muito do nosso jantar de ontem."

3) How would you ask your teacher to go to the bathroom during the class?

4) Answer the following questions:

"A que horas irás ao teatro amanhã? Tens um bilhete extra? Posso ir contigo?

5) Let's say you are unhappy with your salary at the end of the month. Write down a possible conversation you could have with your boss about getting paid what you deserve.

QUIZ ANSWERS

Quiz #1

1) **Indicate to which class these words belong to:**

- Carro – common noun;
- Pessoa – common noun;
- João – proper noun;
- Cidade – common noun;
- Lisboa – proper noun;
- Pinhal – collective noun;
- Generosidade – abstract noun;
- Rapaz – common noun;
- Aflição – abstract noun;
- Turma – collective noun;
- Felicidade – abstract noun;
- América – proper noun;
- Alegria – abstract noun;
- Formigueiro – collective noun;
- Casal – collective noun;
- Mondego – proper noun;
- Rio – common noun;

- Bondade – abstract noun;
- Frota – collective noun;
- Pensamento – abstract noun.

2) Highlight the words that can be both proper and common nouns:

- **Oliveira** – it can be either the last name of a person, or an olive tree.
- **Porto** – It can be the name of a city in Portugal, or a port, a dock.
- **Câmara** – It can be the "Câmara Municipal" – City Council, or a camera.
- **Escola** – it can be the name of a school, that way being a proper noun, or just the place students go to learn, that way being a common noun.

3) Write the correct definite article—singular or plural, masculine or feminine—before the following words:

- **O** carro
- **O** sapo
- **A** folha
- **A** árvore
- **Os** corações
- **A** televisão
- **As** toalhas
- **Os** sabonetes

4) Write the correct indefinite article—singular or plural, masculine or feminine—before the following words:

- **Umas** mesas
- **Uma** borracha
- **Um** afia
- **Um** forno
- **Uns** quadros
- **Uma** saia

- **Uma** vela
- **Um** filme

5) Identify the determiners in the sentences, and write down to which group they belong to:

"**Essa** chave não é **a minha** chave. **Alguém** a roubou! ↪ That key is not my key. Somebody stole it."

"**Cada** um de nós tem **pouco** para fazer. ↪ Each one of us hasn't got much to do."

"**Aquele** animal está **muito** perto de nós. ↪ That animal is very near to us."

"O **vosso** pai é sempre **o mesmo** palerma. ↪ Your dad is always the same dork."

"Eu não sei **quem** tu és. ↪ I don't know who you are."

- Essa – demonstrative determiner
- A – definite article
- Minha – possessive determiner
- Alguém – indefinite determiner
- Cada – indefinite determiner
- Pouco – indefinite determiner
- Aquele – demonstrative determiner
- Muito – indefinite determiner
- Vosso – possessive determiner
- O – definite article
- Mesmo – demonstrative determiner
- Quem – interrogative determiner

6) Underline the pronouns in the following sentences:

"Eu tenho uma bola azul. Vou dá-**la** à Mariana ↪ I have a blue ball. I'm going to give it to Mariana."

"Estás a ver as casas desta rua? **Aquela** é a **minha**. ↪ Are you seeing the houses in this street? That one is my own."

"A Catarina irá cozinhar o jantar. **Ela** cozinha muito bem. ↪ Catarina will cook dinner. She cooks very well."

7) **Insert prepositions to complete the sentences:**

"Eu gosto **de** aprender Português. ↪ I like learning Portuguese."

"O meu avô vai **ao** Hospital. ↪ My grandfather is going to the Hospital."

"O meu cão está **em** casa **do** meu vizinho. ↪ My dog is at my neighbor's house."

8) **Transform the nouns into adjectives and insert them in the following sentences:**

"O meu pai é muito **gordo** (gordura). ↪ My dad is really fat."

"A água está **gelada** (gelo). ↪ The water is freezing."

"Jogar basquetebol é muito **divertido** (diversão). ↪ Playing basketball is really fun."

"Eu acho a escola **aborrecida** (aborrecimento). ↪ I think that school is boring."

9) **Write down these words according to the feminine gender:**

Juíz - juíza; Senhor - senhora; Aluno - aluna; Imperador - imperatriz; Vendedor - vendedora; Actor - actriz; Leitor - leitora; Espanhol - espanhola; Português - portuguesa; Pigmeu - pigmeia; Infante - infanta; Inspector - inspectora; (O) Jornalista - (A) jornalista; Embaixador - embaixadora/embaixatriz; (O) doente - (A) doente.

10) Write these words in their plural form:

Mar - mares; Rapaz - rapazes; Pato - patos; Canção - canções; Escrivão - escrivães; Cristão - cristãos; Irmão - irmãos; Alemão - alemães; Opinião - opiniões; Sótão - sótãos; Paredão - paredões; Farol - faróis; Móvel - móveis; Animal - animais; Funil -funis; Fóssil - fósseis; Nuvem - nuvens; Jardim - jardins.

Quiz #2

1) Conjugate the verb **"ABRAÇAR"** in the three tenses we have studied.

"ABRAÇAR ↪ TO HUG"	Present Tense	Past Simple	Future
Eu ↪ I	Abraço	Abracei	Abraçarei
Tu ↪ You	Abraças	Abraçaste	Abraçarás
Ele/Ela ↪ He/She	Abraça	Abraçou	Abraçará
Nós ↪ We	Abraçamos	Abraçámos	Abraçaremos
Vós ↪ You	Abraçais	Abraçastes	Abraçareis
Eles/Elas ↪ They	Abraçam	Abraçaram	Abraçarão

2) Conjugate the verb "CORRER" in the three tenses we have studied.

"CORRER ↪ CAN"	Present Tense	Past Simple	Future
Eu ↪ I	Corro	Corri	Correrei
Tu ↪ You	Corres	Correste	Correrás
Ele/Ela ↪ He/She	Corre	Correu	Correrá
Nós ↪ We	Corremos	Corremos	Correremos
Vós ↪ You	Correis	Correstes	Correreis
Eles/Elas ↪ They	Correm	Correram	Correrão

3) Conjugate the verb "SENTIR" in the three tenses we have studied.

"SENTIR ↪ TO FEEL"	Present Tense	Past Simple	Future
Eu ↪ I	Sinto	Senti	Sentirei
Tu ↪ You	Sentes	Sentiste	Sentirás
Ele/Ela ↪ He/She	Sente	Sentiu	Sentirá
Nós ↪ We	Sentimos	Sentimos	Sentiremos
Vós ↪ You	Sentis	Sentistes	Sentireis
Eles/Elas ↪ They	Sentem	Sentiram	Sentirão

4) Conjugate the verb "DAR" in the three tenses we have studied.

"DAR ↪ TO GIVE"	Present Tense	Past Simple	Future
Eu ↪ I	Dou	Dei	Darei
Tu ↪ You	Dás	Deste	Darás
Ele/Ela ↪ He/She	Dá	Deu	Dará
Nós ↪ We	Damos	Demos	Daremos
Vós ↪ You	Dais	Destes	Dareis
Eles/Elas ↪ They	Dão	Deram	Darão

5) Conjugate the verb "TER" in the three tenses we have studied.

"TER ↪ TO HAVE"	Present Tense	Past Simple	Future
Eu ↪ I	Tenho	Tive	Terei
Tu ↪ You	Tens	Tiveste	Terás
Ele/Ela ↪ He/She	Tem	Teve	Terá
Nós ↪ We	Temos	Tivemos	Teremos
Vós ↪ You	Tendes	Tivestes	Tereis
Eles/Elas ↪ They	Têm	Tiveram	Terão

6) Conjugate the verb **"HAVER"** in the three tenses we have studied.

"HAVER ↪ TO EXIST, or TO HAVE"	Present Tense	Past Simple	Future
Eu ↪ I	Hei	Houve	Haverei
Tu ↪ You	Hás	Houveste	Haverás
Ele/Ela ↪ He/She	Há	Houve	Haverá
Nós ↪ We	Havemos	Houvemos	Haveremos
Vós ↪ You	Haveis	Houvestes	Havereis
Eles/Elas ↪ They	Hão	Houveram	Haverão

7) Conjugate the verb **"VIR"** in the three tenses we have studied.

"VIR ↪ TO COME"	Present Tense	Past Simple	Future
Eu ↪ I	Vou	Vim	Virei
Tu ↪ You	Vais	Vieste	Virás
Ele/Ela ↪ He/She	Vai	Veio	Virá
Nós ↪ We	Vamos	Viémos	Viremos
Vós ↪ You	Vindes	Viestes	Vireis
Eles/Elas ↪ They	Vão	Vieram	Virão

8) Rewrite these sentences in the simple past tense:

"Eu adoro aprender Português. Não acho nada difícil."

We are facing two regular verbs—"ADORAR" and "ACHAR"—so in the past simple, they follow the rules we learned:

"Eu **adorei** aprender Português. Não **achei** nada difícil."

9) Rewrite these sentences in the future tense:

"Com *Portuguese for Beginners*, eu sei tudo o que é importante. Não tenho mais dúvidas."

The verb "SABER" is irregular. However, as you probably noticed, in the future indicative, hardly anything changes among the three groups of verb endings. The same applies to the irregular verb "TO HAVE."

"Com *Portuguese for Beginners*, eu **saberei** tudo o que é importante. Não **terei** mais dúvidas.

10) Identify the verbs used in the following sentence, indicating the tenses they are conjugated in:

"Um dia **irei** a Portugal. **Fiz** uma promessa, e eu **vou cumprir** essa promessa."

"**IREI**" - verb "IR ↳ TO GO" - future indicative tense

"**FIZ**" - verb "FAZER ↳ TO DO" - past simple tense

"**VOU**" - "IR ↳ TO GO" - presente tense

"**CUMPRIR**" - "CUMPRIR ↳ TO ACCOMPLISH (but in this case, the verb "CUMPRIR" means to maintain, or keep the promise) - in the infinitive.

Quiz #3[53]

1)   Translate into Portuguese the following sentence:

"Hello, ma'am, and good afternoon! My name is João, and I'm twenty-five years old. I'm visiting Portugal, and I love the weather here. I really want to come back!"

"Olá (minha)[54] senhora, e boa tarde! O meu nome é João, e tenho vinte e cinco anos. Estou a visitor Portugal e adoro o tempo aqui. Eu quero mesmo voltar!"

---

[53] Since this quiz demands a few open answers, the proposed solutions are merely indications of what the right answer should look like. Variations of the sentences presented, and other answers, might work as well. The answers shown just provide an orientation—one solution with several other possibilities. Be creative!

[54] The word "minha" is not essential to the translation; however, it is considered indelicate if not used when talking to an older woman, just using instead "senhora" by itself. Even though it doesn't mean the same, it can compare to the expression "my dear sir"—simply put, it is just nicer to say it like that.

2) Ask the question that fits the answer:

"Eu gostei muito do nosso jantar de ontem."

"Tu gostaste do nosso jantar ontem? ↶ Did you like our dinner yesterday?"

"O que achaste do nosso jantar ontem? ↶ What did you think of our dinner yesterday?"

3) How would you ask your teacher to go to the bathroom during the class?

"Professor/a, posso ir à casa de banho, se faz favor? ↶ Teacher/Professor, may I go to the bathroom, please?"

4) Answer the following questions:

"A que horas irás ao teatro amanhã? Tens um bilhete extra? Posso ir contigo? ↶ "At what time will you go to the theatre tomorrow? Do you have an extra ticket? Can I go with you?

"Amanhã vou ao teatro às X horas. Sim, tenho um bilhete extra./ Não, não tenho um bilhete extra. Sim, podes ir comigo./ Não, não podes ir comigo. ↶ Tomorrow I will go to the theatre at X o'clock. Yes, I have an extra ticket/No, I don't have an extra ticket. Yes, you can go with me/ No, you can't go with me."

5) Let's say you're unhappy with your salary at the end of the month. Write down a possible conversation you could have with your boss about finally getting paid what you deserve.[55]

- Bom dia[56], Chefe[57], posso entrar? ↶ Good morning, Boss, may I come in?

---

55 To make it easier to understand who the speaker is, the boss' sentences will be highlighted in orange, and the worker's sentences (you), will be highlighted in purple.

56 Or "boa tarde" or "boa noite."

57 We will continue with "Chefe ↶ Boss," but it could be Dr., Dra., Sr., Sra.—whatever you choose is ok.

- Sim, claro que sim. ↪ Yes, of course.

- Como está, Chefe? ↪ How are you, Boss?

- Comigo está tudo bem. E consigo? Porque decidiu falar comigo hoje? or O que quer? or Qual é o assunto/problema? ↪ Everything is fine with me. What about you? Why did you decide to speak to me today? or What do you want? or What is the matter/problem?

- Comigo também está tudo bem, obrigado.[58] Chefe, estou aqui para falar consigo porque quero discutir o meu salário, or Eu acho que recebo menos do que devia, or Eu penso que o meu salário é baixo, or Eu queria ganhar mais dinheiro. ↪ I'm fine as well, thank you. Boss, I am here to talk to you because I want to discuss my salary, or I think I get less than I deserve, or I think that my salary is low, or I want to make more money.

- Porque diz isso? or Porque pensa assim? ↪ Why do you say that? or Why do you think that?

- Penso assim porque trabalho muito e creio que mereço um aumento. Já trabalho na empresa há X anos. ↪ I think this way because I work a lot and I think I deserve a raise. I have been working for this company for X years.

- Muito bem. O que propõe? ↪ Very well. What do you propose?

- Bem, eu proponho um aumento de X euros. ↪ Well, I propose a raise of X euros.

- Você é um bom trabalhador e é verdade que merece um aumento. Dito isto, vou pensar no valor que propôs. ↪ You are a good worker and it is true that you deserve a raise. With this being said, I am going to think about the amount you proposed.

- Obrigado, Chefe. ↪ Thank you, Boss.

---

58 Or "obrigad*A*" if you are a woman.

- De nada. ↪ You are welcome.[59]

---

[59] Yes—if only asking for a raise would be that easy... We can dream, though!

APPENDIX: VOCABULARY

It is impossible to compile all of the words that you need to learn in one section, or even in one book. Nevertheless, this guide has provided you with, at the very least, the most important vocabulary, which is used frequently, and that you will definitely use or hear when traveling to a Portuguese-speaking country, watching a Portuguese movie, or listening to Portuguese music.

On the following pages, you will find lists of vocabularies that contain some words which were **not** used in the previous chapters. So, if you find that some indispensable word is not within these lists, search for it in a section that might be related to it[60]. Even if you have to reread the book, that won't be time wasted! Aside from the words that are considered fundamental, this guide has also added some that might be used less often, but that will enrich your vocabulary, granting you the opportunity to brag and "flex" in front of your friends and family.

---

60 For instance, the days of the week, months, or seasons of the year are in PART I: THE VERY BASICS.

Glossary of Nouns

Animals

- Anchovy ↪ Anchova
- Ant ↪ Formiga
- Bear ↪ Urso
- Bee ↪ Abelha
- Bird ↪ Pássaro
- Bug ↪ Bicho / Insecto
- Bull ↪ Touro
- Butterfly ↪ Borboleta
- Cat ↪ Gato
- Chicken ↪ Galinha/Frango
- Clams ↪ Amêijoas
- Cock/Rooster ↪ Galo
- Codfish ↪ Bacalhau
- Cow ↪ Vaca
- Crab ↪ Caranguejo
- Crow ↪ Corvo
- Deer ↪ Veado
- Dog ↪ Cão
- Dove ↪ Pomba

- Dragon ↪ Dragão
- Duck ↪ Pato
- Eagle ↪ Águia
- Elephant ↪ Elefante
- Fish ↪ Peixe
- Flies ↪ Moscas
- Fly ↪ Mosca
- Fox ↪ Raposa
- Frog ↪ Sapo
- Giraffe ↪ Girafa
- Goat ↪ Cabra
- Gorilla ↪ Gorila
- Hake ↪ Pescada
- Hippopotamus ↪ Hipópotamo
- Hoof ↪ Casco
- Horse mackerel ↪ Carapau
- Horse ↪ Cavalo
- Insect ↪ Insecto
- Lamb ↪ Cordeiro
- Leopard ↪ Leopardo
- Lion ↪ Leão
- Monkey ↪ Macaco
- Mosquitoes ↪ Mosquitos
- Mouse ↪ Rato
- Owl ↪ Coruja
- Parrot ↪ Papagaio
- Paw ↪ Pata
- Pig ↪ Porco
- Pigeon ↪ Pombo
- Pork ↪ Porco
- Rabbit ↪ Coelho
- Rat ↪ Ratazana

- Rattlesnake ↪ Cascavel
- Razor Clam ↪ Lingueirão
- Salmon ↪ Salmão
- Sardine ↪ Sardinha
- Sea Bass ↪ Robalo
- Sea Bream ↪ Dourada
- Seahorse ↪ Cavalo-marinho
- Serpent ↪ Serpente
- Shark ↪ Tubarão
- Sheep ↪ Ovelha
- Shellfish ↪ Marisco
- Snake ↪ Cobra
- Spider ↪ Aranha
- Tail ↪ Cauda
- Tiger ↪ Tigre
- Trout ↪ Truta
- Trunk (Elephant's) ↪ Tromba
- Tuna ↪ Atum
- Turkey ↪ Peru
- Wasp ↪ Vespa
- Whelk ↪ Búzios
- Wing ↪ Asa
- Wolf ↪ Lobo

Body and Health

- Achilles' Tendon ↪ Tendão de Aquiles
- Adam's Apple ↪ Maçã-de-Adão
- Anatomy ↪ Anatomia
- Ankle ↪ Tornozelo
- Anus ↪ Ânus
- Appendix ↪ Apêndice
- Arm ↪ Braço
- Armpit ↪ Axila/Sovaco

- Artery ↪ Artéria
- Back ↪ Costas
- Backbone ↪ Coluna vertebral
- Beard ↪ Barba
- Belly button ↪ Umbigo
- Belly ↪ Barriga
- Big toe ↪ Dedo grande
- Bile ↪ Bílis
- Bladder ↪ Bexiga
- Blood ↪ Sangue
- Bone ↪ Osso
- Bottom ↪ Rabo
- Boy ↪ Rapaz/Menino
- Brain ↪ Cérebro
- Breasts ↪ Seios
- Breath ↪ Hálito
- Buttocks ↪ Nádegas
- Calf (body part) ↪ Gémeo
- Cartilage ↪ Cartilagem
- Cheek ↪ Bochecha
- Chest ↪ Peito
- Child ↪ Criança
- Chin ↪ Queixo
- Collarbone ↪ Clavícula
- Cornea ↪ Córnea
- Ear ↪ Orelha/Ouvido
- Eardrum ↪ Tímpano
- Earlobe ↪ Lóbulo da orelha
- Elbow ↪ Cotovelo
- Eye ↪ Olho
- Eyeball ↪ Globo ocular
- Eyebrow ↪ Sobrancelha

- Eyelash ↪ Pestana
- Eyelid ↪ Pálpebra
- Fat ↪ Gordura
- Finger ↪ Dedos
- Fingernail ↪ Unha
- Foot ↪ Pé
- Forearm ↪ Antebraço
- Forehead ↪ Testa
- Freckles ↪ Sardas
- Fur ↪ Pêlo
- Gland ↪ Glândula
- Groin ↪ Virilha
- Hair ↪ Cabelo
- Hand ↪ Mão
- Head ↪ Cabeça
- Hearing/sound ↪ Audição
- Heart ↪ Coração
- Heel ↪ Calcanhar
- Hiccup ↪ Soluço
- Hip ↪ Anca
- Intestines ↪ Intestino
- Iris ↪ Íris
- Jaw ↪ Maxilar
- Joints ↪ Articulações
- Kidneys ↪ Rins
- Knee ↪ Joelho
- Kneecap ↪ Rótula
- Knuckles ↪ Nós dos dedos
- Large intestine ↪ Intestino grosso
- Leg ↪ Perna
- Limb ↪ Membro
- Lip ↪ Lábio

- Liver ↪ Fígado
- Lungs ↪ Pulmões
- Man ↪ Homem
- Menstruation ↪ Menstruação
- Mustache ↪ Bigode
- Mouth ↪ Boca
- Mucus ↪ Muco
- Muscle ↪ Músculo
- Neck ↪ Pescoço
- Nerve ↪ Nervo
- Nervous System ↪ Sistema nervoso
- Nipple ↪ Mamilo
- Nose ↪ Nariz
- Nostril ↪ Narina
- Esophagus ↪ Esófago
- Organ ↪ Orgão
- Palm ↪ Palma
- Pancreas ↪ Pâncreas
- Pelvis ↪ Pélvis
- Period ↪ Período
- Pregnant ↪ Grávida
- Pupil ↪ Pupila
- Rectum ↪ Recto
- Retina ↪ Retina
- Rib cage ↪ Caixa Torácica
- Rib ↪ Costela
- Saliva/spit ↪ Saliva/cuspe
- Semen ↪ Sémen
- Senses ↪ Sentidos
- Shin ↪ Canela
- Sick ↪ Doente, enjoado
- Shoulder ↪ Ombro

- א Skeleton ↪ Esqueleto
- א Skin ↪ Pele
- א Skull ↪ Crânio
- א Small Intestine ↪ Intestino delgado
- א Smell ↪ Olfacto
- א Sneeze ↪ Espirro
- א Sole ↪ Planta (do pé)
- א Spleen ↪ Baço
- א Stomach ↪ Estômago
- א Sweat ↪ Suor
- א Taste ↪ Palato/paladar
- א Tears ↪ Lágrimas
- א Teeth ↪ Dentes
- א Tendon ↪ Tendão
- א Testicles ↪ Testículos
- א Thigh bone/femur ↪ Fémur
- א Thigh ↪ Coxa
- א Throat ↪ Garganta
- א Thumb ↪ Polegar
- א Tingling ↪ Formigueiro[61]
- א Toe ↪ Dedo do pé
- א Toenail ↪ Unha do pé
- א Tongue ↪ Língua
- א Tooth ↪ Dente
- א Touch ↪ Tacto
- א Urine ↪ Urina
- א Vagina ↪ Vagina
- א Vein ↪ Veia
- א Vertebra ↪ Vértebra
- א Vomit ↪ Vómito

---

61 "Formigueiro" is also the word for "anthill," and an ant is a "formiga."

- Waist ↪ Cintura
- Windpipe ↪ Traqueia
- Woman ↪ Mulher
- Womb ↪ Útero
- Wrinkles ↪ Rugas
- Wrist ↪ Pulso

Cardinal Points

- N ↪ N
- S ↪ S
- W ↪ O
- E ↪ E/L
- NE ↪ NE
- NW ↪ NO
- SE ↪ SE
- SW ↪ SO
- North ↪ Norte
- South ↪ Sul
- West ↪ Oeste/Ocidente/Poente
- East ↪ Este/Leste/Oriente/Nascente/Levante
- Northeast ↪ Nordeste
- Northwest ↪ Noroeste
- Southeast ↪ Sudeste
- Southwest ↪ Sudoeste

Clothes

- Blouse ↪ Blusa
- Bra(ssiere) ↪ Soutien
- Dress ↪ Vestido
- Fashion ↪ Moda
- Gloves ↪ Luvas
- Hat ↪ Chapéu
- High heels ↪ Sapatos de salto alto

- Jacket ↪ Casaco
- Pants ↪ Calças
- Shoes ↪ Sapatos / Calçado
- Shorts ↪ Calções
- Skirt ↪ Saia
- Sneakers ↪ Sapatilhas / Ténis
- Socks ↪ Meias
- Suit ↪ Fato
- Swimsuit ↪ Fato de banho
- (Under) panties ↪ Cuecas
- Underwear ↪ Roupa interior

Colors

- Black ↪ Preto
- Blue ↪ Azul
- Brown ↪ Castanho
- Gray ↪ Cinzento
- Green ↪ Verde
- Orange ↪ Cor-de-laranja
- Pink ↪ Cor-de-rosa
- Purple ↪ Roxo
- Red ↪ Vermelho
- Turquoise ↪ Turquesa
- White ↪ Branco
- Yellow ↪ Amarelo

Family

- Aunt ↪ Tia
- Baby ↪ Bebé
- Best friend ↪ Melhor amigo/a
- Boyfriend ↪ Namorado
- Brother ↪ Irmão
- Brother-in-law ↪ Cunhado

- Couple ↪ Casal
- Cousin ↪ Primo/a
- Daughter ↪ Filha
- Daughter-in-law ↪ Nora
- Family ↪ Família
- Father-in-law ↪ Sogro
- Fiancé ↪ Noivo
- Fiancée ↪ Noiva
- Friend ↪ Amigo/a
- Gentleman ↪ Cavalheiro
- Girl ↪ Rapariga/Menina
- Girlfriend ↪ Namorada
- Goddaughter ↪ Afilhada
- Godfather ↪ Padrinho
- Godmother ↪ Madrinha
- Godson ↪ Aflhado
- Granddaughter ↪ Neta
- Grandfather ↪ Avô
- Grandmother ↪ Avó
- Grandparents ↪ Avós
- Grandson ↪ Neto
- Husband ↪ Marido
- Ma'am ↪ (Minha) Senhora
- Mother-in-law ↪ Sogra
- Mr. ↪ Senhor
- Mrs. ↪ Senhora
- Nephew ↪ Sobrinho
- Niece ↪ Sobrinha
- Sir ↪ Senhor
- Sister ↪ Irmã
- Sister-in-law ↪ Cunhada
- Son ↪ Filho

- Son-in-law ↪ Genro
- Stepdaughter ↪ Enteada
- Stepfather ↪ Padrasto
- Stepmother ↪ Madrasta
- Stepson ↪ Enteado
- Uncle ↪ Tio
- Wife ↪ Esposa

Food, Drinks and Eating

- Apple ↪ Maçã
- Banana ↪ Banana
- Barley ↪ Cevada
- Beef ↪ Vaca
- Beer ↪ Cerveja
- Beverages ↪ Bebidas
- Bread counter ↪ Padaria
- Butter ↪ Manteiga
- Cereal ↪ Cereais
- Cheese ↪ Queijo
- Cherry ↪ Cereja
- Chocolate ↪ Chocolate
- Cider ↪ Sidra[62]
- Coconut ↪ Coco
- Coffee ↪ Café
- Corn ↪ Milho
- Cutlery ↪ Talheres
- Desserts ↪ Sobremesas
- Drinks ↪ Bebidas
- Egg ↪ Ovo
- Flesh ↪ Carne

---

[62] Note that the very similar word "CIDRA" doesn't mean the same thing, but instead it means "CITRON".

- Food ↪ Comida
- Freezing ↪ Gelado
- Full ↪ Cheio/a
- Garlic ↪ Alho
- Grapes ↪ Uvas
- Ham ↪ Fiambre
- Ice cream ↪ Gelado
- Jam ↪ Compota
- Juice ↪ Sumo
- Lemon ↪ Limão
- Lemonade ↪ Limonada
- Lime ↪ Lima
- Meat section ↪ Talho
- Meat ↪ Carne
- Milk ↪ Leite
- Milkshake ↪ Batido
- Mushroom ↪ Cogumelo
- Nuts ↪ Frutos Secos
- Oat ↪ Aveia
- Olive Oil ↪ Azeite
- Olives ↪ Azeitonas
- Onion ↪ Cebola
- Orange ↪ Laranja
- Peanut Butter ↪ Manteiga de Amendoim
- Peanuts ↪ Amendoins
- Pear ↪ Pêra
- Pepper ↪ Pimenta
- Pineapple ↪ Ananás
- Salt ↪ Sal
- Sangria ↪ Sangria
- Sausage ↪ Salsicha
- Soda ↪ Refrigerante

- Sour ↪ Azedo
- Spicy ↪ Picante
- Spine ↪ Espinha
- Strawberries ↪ Morangos
- Sweet ↪ Doce
- Tea ↪ Chá
- Vegetables ↪ Vegetais
- Vinegar ↪ Vinagre
- Vitamin Pills ↪ Vitamínicos
- Water ↪ Água
- Wheat ↪ Trigo
- Wine ↪ Vinho

Household Items

- Baby food ↪ Comida de bebé
- Baby wipes ↪ Toalhitas de bebé
- Backpack ↪ Mochila
- Bag ↪ Saco
- Batteries ↪ Pilhas
- Books ↪ Livros
- Bottle ↪ Garrafa
- Bowl ↪ Tigela
- Candle ↪ Vela
- Card ↪ Cartão
- Clock ↪ Relógio
- Cologne ↪ Colónia
- Conditioner ↪ Amaciador
- Condoms ↪ Preservativos
- Cotton ↪ Algodão
- Cup ↪ Chávena
- Cutlery - Talheres
- Dental floss ↪ Fio dental
- Deodorant ↪ Desodorizante

- Diapers ᔰ Fraldas
- Door lock ᔰ Fechadura da porta
- Envelopes ᔰ Envelopes
- Face powder ᔰ Pó de arroz
- Firewood ᔰ Lenha
- First aid kit ᔰ Kit de Primeiros Socorros
- Flashlight ᔰ Lanterna
- Fork ᔰ Garfo
- Foundation ᔰ Base
- Funnel ᔰ Funil
- Furniture ᔰ Móveis
- Glass (as in the "glass of a window") ᔰ Vidro
- Glass (as in a "glass of water") ᔰ Copo
- Glue ᔰ Cola
- Hairbrush ᔰ Escova do cabelo
- Hairspray ᔰ Laca
- Handkerchiefs ᔰ Lenços
- Headphones ᔰ Auscultadores
- Ice ᔰ Gelo
- Jelly ᔰ Gelatina
- Knife ᔰ Faca
- Lamp ᔰ Lamparina
- Laxatives ᔰ Laxantes
- Light bulb ᔰ Lâmpada
- Lighter ᔰ Isqueiro
- Lipstick ᔰ Baton
- Locker ᔰ Cadeado
- Magazines ᔰ Revistas
- Mascara ᔰ Rímel
- Matches ᔰ Fósforos
- Mirror ᔰ Espelho
- Moisturizing cream ᔰ Creme hidratante

- Mouthwash ↪ Elixir Bocal
- Nail scissors ↪ Corta-unhas
- Napkin ↪ Guardanapo
- Needle ↪ Agulha
- Newspaper ↪ Jornal
- Oil ↪ Óleo
- Ointment ↪ Pomada
- Painkillers ↪ Analgésicos
- Paper ↪ Papel
- Pen ↪ Caneta
- Pencil ↪ Lápis
- Perfume ↪ Perfume
- Phone charger ↪ Carregador de Telemóvel
- Photographs ↪ Fotografias
- Plate ↪ Prato
- Pot ↪ Panela
- Razor ↪ Lâmina/gillette
- Rope ↪ Corda
- Sanitary pad ↪ Penso higiénico
- Sanitary towels ↪ Toalhitas higiénicas
- Scarf ↪ Lenço
- Scissors ↪ Tesouras
- Serum ↪ Soro
- Shampoo ↪ Champô
- Shaving cream ↪ Creme de barbear
- Shaving foam ↪ Espuma de barbear
- Shaving gel ↪ Gel de barbear
- Sleeping bag ↪ Saco-cama
- Soap ↪ Sabão
- Sofa ↪ Sofá
- Souvenirs ↪ Lembranças
- Spoon ↪ Colher

- Straws ↪ Palhinhas
- Sun lotion ↪ Protector solar
- Sunglasses ↪ Óculos de Sol
- Tablecloth ↪ Toalha de mesa
- Tampons ↪ Tampões
- Telephone ↪ Telefone
- Television ↪ Televisão
- Tent ↪ Tenda
- Thermometer ↪ Termómetro
- Tissues ↪ Lenços
- Toilet paper ↪ Papel higiénico
- Toothbrush ↪ Escova de dentes
- Toothpaste ↪ Pasta de dentes
- Tweezers ↪ Pinças
- Umbrella ↪ Chapéu de chuva
- Utensils ↪ Utensílios
- Valve ↪ Válvula
- Watch ↪ Relógio
- Wristwatch ↪ Relógio de pulso

Instruments[63]

- Accordion ↪ Acordeão
- Bagpipe ↪ Gaita-de-foles
- Bass ↪ Baixo
- Drums ↪ Bateria
- Cello ↪ Violencelo
- Clarinet ↪ Clarinete
- Classical guitar ↪ Guitarra clássica

---

63 There are two very famous Portuguese instruments. They are called the "cavaquinho," which is a small guitar, cousin of the ukulele, and the "guitarra Portuguesa," which literally means "Portuguese guitar" and is used mainly to go along with Fado. Just search for it on YouTube, and you will find some tunes that will give you goosebumps!

- Flute ↪ Flauta
- Guitar ↪ Guitarra
- Guitarrist (or Guitar Player) ↪ Guitarrista
- Harp ↪ Harpa
- Piano ↪ Piano
- Saxophone ↪ Saxofone
- Tambourine ↪ Pandeireta
- Triangle ↪ Triângulo
- Viola ↪ Violão
- Violin ↪ Violino
- Xylophone ↪ Xilofone

Means of Transportation

- Accelerator ↪ Acelerador
- Accident ↪ Acidente
- Airport ↪ Aeroporto
- Automatic ↪ Automático
- Avenue ↪ Avenida
- Back seat ↪ Lugar de trás
- Battery ↪ Bateria
- Beam ↪ Faról
- Belt ↪ Cinto
- Bicycle ↪ Bicicleta
- Blinkers ↪ Piscas
- Boat ↪ Barco
- Brake light ↪ Luz de travagem
- Bumper ↪ Pára-choques
- Cable ↪ Cabo
- Car ↪ Carro
- Caravan ↪ Caravana
- Child seat ↪ Cadeira de criança
- Clutch ↪ Embraiagem
- Convertible ↪ Descapotável

- Cyclist ↪ Ciclista
- Dashboard ↪ Tablier
- Diesel ↪ Gasóleo
- Driver's seat ↪ Lugar do condutor
- Exhaust ↪ Exaustor
- Flat tire ↪ Pneu furado
- Front seat ↪ Lugar da frente
- Fuel tank ↪ Depósito de combustível
- Fuel ↪ Combustível
- Full beam lights ↪ Máximos
- Fuse ↪ Fusível
- Garage ↪ Garage
- Gas pedal ↪ Acelerador
- Gas ↪ Gás
- Gasoline ↪ Gasolina
- Glove compartment ↪ Porta-luvas
- Handbrake ↪ Travão
- Headlights ↪ Faróis
- Headrest ↪ Encosto
- Helicopter ↪ Helicóptero
- Horn ↪ Buzina
- Ignition ↪ Ignição
- Indicators ↪ Indicadores
- Insurance ↪ Seguro
- Jack ↪ Macaco do carro
- Kite ↪ Pipa
- Leather ↪ Couro
- Left ↪ Esquerda
- Mechanic ↪ Mecânico
- Minibus ↪ Miniautocarro
- Motor ↪ Motor
- Motorbike ↪ Motocicleta

- ℵ Number (or Licence) plate ↪ Matrícula
- ℵ Passenger seat ↪ Lugar do passageiro/pendura
- ℵ Piston ↪ Pistão
- ℵ Pressure ↪ Pressão
- ℵ Radiator ↪ Radiador
- ℵ Rear windscreen ↪ Pára-brisas traseiro
- ℵ Rearview mirror ↪ Espelho retrovisor
- ℵ Right ↪ Left
- ℵ Road ↪ Estrada
- ℵ Roof ↪ Tecto
- ℵ Scooter ↪ Scooter
- ℵ Seatbelt ↪ Cinto de segurança
- ℵ Shock absorber ↪ Pára-choques
- ℵ Snow tires ↪ Pneus para a neve
- ℵ Spare tire ↪ Pneu sobresselente
- ℵ Speedometer ↪ Velocímetro
- ℵ Steering wheel ↪ Volante
- ℵ Taxi ↪ Táxi
- ℵ Tire ↪ Pneu
- ℵ Tractor ↪ Tractor
- ℵ Trailer ↪ Atrelado
- ℵ Tram ↪ Elétrico
- ℵ Truck ↪ Camião
- ℵ Trunk (of the car) ↪ Bagageira
- ℵ Unleaded gas ↪ Gasolina sem chumbo
- ℵ Van ↪ Carrinha
- ℵ Warning light ↪ Luz de aviso
- ℵ Window ↪ Janela
- ℵ Windscreen ↪ Pára-brisas

Nature

- ℵ Apple tree ↪ Macieira
- ℵ Branch ↪ Ramo

- Breeze ↝ Brisa
- Bush ↝ Arbusto
- Cactus ↝ Cacto
- Cherry tree ↝ Cerejeira
- Chestnut tree ↝ Castanheiro
- Climate ↝ Clima
- Cloud ↝ Nuvem
- Clouds ↝ Nuvens
- Cold ↝ Frio
- Drought ↝ Seca
- Dry ↝ Seco
- Fig tree ↝ Figueira
- Fire ↝ Fogo
- Flower ↝ Flor
- Fog ↝ Nevoeiro
- Fossil ↝ Fóssil
- Fruit tree ↝ Árvore de fruto
- Fruits ↝ Frutas
- Garden ↝ Jardim
- Grass ↝ Relva
- Heat ↝ Calor
- Herb ↝ Erva
- Hot ↝ Quente
- Humidity ↝ Humidade
- Hurricane ↝ Furacão
- Leaf ↝ Folha
- Lightning ↝ Trovão
- Meteorology ↝ Metereologia
- Moon ↝ Lua
- Moonlight ↝ Luar
- Moss ↝ Musgo
- Mountains ↝ Montanhas

- Olive tree ↪ Oliveira
- Outdoor ↪ Exterior
- Palm tree ↪ Palmeira
- Pear tree ↪ Pereira
- Petal ↪ Pétala
- Pine forest ↪ Pinhal
- Pine tree ↪ Pinheiro
- Plants ↪ Plantas
- Plum tree ↪ Pessegueiro
- Pollen ↪ Pólen
- Rain ↪ Chuva
- Rainbow ↪ Arco-íris
- Region ↪ Região
- River ↪ Rio
- Root ↪ Raiz
- Rose ↪ Rosa
- Sea ↪ Mar
- Sky ↪ Céu
- Snow ↪ Neve
- Storm ↪ Tempestade
- Sunny ↪ Soalheiro (or solarengo)
- Temperature ↪ Temperatura
- Thorn ↪ Espinho
- Thunder ↪ Trovoada
- Tornado ↪ Tornado
- Town ↪ Cidade
- Tree ↪ Árvore
- Trunk (of a Tree) ↪ Tronco
- Wave ↪ Onda
- Wind ↪ Vento

P.O.I. – Places of Interest

- Beacon ↪ Faról
- Cinema ↪ Cinema
- Embassy ↪ Embaixada
- Fire Station ↪ Estação de bombeiros
- Hospital ↪ Hospital
- Hotel ↪ Hotel
- Museum ↪ Museu
- Palace ↪ Palácio
- Park ↪ Parque
- Planetarium ↪ Planetário
- Police Station ↪ Estação da Polícia
- Swimming Pool ↪ Piscina
- Theater ↪ Teatro
- Ticket Office ↪ Bilheteira

Religion

- Agnostic ↪ Agnóstico
- Atheist ↪ Ateu/ateia
- Buddhist ↪ Budista
- Catholic ↪ Católico
- Christian ↪ Cristão
- Church ↪ Igreja
- God ↪ Deus
- Jewish ↪ Judeu
- Mosque ↪ Mesquita
- Protestant ↪ Protestante
- Religion ↪ Religião
- Synagogue ↪ Sinagoga
- Temple ↪ Templo

Abstract Nouns and Others

- Actor ↝ Actor
- Attic ↝ Sótão
- Balance ↝ Saldo
- Century ↝ Século
- Cheap ↝ Barato
- Class[64] ↝ Turma
- Country ↝ País
- Cry ↝ Choro
- Degrees ↝ Graus
- Distress ↝ Aflição
- Earth ↝ Terra
- Emergency ↝ Emergência
- Emperor ↝ Imperador
- European ↝ Europeu
- Expensive ↝ Caro
- Fleet ↝ Frota
- Forecast ↝ Previsão
- Generosity ↝ Generosidade
- Happiness ↝ Felicidade
- Help ↝ Ajuda/Socorro
- High ↝ Alto/Alta
- Journalist ↝ Jornalista
- Joy ↝ Alegria
- Judge ↝ Juiz
- Jupiter ↝ Júpiter
- Kindness ↝ Bondade
- Knife ↝ Faca
- Lost ↝ Perdido/Perdida
- Low ↝ Baixo/Baixa

---

64 If describing someone elegant, then use the word "classe."

- Manager ↪ Gestor/Gestora
- Mars ↪ Marte
- Mercury ↪ Mercúrio
- Milky way ↪ Via láctea
- Missing someone ↪ Saudade[65]
- Neptune ↪ Neptuno
- Opinion ↪ Opinião
- Planet ↪ Planeta
- Plate ↪ Prato
- Pluto ↪ Plutão
- Prescription ↪ Prescrição
- Reader ↪ Leitor
- Safety pin ↪ Pin de segurança
- Salesman, seller, vendor ↪ Vendedor
- Saturn ↪ Saturno
- Scribe ↪ Escrivão
- Sight ↪ Visão
- Song ↪ Canção
- State ↪ Estado
- Student ↪ Aluno/estudante
- Thought ↪ Pensamento
- Uranus ↪ Urano
- Urgent ↪ Urgente
- Venus ↪ Vénus
- View ↪ Vista
- Writer ↪ Escritor

---

65 This is probably the most special word in Portuguese. It does not have a correspondent translation in any language. It describes us and is always present in the music that lives in our soul—Fado (Fate). Check out the diva, Amália Rodrigues, if you want to know more about "Fado" and "saudade."

Glossary of Verbs

You may have noticed that the previous list did not include any verbs. This is because the nouns and verbs have been separated to facilitate the search. Below, you will find a list of verbs that were **not** mentioned in the verbs chapter of the book.

- Acabar ↪ (to) Finish
- Acampar ↪ (to) Camp
- Aceitar ↪ (to) Accept
- Achar ↪ (to) Find
- Acordar ↪ (to) Wake up
- Adorar ↪ (to) Love, adore
- Agir ↪ (to) Act
- Ajudar ↪ (to) Help
- Almoçar ↪ (to) Have lunch
- Alugar ↪ (to) Rent
- Andar ↪ (to) Walk
- Apagar ↪ (to) Turn off, delete, erase
- Aprender ↪ (to) Learn
- Arrumar ↪ (to) Tidy up
- Atravessar ↪ (to) Cross
- Beber ↪ (to) Drink
- Bocejar ↪ (to) Yawn
- Brincar ↪ (to) Play (with something or someone)[66]
- Cair ↪ (to) Fall

---

[66] It should be used in the following situations:

"I'm playing with my dog. ↪ Eu estou a brincar com o meu cão."

"The children are playing. ↪ As crianças estão a brincar."

"Go play with your toys. ↪ Vai brincar com os teus brinquedos."

- א   Caminhar ↝ (to) Walk
- א   Cancelar ↝ (to) Cancel
- א   Casar ↝ (to) Marry
- א   Chamar ↝ (to) Call
- א   Chegar ↝ (to) Arrive
- א   Colocar ↝ (to) Put
- א   Combinar ↝ (to) Arrange (a meeting, for example)
- א   Começar ↝ (to) Start
- א   Comprar ↝ (to) Buy
- א   Continuar ↝ (to) Continue
- א   Conversar ↝ (to) Talk
- א   Convidar ↝ (to) Invite
- א   Corrigir ↝ (to) Correct
- א   Coser ↝ (to) Sew
- א   Costumar ↝ Doing something very usually
- א   Cozer ↝ (to) Boil
- א   Cozinhar ↝ (to) Cook
- א   Dançar ↝ (to) Dance
- א   Deixar ↝ (to) Let go, or to leave alone
- א   Descansar ↝ (to) Rest
- א   Desejar ↝ (to) Wish
- א   Desenhar ↝ (to) Draw
- א   Desligar ↝ (to) Turn off
- א   Encontrar ↝ (to) Find
- א   Entrar ↝ (to) Go in
- א   Entregar ↝ (to) Deliver
- א   Enviar ↝ (to) Send
- א   Esperar ↝ (to) Wait
- א   Explicar ↝ (to) Explain
- א   Fechar ↝ (to) Close
- א   Ficar ↝ (to) Stay

- Florescer ↪ (to) Flourish
- Gostar ↪ (to) Like
- Guardar ↪ (to) Keep
- Jantar ↪ (to) Have dinner
- Jogar ↪ (to) Play
- Lavar ↪ (to) Wash
- Levantar ↪ (to) Lift
- Levar ↪ (to) Take
- Ligar ↪ (to) Connect
- Limpar ↪ (to) Clean
- Morar ↪ (to) Reside
- Mudar ↪ (to) Change
- Nadar ↪ (to) Swim
- Necessitar ↪ (to) Need
- Pagar ↪ (to) Pay
- Parar ↪ (to) Stop
- Passar ↪ (to) Pass
- Pensar ↪ (to) Think
- Perguntar ↪ (to) Ask
- Pintar ↪ (to) Paint
- Praticar ↪ (to) Practice
- Precisar ↪ (to) Need
- Pular ↪ (to) Jump, skip
- Reservar ↪ (to) Book something (or to schedule a dinner reservation, for example)
- Rir ↪ (to) Laugh
- Sair ↪ (to) Leave, get out
- Sentar ↪ (to) Sit
- Soletrar ↪ (to) Spell
- Sorrir ↪ (to) Smile
- Telefonar ↪ (to) Phone/call someone
- Tentar ↪ (to) Try

- Terminar ↪ (to) Finish
- Tocar ↪ (to) Touch, play
- Tomar ↪ (to) Take
- Trabalhar ↪ (to) Work
- Trocar ↪ (to) Switch
- Usar ↪ (to) Use, wear
- Vender ↪ (to) Sell
- Viajar ↪ (to) Travel
- Virar ↪ (to) Turn
- Visitar ↪ (to) Visit
- Voar ↪ (to) Fly
- Voltar ↪ (to) Return

Common mistakes

Portuguese is indeed a tricky language, even for natives. Thus, there a few mistakes that everyone makes at some point, especially beginners, when speaking or writing in Portuguese. To help you identify those mistakes easily—and to try and avoid them in the future—here are of the most commonly made mistakes by beginners in the Portuguese language.

To start, let's go through the rules of capitalization[67]. This mistake happens quite often with fluent speakers, or rather, writers.

Uppercase should be used in the following cases:

- ℵ Beginning of any sentence (e.g., **A** bola é minha.);
- ℵ Proper nouns (e.g., **C**arlos);
- ℵ Names of fictitious characters or cognomens (mainly applied to kings, e.g., D. Dinis, o *Lavrador* ↪ D. Dinis, the *Farmer*)[68];

---

[67] Keep in mind that this guide is **not** using the Orthographic Agreement of 1990. You probably will see this rule applied differently, depending on whether the author writes under the agreement.

[68] The "*D.*" stands for "*Dom*," which is an honorific title prefixed to the names of royal family members. It means "*master*" in Latin.

א Names of populations, races, tribes, castes, religious entities, and their beliefs (e.g., **D**eus ↝ God; Os **P**ortugueses são animados. ↝ The Portuguese are cheerful.);

א Mythological and astronomical names (e.g., **Z**eus ↝ Zeus);

א Geographical names (toponyms), streets, rivers, mountains (e.g., **P**ortugal, **L**isboa, rio **D**ouro, serra da **E**strela);

א Months (e.g., **D**ezembro ↝ December);

א Seasons of the year (e.g., **P**rimavera ↝ Spring);

א Holidays and festive activities (e.g., **N**atal ↝ Christmas);

א Cardinal points (e.g., **S**udoeste ↝ Southwest);

א Abbreviations of the cardinal points (e.g., **NO** ↝ NW);

א Names of institutions, institutes, organizations, associations, etc. (e.g., **E**scola **S**ecundária de Santo André ↝ Santo André High School);

א Book titles and publications (e.g., **O**s **L**usíadas[69]);

א Honorific titles and pronouns referring to a god (e.g., **M**ajestade ↝ Majesty, **E**le (Deus) ↝ He (God));

א Historical facts (e.g., **R**evolução Francesa ↝ French Revolution);

א Official acts (e.g., **D**ecreto-lei ↝ Decree-law);

א Acronyms (e.g., **EUA** ↝ USA).

---

[69] The most famous Portuguese epic poem by Luís de Camões.

Lowercase should be used in the following cases:

- Common use of everyday vocabulary;
- Days of the week (e.g., Hoje é <u>s</u>egunda-feira.);
- Names of populations when used as adjectives (e.g., A comida <u>p</u>ortuguesa é boa. ↪ The Portuguese food is good.);
- Geographical terms, such as river or mountain, are used before the names (e.g., <u>r</u>io Mondego, <u>s</u>erra de Monchique).

Now, let's see a few more common mistakes that natives make all the time. These mistakes are learned, so beginners probably won't pick up the bad habits, provided, of course, that they identify these mistakes when they see them being used by natives:

- **A gente *vai*, ou *vamos*?**

In English, it would be something like "the people go, or goes?" The problem is how the verb is conjugated. Even though "gente" refers to a group of people, it is in its singular form, hence the verb being conjugated accordingly in the third-person singular. If it were "As gentes," then the verb would be conjugated in the third-person plural, "As gentes *vão*." If we said instead, "nós," then the verb would be conjugated in the first-person plural, "Nós *vamos*."

- **Á? Nope**

There is no such word. "À," on the other hand, exists—it derives from the contraction between the preposition "a," and the defined article "a." Example: "Eu vou **à** escola. - I'm going to school." The accent mark is acute.

- **Bad ≠ badly**

The first translates to "mau," while the second translates to "mal." The first one is always an adjective; the second is an adverb or a noun. In Brazilian Portuguese, the accent will make the two words sound very similar.

"O Voldermort é **mau** - Voldemort is bad."

"MAL" as an adverb: "Isto está **mal** feito - This is done badly."

Or

"MAL" as a noun: "O bem luta contra o **mal** - The good fights evil."

ℵ How many years ago?

It is very common to see, even from good writers, sentences like "Há três anos atrás - Three years ago." The problem is that the sentence in Portuguese is a bit redundant, just like if we added "back" to the sentence in English (Yes, it does not make sense, but it is just to make it easier to understand the problem). So, "Three years ago back" is needless. The same goes for the Portuguese sentence. You can either say "Há três anos" or "Três anos atrás," both meaning "Three years ago."

ℵ Isn't it going up the hill a bit redundant?

The translation in Portuguese sure is. "Going up" is "subir" in Portuguese, and "cima" means "up." So, in Portuguese, "subir para cima" is describing a reality in which the verb "subir" already does by itself. Because you cannot really "subir para baixo" or "going up down the hill"...

Mas ≠ mais

This is another example of how the Brazilian Portuguese accent might affect the understanding of some words and create a few mistakes. In Brazilian Portuguese, they are pronounced very similarly. "Mas" is a conjunction that indicates contrast. It translates to "but." On the other hand, "mais" is an adverb related to the quantity of things. It translates to "more."

Example: "**Mas** eu não ir! - But I don't want to go!"

"Eu quero **mais** chocolate. - I want more chocolate."

ℵ   Now that we know there's no á, what about "há"?

"Há" is from the transitive verb "haver" that can have different translations in English, depending on its use. However, remember to know when to use "h" so that you can substitute it in your head by the verb "existir - exist," and it would still make sense, even though it won't sound that great. So:

e.g.: "**Há** banana? - Is there banana?"

Or

"**Existe** banana? - Does banana exist?"

See that if we said, "Vou **à** escola - I'm going to school," we couldn't change it to "Vou **existe** escola - I'm going exists school." It just wouldn't make any sense. Basically, the "há" indicates that there is something, that something exists, that someone has it. If that is not what you want to indicate, then you should use the "à." Notice that it has an acute accent mark, instead of a grave one, when it's by itself.

Bear in mind that when it comes to describing how time passes—how many years or hours have passed—like it was mentioned above, "há" doesn't have the meaning of "exist" or "there is."

ℵ   Obrigado/a

This is a very common mistake and one that is very understandably made by foreigners. This might be because of how it is perpetuated by the natives that say both "Obrigado" or "Obrigada" indistinctively. It's not that they know, but the fluency and speed of speaking the language end up confusing anyone who is not used to hearing a language that sometimes varies in gender (and number, as we know). However, this word, which means "thank you," must agree with the gender of the speaker and *NOT* with the gender of whoever you are speaking with. So, if you are a man, you should always say, "Obrigad**o**." If you are a woman, you should always say, "Obrigad**a**."

ℵ   ProntO *not* prontoS

There is no significant explanation for how this word was born. "Pronto" means "ready," as in "Isto está **pronto** - This is ready." However, it can also be used as a crutch or an interjection, just like "enough!" or "that's that!" With no "s" at the end, ***pronto*!**

ℵ   Quaisquer*es*?

"Qualquer" and "quaisquer." Singular and plural, respectively. "Quaisqueres" does not exist. The plural is done with the part "qual/quais" and not "quer/queres."

Example: "Eu quero uma bola qualquer. - I want any/whatever ball."

"Eu quero umas bolas quaisquer. - I want any/whatevers balls."

ℵ   "S" or no "s"?

You should have noticed that if you use a verb conjugated in the second-person plural, you often have to add an "s" at the end of the word. If you are, instead, conjugating it in the second-person singular, there is no "s," even though many people misuse it when speaking.

Example: "Tu fizeste**s** a cama?" is wrong. It should be: "Tu **fizeste** a cama? - Did you make your bed?"

"Ontem foste**s** à praia?" is wrong. It should be: "Ontem **foste** à praia. - Yesterday you went to the beach."

ℵ   The correct way to write it is "com certeza" - com certeza!

Even though it sounds very much the same, "concerteza" and "com certeza" are spelled differently. One is also plain wrong. "Com certeza" means "surely" or "for sure" and "with certainty" literally.

א There were many... ↷ Haviam muitas... ou havia muitas...?

The verb "haver" has no plural form whenever we are referring to a quantity of things, using it in the way that it translates to the verb "to exist" and not referring to the verb "to have"—the verb simply does not adapt. It is always used in the singular form, even when conjugated in different tenses.

Example: In the present tense

"<u>Há</u> uma pêra aqui. - There is one pear here."

"<u>Há</u> muitas uvas aqui. - There are a lot of grapes here."

In the past imperfect

"<u>Havia</u> um café na esquina. - There was one cafe shop at the corner."

"<u>Havia</u> dois cinemas na cidade. - There were two cinemas in town."

Who (or *What*) Can You Trust?

**Some words seem to exist to mess with us... Why would two words that are spelled almost exactly the same mean something different? Basically, there are several words, which are called the false cognates—also known as false friends—that may look and/or sound the same in English and Portuguese but have completely different meanings. Hence the *false* in "false friends"—it looks like they might help you but trusting them would just end up in betrayal. The tricky thing about them is that you do not know who those friends are until you know who they really are. And by then, it may be too late—as you have made a fool out of yourself! In conclusion, it is better to be safe than sorry[70] because there is no way of knowing them by following a rule. What you have to do instead is try to memorize them. To get there, you always have to double-check the meaning of a word that seems familiar, and most of all, pay attention to the context. Not everything is bad, though—there are also true long-lasting friendships. Some similar words in both languages are translated with the same meaning, sometimes only by slightly changing the suffix. The following are examples of both groups.

---

70 Or as we say in Portuguese, "É melhor prevenir do que remediar!"

Trust me not

ENGLISH WORD	PORTUGUESE TRANSLATION	FALSE FRIEND	TRANSLATION
Actually	Na verdade, realmente	Actualmente	Nowadays, currently
Beef	Vaca	Bife	Steak
Data	Dados, informação	Data	Date (of a calendar)
Exit	Saída	Êxito	Success
Expert	Especialista, perito	Esperto	Smart, savvy
Exquisite	Magnífico, requintado	Esquisito	Strange, weird
Lunch	Almoço	Lanche	Snack (usually, in the afternoon)
Parents	Pais (Mãe e Pai)	Parentes	Relatives
Policy	Políticas, regulamento,	Polícia	Police

Trust me![71]

As mentioned, some words you can rely on. Let's check out some examples and the set of rules you have to follow to impress your friends, family, and colleagues. If you end up relying on a false friend and making a mistake, that is ok—they probably won't even notice.

So, for words ending in:

→ **ly** - switch it for **mente**;

→ **ence** - switch it for **ência**;

→ **ty** - switch it for **dade**;

---

[71] Even though this happens quite often, there are also many cases in which the rule is not followed, and the translation occurs through a different process. Always double-check!

↪ tion – switch it for **ção**.

LY / MENTE:

Brutally = Bruta + lly ↪ Brutal – ly + mente = Brutalmente

Casually ↪ Casualmente

Cruelly ↪ Cruelmente

Eventually ↪ Eventualmente

Fatally ↪ Fatalmente

Globally ↪ Globalmente

Ideally ↪ Idealmente

Nasally ↪ Nasalmente

Totally ↪ Totalmente

Verbally ↪ Verbalmente

ENCE / ÊNCIA

Competence = Compet + ence ↪ Compet – ence + ência = Competência

Consequence ↪ Consequência

Consistence ↪ Consistência

Convalescence ↪ Convalescência

Correspondence ↪ Correspondência

Experience ↪ Experiência

Inconvenience ↪ Inconveniência

Independence ↪ Independência

Influence ↪ Influência

Negligence ↪ Negligência

TY / DADE:

Ability = Abili + ty ↪ Abili - ty + dade = Habilidade

Agility ↪ Agili**dade**

Clarity ↪ Clari**dade**

Gravity ↪ Gravi**dade**

Incompatibility ↪ Incompatibili**dade**

Obesity ↪ Obesi**dade**

Parity ↪ Pari**dade**

Reality ↪ Reali**dade**

Sexuality ↪ Sexuali**dade**

Utility ↪ Utili**dade**

TION / ÇÃO:

Action = Ac + tion ↪ Ac - tion + ção = Acção

Atten**tion** ↪ Atenção

Educa**tion** ↪ Educação

Lo**tion** ↪ Loção

Na**tion** ↪ Nação

No**tion** ↪ Noção

Op**tion** ↪ Opção

Po**tion** ↪ Poção

Situa**tion** ↪ Situação

Solu**tion** ↪ Solução

Finally, we have the blessed cognates. These are words that, in contrast to the "trust me not's," are similar or the same in English and Portuguese while keeping the same meaning. Check out the list to get to know a few examples—but **ALWAYS DOUBLE-CHECK!**

- Acidental ↪ Accidental
- Ácido ↪ Acid
- Adversário ↪ Adversary
- Adversidade ↪ Adversity
- Agência ↪ Agency
- Agente ↪ Agent
- Alarmante ↪ Alarming
- Alarme ↪ Alarm
- Ar ↪ Air
- Área ↪ Area
- Arte ↪ Art
- Artista ↪ Artist
- Actividade ↪ Activity
- Activista ↪ Activist
- Atmosfera ↪ Atmosphere
- Aventura ↪ Adventure
- Cafeteria ↪ Cafeteria
- Calculadora ↪ Calculator
- Calcular ↪ Calculate
- Câmara ↪ Camera
- Centro ↪ Center
- Cinema ↪ Cinema
- Classe ↪ Class
- Comédia ↪ Comedy
- Companhia ↪ Company
- Computador ↪ Computer
- Construção ↪ Construction
- Construir ↪ Construct
- Continental ↪ Continental
- Continente ↪ Continent
- Controlo ↪ Control
- Debate ↪ Debate

- Desastre ↪ Disaster
- Diferente ↪ Different
- Direcção ↪ Direction
- Direcções ↪ Directions
- Director ↪ Director
- Distância ↪ Distance
- Distante ↪ Distant
- Editar ↪ Edit
- Elevador ↪ Elevator
- Elevar ↪ Elevate
- Emoção ↪ Emotion
- Errático ↪ Erratic
- Erro ↪ Error
- Exame ↪ Exam
- Exacto ↪ Exact
- Exemplo ↪ Example
- Explodir ↪ Explode
- Explosão ↪ Explosion
- Facto ↪ Fact
- Factor ↪ Factor
- Familiar ↪ Familiar
- Festival ↪ Festival
- Fotocópia ↪ Photocopy
- Frequente ↪ Frequent
- Funeral ↪ Funeral
- Futuro ↪ Future
- Galáctico ↪ Galactic
- Galáxia ↪ Galaxy
- Grupo ↪ Group
- Hipnose ↪ Hypnosis
- Humanitário ↪ Humanitarian
- Humano ↪ Human

- א Humanóide ↝ Humanoid
- א Ideal ↝ Ideal
- א Ideia ↝ Idea
- א Idêntico ↝ Identical
- א Identidade ↝ Identity
- א Identificação ↝ Identification
- א Independência ↝ Independence
- א Independente ↝ Independent
- א Infernal ↝ Infernal
- א Informação ↝ Information
- א Insecticida ↝ Insecticide
- א Inspecção ↝ Inspection
- א Inspector ↝ Inspector
- א Inteligência ↝ Intelligence
- א Inteligente ↝ Intelligent
- א Lista ↝ List
- א Literatura ↝ Literature
- א Magia ↝ Magic
- א Maneira ↝ Manner
- א Mapa ↝ Map
- א Massagem ↝ Massage
- א Matemática ↝ Mathematics
- א Memória ↝ Memory
- א Mensagem ↝ Message
- א Metal ↝ Metal
- א Metálico ↝ Metallic
- א Microfone ↝ Microphone
- א Minuto ↝ Minute
- א Momento ↝ Moment
- א Música ↝ Music
- א Objectivo ↝ Objective
- א Objecto ↝ Object

- א Observatório ↪ Observatory
- א Ocasião ↪ Occasion
- א Oceano ↪ Ocean
- א Ordinário[72] ↪ Ordinary
- א Paciência ↪ Patience
- א Paciente ↪ Patient
- א Pânico ↪ Panic
- א Parcial ↪ Partial
- א Parte ↪ Part
- א Perfume ↪ Perfume
- א Perímetro ↪ Perimeter
- א Planeta ↪ Planet
- א Presente ↪ Present
- א Privado ↪ Private
- א Problema ↪ Problem
- א Problemático ↪ Problematic
- א Rádio ↪ Radio
- א Radioactivo ↪ Radioactive
- א Restaurante ↪ Restaurant
- א Série ↪ Series
- א Sério ↪ Serious
- א Teste ↪ Test
- א Texto ↪ Text
- א Turista ↪ Tourist
- א Uniforme ↪ Uniform
- א Universal ↪ Universal
- א Universo ↪ Universe
- א Usual ↪ Usual
- א Vénus ↪ Venus

---

72 Besides normal or common, "Ordinário" may also mean vulgar, indecent, trashy. It will depend on the context, so if you are flirting with someone and they call you "ordinário/a," it was probably not a successful attempt at romance!

א   Virgem ↫ Virgin
א   Zona ↫ Zone

Do You Speak *Brazilian*?

Portuguese is becoming a high-demand language, and that is due mainly to Brazil's rising popularity and the role it plays in the world's economy. This book, however, was written following Portuguese from Portugal "rules," which differ slightly from the Portuguese from Brazil. Nevertheless, it might be confusing for beginners to understand one type if they are used to hearing or studying the other. So, now that you have almost mastered this beautiful language, check this small list, with a few selected examples, which present some common words that change whether you are speaking Portuguese from Portugal or Portuguese from Brazil.

ENGLISH	PORTUGUESE FROM PORTUGAL	PORTUGUESE FROM BRAZIL
Bathroom	Casa de banho	Banheiro
Breakfast	Pequeno-almoço	Café da manhã
Bus	Autocarro	Ônibus
Cell phone	Telemóvel	Celular
City Hall	Câmara municipal	Prefeitura
Fridge	Frigorífico	Geladeira
Grass	Relva	Gramado
Ice cream	Gelado	Sorvete
Juice	Sumo	Suco
Nap	Sesta	Cochilo
Persimmon	Dióspiro	Caqui
Police station	Esquadra da polícia	Delegacia
Suit	Fato	Terno
Toilet seat	Sanita	Vaso
Truck	Camião	Caminhão
Weight room	Ginásio	Academia

O FIM[73] – CONCLUSION

Congratulations on making it through to the end of this book! Learning a language is never easy—and Portuguese is <u>no</u> exception.

Now, you have learned the basics of the Portuguese language. Even though you are at a beginner's level (or a bit beyond it), this guide should have provided a solid foundation or an excellent reinforcement to Portuguese.

The book aimed for an upbeat and dynamic rhythm that would make it easy to follow. To aid the creation of an exciting environment for learning, it built the chapters via a light or informal writing style, throwing in, at times, a bit of humor!

Aside from all the learning, it should have been a fun ride and spiked your interest in the language, motivating you to continue studying it.

To conclude, please come back to this guide whenever needed. The valuable content will hopefully help you create memories of a fun journey to another country and culture, which will allow you to get closer to other people. It should remind you of the best there is in life—connecting.

---

[73] The recommended song for this chapter is "O Fim" by B-Fachada.

Part 2: Mastering Portuguese Words

Increase Your Vocabulary with Over 3,000 Portuguese Words in Context

Introduction

Welcome to *Mastering Portuguese Words*. It is an undeniable truth that learning a new language comes with a lot of work—and if that applies to any language, it's Portuguese.

Portuguese is a complex language with several different rules to apply within its grammar, and with many exceptions to those rules. Hence, learning how to talk it perfectly or fluently with close to impeccable grammar is more than you can get from any book. However, you can expect from this book that you will have mastered the most important words—those more frequently used—of a native speaker's vocabulary by the end of it. Granted that it won't enable you to be a lecturer or a public speaker just yet, it will, nevertheless, allow you to understand Portuguese and be understood. It will also provide a solid foundation from which you will be able to work your way up concerning your knowledge of the Portuguese language. It is undoubtedly easier to learn a language when you already know all of the words used daily in Portuguese-speaking countries. The only thing left to do is learning how to combine them—and that lies in an equal amount of studying and being exposed to the Portuguese environment and language.

The book will present you with over 3,000 Portuguese words, which are the most frequently used in Portuguese. But instead of making a plain list, the words will be allocated to different categories so that it is easier to organize them in your mind, as they are taught within a specific group of words. Each word will also be used in a sentence and then translated into English to make sure it is well understood.

Some useful tips can be followed to get a better grasp of Portuguese, particularly in the first stages of learning it:

1) Try walking around your house naming the objects in Portuguese, even if you didn't study them before—search in this book or a dictionary for them afterward;

2) Hear Portuguese songs and watch Portuguese movies: try repeating the sounds and translate the words you already know;

3) Write your shopping list in Portuguese;

4) Invent mnemonics or a song for the tough words you are struggling to memorize.

Just try and surround yourself with the Portuguese language—the mere exposure to it will have a significant positive effect on your memorization skills. Most importantly, enjoy this book and expect that this will be the seed to making the Portuguese language grow and blossom for you—motivating you to keep learning it.

Without further delay, it is time to begin!

Before you start

Just before you start, unlike the English language, in Portuguese, some words variate in gender and number. Without going into too much depth, the variation in number is usually obtained by adding an "s" to the end of the word, even though there are several exceptions to this rule.

With variations in gender, there is also a ground rule, which of course has many exceptions: when there is a masculine word—usually, one that ends in "o"—the feminine counterpart is easy to get: you just need to change the last letter—the "o"—to an "a."

This heads up is to prepare you if you face a familiar word, but it has a slightly different ending. Even though this will not always be the case, many times it will be a sure bet that if there is an "a" instead of an "o," it is in its feminine form.

Nouns

The first group of words is very widely known: nouns. As you probably know, these function as names of objects, people, locations, actions, qualities, and so on. Below, you will find over 3,000 frequently used nouns by Portuguese natives. They are listed in alphabetic order and not by the number of occurrences.

1. Abertura

∝ Amanhã é a abertura da escola. – Tomorrow is the opening of the school.

2. Abril

∝ O meu aniversário é em Abril. – My birthday is in April.

3. Academia

∝ Eu estudo numa academia militar. – I study at a military academy.

4. Acção

∝ Eu gosto de filmes de acção. – I like action movies.

5. Acesso

∝ Onde é o acesso para o pavilhão? – Where is the access to the gym/pavilion?

6. Acidente

∝ Vi um acidente na estrada. – I saw an accident on the road.

7. Acontecimento

∝ O jornal reportou os acontecimentos actuais. – The newspaper reported the current events.

8. Acordeão

∝ Ele toca o acordeão. – He plays the accordion.

9. Acordo

∝ Queres fazer um acordo? – Do you want to make an agreement?

10. Actividade

∝ A escola vai fazer uma actividade. - The school is going to do an activity.

11. Activo

∝ Pode ser em dinheiro ou outro activo. - It can be in money or another asset.

12. Acto

∝ Foi um acto vil. - It was a vile act.

13. Actor

∝ Ele quer ser actor. - He wants to be an actor.

14. Actuação

∝ A actuação foi muito boa. - The performance was very good.

15. Adeus

∝ Adeus! - Goodbye!

16. Administração

∝ Isso é responsabilidade da administração. - That is the administration's responsibility.

17. Adversário

∝ Ele é o meu adversário. - He is my adversary.

18. Advogado

∝ Eu quero ser advogado. - I want to be a lawyer.

19. Agência

∝ Fui a uma agência de viagens. - I went to a travel agency.

20. Agente

∝ Ele é um agente especial. - He is a special agent.

21. Agosto

∝ Faço anos am Agosto. - My birthday is in August.

22. Agricultura

∝ A agricultura é a base da economia. - Agriculture is the basis of the economy.

23. Agulha

∝ Preciso de uma agulha. - I need a needle.

24. Ajuda

∝ Queres ajuda? - Do you want help?

25. Álcool

∝ Já não bebo álcool. - I don't drink alcohol anymore.

26. Aldeia

∝ Eu sou desta aldeia. - I'm from this village.

27. Alegria

∝ A casa estava cheia de alegria. - The house was full of joy.

28. Além

∝ Ela falou com o além. - She talked with the afterlife.

29. Algodão

∝ A camisola é de algodão. - The sweater is made from cotton.

30. Aliado

∝ Ele é meu aliado. - He is my ally.

31. Aliança

∝ Perdi a minha aliança. - I lost my wedding ring.

32. Alimentos

∝ Preciso de mais alimentos. - I need more food.

33. Alma

∝ Dói-me a alma. - My soul hurts.

34. Almoço

∝ Vou fazer o almoço. - I'm going to prepare lunch.

35. Alteração

∝ Tem que se fazer uma alteração. - A change has to be made.

36. Alternativa

∝ Qual é a alternativa? - What is the alternative?

37. Altura

∝ Qual é a tua altura? - What is your height?

38. Aluno

∝ Ele é um bom aluno. - He is a good student.

39. Amaciador

∝ Tenho que usar amaciador. - I need to use conditioner.

40. Âmbito

∝ Qual é o âmbito da aula? - What is the scope of the class?

41. Ameaça

∝ Isso é uma ameaça? - Is that a threat?

42. Amigo

∝ Eu sou teu amigo. - I am your friend.

43. Amor

∝ Só precisamos de amor. - All we need is love.

44. Analgésicos

∝ Vou comprar analgésicos. - I'm going to buy painkillers.

45. Análise

∝ A análise foi detalhada. - The analysis was detailed.

46. Ano

∝ Durou um ano. - It lasted a year.

47. Anual

∝ A festa é anual. - The party is annual.

48. Aparelho

∝ Este aparelho é muito útil. - This device is very useful.

49. Aplicação

∝ A teoria não tem aplicação prática. - The theory doesn't have a practical applicability.

50. Apoio

∝ Preciso de mais apoio. - I need more support.

51. Apresentação

∝ Vou fazer a apresentação . - I'm going to make the presentation.

52. Aprovação

∝ Estou à espera da aprovação. - I'm waiting for approval.

53. Apto

∝ Não estou apto a responder. - I'm not apt to respond.

54. Área

∝ Vivemos nesta área. - We live in this area.

55. Argumento

∝ Esse é um bom argumento. - That is a good argument/point.

56. Arma

∝ Vou comprar uma arma. - I'm going to buy a gun.

57. Arquitectura

∝ Não gosto da arquitectura. - I don't like the architecture.

58. Arte

∝ Vou estudar arte. - I'm going to study art.

59. Artigo

∝ Ela escreveu um artigo. - She wrote an article.

60. Artista

∝ A artista fez um quadro. - The artist made a painting.

61. Aspecto

∝ Estás com bom aspecto. - You're looking good.

62. Assembleia

∝ Falaremos na assembleia. - We'll talk in the assembly.

63. Associação

∝ Vou criar uma associação. - I'm going to create an association.

64. Assunto

∝ Não percebo nada deste assunto. - I don't know anything about this subject.

65. Ataque

∝ Ele foi acusado do ataque. - He was accused of the attack.

66. Atenção

∝ Tens que tomar mais atenção. - You have to pay more attention.

67. Atitude

∝ Que má atitute! - What a lousy attitude!

68. Aula

∝ Estou em aula. - I'm in class.

69. Aumento

∝ Quero um aumento. - I want a raise.

70. Auscultadores

∝ Parti os auscultadores. - I broke the headphones.

71. Ausência

∝ Senti a tua ausência. - I felt your absence.

72. Autarquia

∝ A autarquia fez um bom trabalho. - The autarchy made a good job.

73. Automóvel

∝ Não preciso de um automóvel. - I don't need an automobile.

74. Autor

∝ Ele é o autor do trabalho. - He is the author of the work.

75. Autoridade

∝ Quem é a autoridade aqui? - Who is the authority here?

76. Avaliação

∝ Tenho uma avaliação hoje. - I have an evaluation today.

77. Avenida

∝ Eu gosto de conduzir pela avenida. - I like to drive through the avenue.

78. Avião

∝ Olha aquele avião! - Look at that plane!

79. Baixo

∝ Ele toca o baixo. - He plays the bass.

80. Banco

∝ Gostava de trabalhar num banco. - I'd like to work at a bank.

81. Banco

∝ Ela está sentada num banco. - He is sitting on a bench.

82. Banda

∝ A banda tem um concerto amanhã. - The band has a concert tomorrow.

83. Bandeira

∝ Qual é a bandeira do país? - What is the flag of the country?

84. Bar

∝ Encontramo-nos no bar. - We'll meet at the bar.

85. Barco

∝ Quero comprar um barco. - I want to buy a boat.

86. Barro

∝ Tenho copos de barro. - I have clay cups.

87. Base

∝ Os militares estão na base. - The military are in the base.

88. Batalha

∝ Isto vai ser uma batalha. - This is going to be a battle.

89. Bateria

∝ Estou sem bateria. - My battery is dead.

90. Batido

∝ Quero beber um batido. - I want to drink a milkshake.

91. Baton

∝ Tens baton nos dentes. - You have lipstick on your teeth.

92. Bebida

∝ Preciso de uma bebida. - I need a drink.

93. Beleza

∝ Esta mulher é uma beleza! - This woman is a beauty!

94. Bem

∝ Ela trabalha para o bem. - She works for good.

95. Benefício

∝ Foi feito para o teu benefício. - It was for your benefit.

96. Bicicleta

∝ Ele foi de Bicicleta. - He went on a bicycle.

97. Bilheteira

∝ Vai à bilheteira. - Go to the ticket office.

98. Bloco

∝ Ele comprou um bloco de madeira. - He bought a block of wood.

99. Bloco

∝ Preciso de um bloco para escrever. - I need a pad to write.

100. Bocado

∝ Quero mais um bocado. - I want a piece more.

101. Bola

∝ Leva a bola para a praia. - Take the ball to the beach.

102. Bolsa

∝ Perdi a minha bolsa. - I lost my purse.

103. Bolsa

∝ Ele trabalha na bolsa. - He works at the stock exchange.

104. Bolsa

∝ Recebi uma bolsa de estudos. - I received a scholarship.

105. Bombeiros

∝ Preciso de ajuda do bombeiros. - I need help from the firemen.

106. Breve

∝ Irei aí em breve. - I will go there soon.

107. Busca

∝ Vou em busca de diversão. - I'll go looking for fun.

108. Cabo

∝ O cabo está cortado. - The cable is cut.

109. Cadeado

∝ Preciso de um cadeado. - I need a locker.

110. Cadeia

∝ Ele foi para a cadeia. - He went to prison/jail.

111. Cadeia

∝ A cadeia de transmissão começou em Lisboa. - The chain of transmission started in Lisbon.

112. Cadeira

∝ A cadeira partiu-se. - The chair broke.

113. Café

∝ Apetece-me um café. - I feel like having a coffee.

114. Caixa

∝ Guardei dentro da caixa. - I stored it inside the box.

115. Cálculo

∝ Como se faz este cálculo? - How do we make this calculation?

116. Cama

∝ Vou para a cama. - I'm going to bed.

117. Camada

∝ Está na camada de cima. - It is on the top layer.

118. Câmara

∝ Vejo ali uma câmara. - I see a camera there.

119. Camião

∝ Ele conduz um camião. - He drives a truck.

120. Caminho

∝ Não sei qual é o caminho. - I don't know what the way is.

121. Campanha

∝ O candidato fez a campanha. - The candidate made the campaign.

122. Campeonato

∝ O campeonato começa em Junho. - The championship starts in June.

123. Canal

∝ Muda de canal, por favor. - Change the channel, please.

124. Canção

∝ Ela escreveu uma nova canção. - She wrote a new song.

125. Candidato

∝ O candidato passou por um escândalo. - The candidate went through a scandal.

126. Candidatura

∝ A minha candidature foi aprovada. - My application was approved.

127. Caneta

∝ Emprestas-me uma caneta? - Can you lend a pen?

128. Canto

∝ Ela está ali a um canto. - She is over there at a corner.

129. Capacidade

∝ Não tenho essa capacidade. - I don't have that capacity/ability.

130. Capital

∝ Qual é o pecado capital? – What is the capital sin?

131. Capitão

∝ Ele é o novo capitão. – He is the new captain.

132. Capítulo

∝ Vou viver um novo capítulo. – I'm going to live a new chapter.

133. Carácter

∝ Ela tem um bom carácter. – She has a good character.

134. Característica

∝ É uma característica típica. – It is a typical characteristic.

135. Cargo

∝ Quem ficou com o cargo? – Who got the position?

136. Carregador

∝ Alguém tem um carregador? – Does somebody have a charger?

137. Carreira

∝ A minha carreira foi boa. – My career was good.

138. Carrinha

∝ Comprei uma carrinha. – I bought a van.

139. Carro

∝ Tive um acidente de carro. – I had a car accident.

140. Carta

∝ Vou-lhe escrever uma carta. - I'm going to write him a letter.

141. Cartão

∝ Perdi o meu cartão de crédito. - I lost my credit card.

142. Cartão

∝ A caixa é feita de cartão. - The box is made out of cardboard.

143. Casa

∝ Quero mudar de casa. - I want to move out of my house.

144. Casal

∝ Que casal tão bonito. - What a beautiful couple.

145. Casamento

∝ Ele pediu-me em casamento. - He asked me to marry him.

146. Caso

∝ Esse é um caso difícil. - That is a difficult case.

147. Castelo

∝ O castelo é lindo. - The castle is beautiful.

148. Categoria

∝ Isso pertence a outra categoria. - That belongs to another category.

149. Causa

∝ Qual é a causa do problema? - What is the cause of the problem?

150. Cavalheiro

∝ Ele é um cavalheiro. - He is a gentleman.

151. Cena

∝ Ele fez uma cena. - He made a scene.

152. Cenário

∝ O cenário é inesquecível. - The scenery is unforgettable.

153. Centena

∝ A minha avó viveu uma centena de anos. - My grandmother lived for a hundred years.

154. Centímetro

∝ Eu tenho um centímetro a mais. - I have a centimeter more.

155. Centro

∝ Este é o centro da cidade. - This is the city's center.

156. Certeza

∝ Não tenho a certeza. - I'm not sure.

157. Certo

∝ Isso não está certo. - That is not right.

158. Chamada

∝ Vou fazer uma chamada. - I'm going to make a call.

159. Champô

∝ Esqueci-me de pôr champô. - I forgot to use shampoo.

160. Chão

∝ Caí ao chão. – I fell to the floor.

161. Chapéu de chuva

∝ Esqueci-me do chapéu de chuva. – I forgot my umbrella.

162. Chave

∝ Dei-lhe a minha chave de casa. – I gave her my house keys.

163. Chávena

∝ Vou beber uma chávena de chá. – I'm going to drink a cup of tea.

164. Chefe

∝ Ele é o meu chefe. – He is my boss.

165. Chegada

∝ A que horas é a chegada? – At what time is the arrival?

166. Cheiro

∝ Não conheço este cheiro. – I don't know this smell.

167. Ciclista

∝ Ele é ciclista. – He is a cyclist.

168. Ciclo

∝ Tudo é um ciclo. – Everything is a cycle.

169. Cidadão

∝ Eu sou um cidadão Português. – I'm a Portuguese citizen.

170. Cidade

∝ Adoro esta cidade. - I love this city.

171. Ciência

∝ A minha religião é a ciência. - My religion is science.

172. Cientista

∝ Ela é uma boa cientista. - She is a good scientist.

173. Cigarro

∝ Ele estava a fumar um cigarro - He was smoking a cigarette.

174. Cima

∝ Vai para cima da mesa. - Go on top of the table.

175. Cinema

∝ Amanhã vou ao cinema. - Tomorrow I'm going to the cinema/movies.

176. Círculo

∝ Ele desenhou um círculo. - He drew the circle.

177. Circunstância

∝ O evento foi adiado devido a circunstâncias imprevistas. - The event was postponed due to unforeseen circumstances.

178. Clarinete

∝ Ele toca o clarinete. - He plays the clarinet.

179. Classe

∝ Ele é um homem de classe. - He is a man of class.

180. Clássico

∝ Isto é um clássico. - This is a classic.

181. Classificação

∝ Como ficou a classificação? - How was the classification?

182. Cliente

∝ Ele é meu cliente. - He is my client/customer.

183. Clube

∝ Qual é o teu clube? - What is your club/team?

184. Código

∝ Não tenho o código. - I don't have the code.

185. Coisa

∝ Que coisa tão feia. - What an ugly thing.

186. Cola

∝ Tens cola? - Do you have glue?

187. Colecção

∝ Tenho uma coleccção de moedas. - I have a collection of coins.

188. Colega

∝ Somos só colegas. - We are only colleagues.

189. Colégio

∝ Que colégio frequentas? - What school do you go to?

190. Colher

∝ Preciso de uma colher. - I need a spoon.

191. Colónia

∝ Portugal tinha muitas colónias. - Portugal had a lot of colonies.

192. Coluna

∝ A tabela só tem uma coluna. - The table only has one column.

193. Comandante

∝ Ele é o comandante. - He is the commander.

194. Comando

∝ Quem está ao commando? - Who is in command?

195. Combate

∝ Eles entraram em modo combate. - They got in combat mode.

196. Comércio

∝ O comércio local tem que ser apoiado. - The local commerce has to be supported.

197. Comissão

∝ Eu ganho uma comissão. - I earn a commission.

198. Companheiro

∝ Ele é um bom companheiro. - He is a good companion.

199. Companhia

∝ Ela é boa companhia. - She is good company.

200. Competição

∝ Isto não é uma competição. - This is not a competition.

201. Complexo

∝ O novo complexo industrial é enorme. - The new industrial complex is huge.

202. Componente

∝ Falta um componente. - There's a component missing.

203. Comportamento

∝ Que mau comportamento. - What bad behavior.

204. Composição

∝ A composição do medicamento é um segredo. - The composition of the medicine is a secret.

205. Composto

∝ Um composto é formado por elementos. - A compound is formed by elements.

206. Compra

∝ A compra da casa está finalizada. - The purchase of the house is finalized.

207. Comprimento

∝ Qual é o comprimento da mesa? - What is the length of the table?

208. Compromisso

∝ Não vou assumir o compromisso. - I'm not going to commit.

209. Computador

∝ Quero outro computador. - I want another computer.

210. Comunicação

∝ Comunicação é essencial. - Communication is essential.

211. Comunidade

∝ Há um espírito de comunidade. - There is a community spirit.

212. Conceito

∝ Não percebo conceito. - I don't understand the concept.

213. Concelho

∝ Vives em que concelho? - You live in which county?

214. Concepção

∝ A concepção do edifício é estranha. - The design of the building is weird.

215. Conclusão

∝ Qual é a conclusão? - What is the conclusion?

216. Concurso

∝ Ela entrou no concurso. - She got in the contest.

217. Condição

∝ Há uma condição. - There is one condition.

218. Conferência

∝ Faltei à conferência. - I missed the conference.

219. Confiança

∝ Tenho a tua confiança? - Do I have your confidence?

220. Conflito

∝ Entrámos em conflito. – We got in a conflict.

221. Conformidade

∝ Eu actuo em conformidade com a lei. – I act in compliance with the law.

222. Congresso

∝ Amanhã vou a um congresso. – Tomorrow, I'll be attending a congress.

223. Conhecimento

∝ O conhecimento é fundamental. – Knowledge is fundamental.

224. Conjunto

∝ Tenho um novo conjunto de copos. – I have a new set of glasses.

225. Consciência

∝ A consciência é um mistério. – Conscience is a mystery.

226. Conselho

∝ Preciso de um conselho. – I need advice.

227. Consequência

∝ Qual foi a consequência? – What was the consequence?

228. Constituição

∝ A minha tarefa é a constituição da equipa. – My task is the formation of the team.

229. Construção

∝ A construção de um negócio é difícil. - The development of a business is difficult.

230. Consumidor

∝ Eu sou consumidor habitual. - I'm a regular consumer.

231. Consumo

∝ Temos que reduzir o consumo de carne. - We have to reduce our meat consumption.

232. Conta

∝ Quanto foi a conta? - How much was the bill?

233. Contacto

∝ Preciso de contacto humano. - I need human contact.

234. Conteúdo

∝ Não gosto do conteúdo. - I don't like the content.

235. Contexto

∝ Tenho que perceber o contexto. - I need to understand the context.

236. Conto

∝ A criança adorou o conto. - The child loved the tale.

237. Contrário

∝ É o contrário disso. - It is the opposite of that.

238. Contrato

∝ Temos que assinar o contrato. - We have to sign the contract.

239. Controlo

∝ Perdi o controlo. – I lost control.

240. Conversa

∝ Gostei da nossa conversa. – I liked our conversation.

241. Copa

∝ O pássaro estava na copa da árvore. – The bird was on the treetop.

242. Copo

∝ Parti um copo. – I broke a glass.

243. Coragem

∝ Tens muita coragem! – You have a lot of courage.

244. Corda

∝ Tens corda? – Do you have rope?

245. Coronel

∝ Ele é o coronel. – He is the colonel.

246. Corredor

∝ Temos que atravessar o corredor. – We have to cross the corridor.

247. Corrida

∝ Ganhei a corrida. – I won the race.

248. Corta-unhas

∝ Preciso de um corta-unhas. – I need nail clippers.

249. Corte

∝ O médico fez um corte. – The doctor made a cut.

250. Costume

∝ Este é um costume antigo. - This is an ancient custom.

251. Cozinha

∝ Gostas da minha cozinha? - Do you like my kitchen?

252. Crédito

∝ Não tenho cartão de crédito. - I don't have a credit card.

253. Creme de barbear

∝ Preciso de creme de barbear. - I need shaving cream.

254. Creme hidratante

∝ Acabei de pôr creme hidratante. - I just put on some lotion.

255. Crescimento

∝ As crianças estão em crescimento. - The children are growing.

256. Criação

∝ Assistimos à criação de uma obra-prima. - We witnessed the creation of a masterpiece.

257. Criança

∝ Que criança simpática. - What a nice child.

258. Crime

∝ Isso é crime! - That is a crime!

259. Crise

∝ A economia está em crise. - The economy is in a crisis.

260. Critério

∝ Qual é o critério? - What is the criteria?

261. Crítica

∝ Foi uma crítica construtiva. - It was constructive criticism.

262. Cruz

∝ Vejo ali uma cruz. - I see a cross over there.

263. Cuidado

∝ Tem cuidado! - Be careful!

264. Culpa

∝ A culpa é tua. - It's your fault.

265. Cultura

∝ Este é o ministério da cultura. - This is the ministry of culture.

266. Curso

∝ Que curso estás a tirar? - What course are you majoring in?

267. Custo

∝ Qual é o custo? - What is the cost?

268. Dado

∝ O dado está na minha mão. - The dice is in my hand.

269. Dados

∝ Os dados apontam na direcção contrária. - The data points in opposite direction.

270. Dança

∝ Sabes dançar? - Do you know how to dance?

271. Data

∝ Qual é a data do exame? - What is the date of the exam?

272. Debate

∝ Vou ver o debate. - I'm going to watch the debate.

273. Década

∝ Demorou uma década. - It took a decade.

274. Décimo

∝ Ele foi o décimo. - He was the tenth.

275. Decisão

∝ Ainda não tomei uma decisão. - I still haven't made a decision.

276. Declaração

∝ Quero ver a declaração. - I want to see the declaration.

277. Defesa

∝ Qual é a tua defesa? - What is your defense?

278. Definição

∝ Não sei a definição. - I don't know the definition.

279. Democracia

∝ Aqui estamos numa democracia. - Here, we are in a democracy.

280. Departamento

∝ Trabalho naquele departamento. - I work in that department.

281. Deputado

∝ Ele é deputado. - He is an assemblyman.

282. Derrota

∝ Temos que aceitar a derrota. - We have to accept defeat.

283. Desafio

∝ Vai ser um desafio. - It's going to be a challenge.

284. Desculpa

∝ Desculpa! - Sorry!

285. Desculpas

∝ Não arranjes desculpas. - Don't find excuses.

286. Desejo

∝ Eu tenho um desejo! - I have a wish/desire!

287. Desempenho

∝ O teu desempenho foi bom. - Your performance was good.

288. Desenho

∝ Que desenho lindo. - What a beautiful drawing.

289. Desenvolvimento

∝ O desenvolvimento das crianças é fundamental. - The development of children is fundamental.

290. Deserto

∝ Quero visitar o deserto. - I want to visit the desert.

291. Designação

∝ A sua designação é director adjunto. - His designation is assistant director.

292. Desodorizante

∝ Preciso de desodorizante. - I need deodorant.

293. Despesa

∝ Isto vai gerar uma grande despesa. - This is going to generate a great expense.

294. Destaque

∝ Ela foi o destaque do dia. - She was the highlight of the day.

295. Destino

∝ Qual é o teu destino? - What is your destiny/destination?

296. Detrimento

∝ Ela fuma, em detrimento da sua saúde. - She smokes, to the detriment of her health.

297. Deus

∝ Eu acredito em Deus. - I believe in God.

298. Dezembro

∝ O meu aniversário é em Dezembro. - My birthday is in December.

299. Dia

∝ Que dia é hoje? - What day is today?

300. Diabo

∝ Ele é um diabo! - He is a devil!

301. Diálogo

∝ Precisamos de mais diálogo. - We need more dialogue.

302. Diário

∝ Eu escrevo num diário. - I write in a diary.

303. Diferença

∝ Qual é a diferença? - What is the difference?

304. Dificuldade

∝ Isso envolve um alto nível de dificuldade. - That involves a high level of difficulty.

305. Dimensão

∝ Estou noutra dimensão. - I'm in another dimension.

306. Dinheiro

∝ Encontrei dinheiro. - I found money.

307. Direcção

∝ Qual é a direcção? - What is the direction?

308. Director

∝ Ele é o director. - He is the director.

309. Direito

∝ Eu tenho esse direito! - I have that right!

310. Dirigente

∝ Não quero ser dirigente. - I don't want to be a manager.

311. Disco

∝ Já ouviste este disco? - Have you listened to this record?

312. Discurso

∝ Adorei o discurso. - I loved the speech.

313. Discussão

∝ Não é preciso haver discussão. - There's no need to have a discussion.

314. Disposição

∝ Estou à tua disposição. - I'm at your disposal.

315. Distância

∝ Qual é a distância? - What is the distance?

316. Distribuição

∝ A distribuição das encomendas atrasou-se. - The distribution of the packages was late.

317. Distrito

∝ Vives em que distrito? - You live in which district?

318. Dívida

∝ Tenho um dívida. - I have a debt.

319. Divisão

∝ Há uma grande divisão cultural. - There is a great cultural division.

320. Documentação

∝ Onde está a documentação? - Where is the documentation?

321. Documento

∝ Quero ver o documento. - I want to see the document.

322. Doença

∝ Tenho uma doença. - I have a disease.

323. Dólar

∝ Encontrei um dólar. - I found a dollar.

324. Domingo

∝ Hoje é Domingo. - Today is Sunday.

325. Domínio

∝ Isso está disponível em domínio público. - That is available in the public domain.

326. Dono

∝ Vi um cão e o seu dono. - I saw a dog and its owner.

327. Dor

∝ Sinto muita dor. - I feel a lot of pain.

328. Doutor

∝ Bom dia, senhor doutor. - Good morning, doctor.

329. Drogas

∝ As drogas fazem mal. - Drugs are bad.

330. Dúvida

∝ Tenho uma dúvida. - I have a question/doubt.

331. Economia

∝ A economia está a sofrer. - The economy is suffering.

332. Edição

∝ Não tenho essa edição. - I don't have that edition.

333. Edifício

∝ Gosto deste edifício. - I like this building.

334. Educação

∝ Eu tive uma boa educação. - I had a good education.

335. Efeito

∝ O medicamento não fez efeito. - The medicine didn't have an effect.

336. Eleição

∝ Quando é a eleição? - When is the election?

337. Elemento

∝ Não estou no meu elemento. - I'm not in my element.

338. Elixir

∝ Vinho é o elixir da vida. - Wine is the elixir of life.

339. Embaixada

∝ Trabalho na embaixada. - I work at the embassy.

340. Emergência

∝ Isto é uma emergência. - This is an emergency.

341. Emoção

∝ Senti uma emoção grande. - I felt a big emotion.

342. Emprego

∝ Não tenho emprego. - I don't have a job.

343. Empresa

∝ Fui contratada pela empresa. - I was hired by the company.

344. Empresário

∝ Ele é empresário. - He is an entrepreneur.

345. Encontro

∝ Amanhã tenho um encontro. - Tomorrow I have a date.

346. Energia

∝ Não tenho energia. - I don't have energy.

347. Engenheiro

∝ Quero ser engenheiro. - I want to be an engineer.

348. Ensino

∝ O Ensino é fundamental. - Education is fundamental.

349. Entidade

∝ Qual é a entidade responsável? - Which is the responsible entity?

350. Entrada

∝ Onde é a entrada? - Where is the entrance?

351. Entrevista

∝ Amanhã tenho uma entrevista. - Tomorrow I have an interview.

352. Envelope

∝ A carta está dentro do envelope. - The letter is inside the envelope.

353. Época

∝ Estamos na época dos morangos. - We are in strawberry season.

354. Equipa

∝ Ela joga na minha equipa. - She plays in my team.

355. Equipamento

∝ Ainda não temos equipamento. - We still don't have our uniforms.

356. Erro

∝ Fiz um erro. - I made a mistake.

357. Escadas

∝ Tens que subir as escadas. - You have to go up the stairs.

358. Escala

∝ Isto não funciona à escala nacional. - This doesn't work at a national scale.

359. Escola

∝ O meu filho anda na escola X. - My son is attending school X.

360. Escolha

∝ Não tenho escolha. - I don't have a choice.

361. Escopo

∝ Qual é o escopo do trabalho? - What is the scope of the job?

362. Escova

∝ Preciso de uma escova para pentear o cabelo. - I need a brush to comb my hair.

363. Escrita

∝ A escrita é uma maneira de comunicarmos. - Writing is a way for us to communicate.

364. Escritor

∝ Ele sempre quis ser escritor. - He always wanted to be a writer.

365. Esforço

∝ É preciso mais esforço. - More effort is needed.

366. Espaço

∝ Não há espaço aqui. - There is no space here.

367. Especialista

∝ Vou ver um especialista. - I'm going to see a specialist.

368. Espécie

∝ Que espécie é esta? - What is this species?

369. Espectáculo

∝ Que espectáculo! - What a spectacle/show!

370. Espelho

∝ Não gosto de me ver ao espelho. - I don't like seeing myself in the mirror.

371. Espera

∝ Estou à espera. - I'm waiting.

372. Esperança

∝ Ainda tenho esperança. - I still have hope.

373. Espírito

∝ Que espírito tão alegre. - Such a joyful spirit.

374. Espuma

∝ Gosto do café com espuma. - I like my coffee with foam.

375. Esquerda

∝ Vira à esquerda. - Turn left.

376. Estabelecimento

∝ Trabalho naquele estabelecimento. - I work in that establishment.

377. Estação

∝ Onde é a estação de comboios? - Where is the train station?

378. Estado

∝ O estado das coisas é mau. - The state of things is bad.

379. Estilo

∝ Não gosto do teu estilo. - I don't like your style.

380. Estrada

∝ Não conheço esta estrada. - I don't know this road.

381. Estrangeiro

∝ Ele é estrangeiro. - He is a foreigner.

382. Estratégia

∝ Qual é a estratégia? - What is the strategy?

383. Estreito

∝ A rua é muito estreita. - The street is really narrow.

384. Estrutura

∝ A estrutura caiu. - The structure fell.

385. Estudante

∝ Eu sou estudante. - I am a student.

386. Estudo

∝ As boas notas vêm com estudo. - Good grades come with studying.

387. Etapa

∝ Não podemos ultrapassar etapas. - We can't skip steps.

388. Evento

∝ Vou a um evento. - I'm going to an event.

389. Evolução

∝ Darwin é o autor da teoria da evolução. - Darwin is the author of the evolution theory.

390. Exame

∝ Hoje tenho um exame. - Today I have an exam.

391. Excepção

∝ Tu não és uma excepção. - You're not an exception.

392. Executivo

∝ O governo tem o poder executivo. - The government has the executive power.

393. Exemplo

∝ Dá-me um exemplo. - Give me an example.

394. Exercício

∝ Fazer exercício é bom. - Doing exercise is good.

395. Exército

∝ Ela entrou no exército. - She entered the army.

396. Existência

∝ Eu duvido da sua existência. - I doubt its existence.

397. Expansão

∝ A expansão do conhecimento é fundamental. - The expansion of knowledge is fundamental.

398. Expectativa

∝ Qual é a tua expectativa? - What is your expectation?

399. Experiência

∝ Não tenho experiência. - I don't have experience.

400. Explicação

∝ Tens alguma explicação? - Do you have any explanation?

401. Exportação

∝ Um país precisa de exportação. - A country needs exportation.

402. Exposição

∝ A exposição ao sol é importante. - Exposure to the sun is important.

403. Expressão

∝ Ela tem uma expressão curiosa. – She has a curious expression.

404. Extensão

∝ A extensão do exame era significativa. – The extension of the exam was significant.

405. Exterior

∝ Há uma piscina exterior. – There is an outside swimming pool.

406. Fábrica

∝ Trabalho numa fábrica. – I work at a factory.

407. Faca

∝ Cuidado com a faca. – Be careful with the knife.

408. Facto

∝ Isso é um facto. – That is a fact.

409. Factor

∝ Este pode ser um factor. – This can be a factor.

410. Faculdade

∝ Eu estudo na faculdade de economia. – I study at the faculty of economics.

411. Faixa

∝ O carro vai na faixa da esquerda. – The car is going in the left lane.

412. Falta

∝ Ela já uma falta. – She already has one absence.

413. Farol
∝ Visitámos o farol. - We visited the lighthouse.

414. Fase
∝ Isso é só uma fase. - That is only a phase.

415. Favor
∝ Fazes-me um favor? - Will you do me a favor?

416. Fazenda
∝ Ela vive numa fazenda. - She lives in a farm.

417. Fé
∝ Sou um homem de fé. - I am a man of faith.

418. Fechadura
∝ A fechadura está partida. - The lock is broken.

419. Federação
∝ Vou à federação de futebol. - I'm going to the soccer federation.

420. Feira
∝ Ela trabalha numa feira. - She works at a fair.

421. Feito
∝ Aquele foi um grande feito! - That was a great achievement!

422. Fenómeno
∝ O miúdo é um fenómeno. - The kid is phenomenal.

423. Férias
∝ Estou de férias. - I'm on my vacation.

424. Feriado

∝ Hoje é feriado. – Today is a holiday.

425. Ferro

∝ O sangue tem ferro. – The blood has iron.

426. Festa

∝ Queres ir a uma festa? – Do you want to go to a party?

427. Festival

∝ Vamos a um festival. – We're going to a festival.

428. Fevereiro

∝ Faço anos em Fevereiro. – My birthday is in February.

429. Figura

∝ Que figura assustadora. – What a scary figure.

430. Filme

∝ Quero ver um filme. – I want to watch a movie.

431. Filosofia

∝ Filosofia é muito interessante. – Philosophy is very interesting.

432. Fim

∝ Isto não é o fim. – This is not the end.

433. Final

∝ Estamos quase no final da aula. – We are almost at the end of the lesson.

434. Financiamento

∝ A empresa precisa de financiamento. - The company needs financing.

435. Fio

∝ Encontrei este fio. - I found this wire.

436. Fio dental

∝ Preciso de fio dental. - I need dental floss.

437. Flauta

∝ Gostava de tocar flauta. - I'd like to play the flute.

438. Folga

∝ Amanhã tenho folga. - Tomorrow is my day off.

439. Folha

∝ Escreve isso na folha. - Write that on the sheet.

440. Fome

∝ Tenho fome! - I'm hungry!

441. Fonte

∝ Fomos visitar a fonte. - We went to visit the fountain.

442. Força

∝ É preciso ter força! - Strength is needed!

443. Forma

∝ O bolo tem a forma de uma bola. - The cake has the form of a ball.

444. Formação

∝ Era uma formação em triângulo. - It was a triangle formation.

445. Fórmula

∝ Qual é a tua fórmula para o sucesso? - What is your formula for success?

446. Fósforo

∝ Vou acender um fósforo. - I'm going to light a match.

447. Fotografia

∝ Quero tirar uma fotografia. - I want to take a picture.

448. Fralda

∝ O bebé precisa de mudar a fralda. - The baby needs a change of diaper.

449. Frase

∝ Escreve só uma frase. - Write one sentence only.

450. Freguesia

∝ Qual é a tua freguesia? - What is your parish?

451. Frente

∝ O exército lutava em duas frentes. - The army fought in two fronts.

452. Frequência

∝ Eu vou lá com frequência. - I go there frequently.

453. Frio

∝ Estou com frio. - I'm feeling cold.

454. Fronteira

∝ Onde é a fronteira? - Where is the border?

455. Fronteira

∝ Ele atravessou a fronteira. - He crossed the border.

456. Frota

∝ A minha empresa tem uma frota de dez veículos. - My company has a fleet of ten vehicles.

457. Função

∝ Qual é a tua função? - What is your function?

458. Funcionamento

∝ O funcionamento da escola não é bom. - The functioning of the school is not good.

459. Funcionário

∝ O meu pai é funcionário. - My father is an employee.

460. Fundação

∝ Onde fica a fundação? - Where is the foundation?

461. Fundo

∝ A chave está no fundo da mala. - The key is at the bottom of the purse.

462. Funil

∝ Tens um funil? - Do you have a funnel?

463. Fusível

∝ Tenho um fusível queimado. - I have a burnt fuse.

464. Futebol

∝ Não gosto de futebol. - I don't like soccer.

465. Futuro

∝ Não tenho planos para o futuro. - I don't have plans for the future.

466. Gabinete

∞ Vem ter comigo ao meu gabinete. - Come meet me at my office.

467. Gaita-de-foles

∞ Ele toca a gaita-de-foles. - He plays the bagpipes.

468. Galho

∞ Parti um galho. - I broke a twig.

469. Garagem

∞ Somos uma banda de garagem. - We are a garage band.

470. Garantia

∞ Tens a minha garantia. - You have my guarantee.

471. Garfo

∞ Preciso de um garfo. - I need a fork.

472. Garrafa

∞ Parti a garrafa. - I broke the bottle.

473. Gás

∞ Cheira a gás. - It smells of gas.

474. Gel

∞ Vou comprar gel. - I'm going to buy gel.

475. Gelatina

∞ Adoro gelatina. - I love gelatin.

476. Gelo

∞ Tens gelo? - Do you have any ice?

477. General

∝ Ela quer ser general. - She wants to be a general.

478. Género

∝ A palavra é do género feminino. - The word is of the feminine gender.

479. Gente

∝ Está aqui muita gente. - There's a lot of people here.

480. Geração

∝ Esta geração está perdida. - This generation is lost.

481. Gestão

∝ Tenho que fazer uma melhor gestão. - I have to make a better management.

482. Gesto

∝ Gostei do teu gesto. - I liked your gesture.

483. Gestor

∝ Ele é o gestor. - He is the manager.

484. Golpe

∝ O golpe não acertou na cara. - The blow missed the face.

485. Gosto

∝ Tu tens bom gosto. - You have good taste.

486. Governador

∝ Ele não quer ser governador. - He doesn't want to be a governor.

487. Governo

∝ Eu trabalho no governo. - I work for the government.

488. Graça

∝ Ela tem muita graça. - She is very funny.

489. Grau

∝ Este é o último grau. - This is the last degree.

490. Grito

∝ Ouvi um grito. - I heard a scream.

491. Grosso

∝ O grosso da despesa é teu. - The bulk of the expense is yours.

492. Grupo

∝ Nós somos um grupo. - We are a group.

493. Guarda

∝ Ela está de guarda. - She is on guard.

494. Guardanapo

∝ Tens um guardanapo? - Do you have a napkin?

495. Guerra

∝ Estamos em guerra. - We're in war.

496. Guitarra

∝ Eu toco a guitarra. - I play the guitar.

497. Guitarrista

∝ Logo, sou guitarrista. - Therefore, I am a guitarist/guitar player.

498. Habitante

∝ Ele é habitante desta cidade. – He is a citizen of this city.

499. Hábito

∝ Ela já perdeu o hábito. – She lost the habit.

500. Harpa

∝ Ela toca harpa! – She plays the harp.

501. Hipótese

∝ Tenho outra hipótese? – Do I have another choice?

502. História

∝ Gosto muito de história. – I like history a lot.

503. Homem

∝ Ele é um homem. – He is a man.

504. Homenagem

∝ Quero fazer uma homenagem. – I want to pay homage.

505. Honra

∝ É uma honra. – It is an honor.

506. Hora

∝ Liga-me a qualquer hora. – Call me at any time.

507. Horário

∝ Qual é o horário? – What is the schedule?

508. Horizonte

∝ Olha para o horizonte. – Look at the horizon.

509. Hospital

∝ Estou no hospital. - I am at the hospital.

510. Hotel

∝ Vou dormir a um hotel. - I'm going to sleep at the hotel.

511. Idade

∝ Qual é a tua idade? - How old are you?

512. Ideia

∝ Tenho uma ideia. - I have an idea.

513. Igreja

∝ A igreja é linda. - The church is beautiful.

514. Imagem

∝ Ela preserva uma boa imagem. - She keeps a good image.

515. Impacto

∝ Ele teve um grande impacto. - He had a big impact.

516. Imperador

∝ O imperador morreu. - The emperor died.

517. Império

∝ Roma tinha um grande império. - Rome had a great empire.

518. Importância

∝ Esta questão é de grande importância. - This question is very important.

519. Imposto

∝ Tenho que pagar o imposto. - I have to pay a tax.

520. Imprensa

∝ A imprensa pode ser desonesta. - The press can be dishonest.

521. Impressão

∝ Tenho a impressão que ela não gosta de mim. - I have the impression that she doesn't like me.

522. Independência

∝ A Catalunha quer a independência. - Catalonia wants independence.

523. Índice

∝ O livro não tem índice. - The book doesn't have a table of contents.

524. Índio

∝ Ele é índio. - He is a Native American.

525. Indivíduo

∝ Eu vi um indivíduo no parque. - I saw an individual at the park.

526. Indústria

∝ A indústria de Hollywood é perigosa. - The Hollywood industry is dangerous.

527. Inflação

∝ A inflação não é desejável. - Inflation is not desirable.

528. Influência

∝ Tiveste muita influência. – You had a lot of influence.

529. Informação

∝ Tens mais alguma informação? – Do you have any more information?

530. Inglês

∝ Eu falo Inglês. – I speak English.

531. Iniciativa

∝ Ele tomou a iniciativa. – He took the initiative.

532. Início

∝ Estamos no início. – We are at the beginning.

533. Inimigo

∝ Ela não é o inimigo – She is not the enemy.

534. Instalação

∝ A instalação do programa está completa. – The installation of the program is complete.

535. Instante

∝ Fiz isso num instante. – I did that in an instant.

536. Instituição

∝ A que instituição pertences? – Which institution do you belong to?

537. Instituto

∝ Trabalho no instituto do direito. – I work in the institute of law.

538. Instrumento

∝ Tocas algum instrumento? - Do you play any instrument?

539. Intenção

∝ Não tinha a intenção de te magoar. - I didn't have the intention of hurting you.

540. Interesse

∝ Não tenho interesse. - I don't have any interest.

541. Interior

∝ Ela está no interior. - She is in the interior.

542. Interpretação

∝ Fiz a mesma interpretação. - I made the same interpretation.

543. Intervenção

∝ É preciso fazer uma intervenção. - An intervention is needed.

544. Investigação

∝ Abriu-se uma investigação. - An investigation was opened.

545. Investimento

∝ A empresa fez um investimento no mercado. - The company made an investment in the market.

546. Ir

∝ Queres ir comigo ao cinema? - Do you want to go with me to the cinema?

547. Isqueiro

∝ Perdi o meu isqueiro. - I lost my lighter.

548. Janeiro

∝ Faço anos em Janeiro. - My birthday is in January.

549. Janela

∝ Fecha a janela! - Close the window!

550. Jantar

∝ Queres vir cá jantar? - Do you want to come here for dinner?

551. Jogador

∝ Ele é jogador de futebol. - He is a soccer player.

552. Jogo

∝ Já acabou o jogo. - The game is over.

553. Jornal

∝ Já li o jornal. - I've already read the newspaper.

554. Jornalista

∝ Falei com um jornalista. - I spoke to a journalist.

555. Juba

∝ O leão tem uma grande juba. - The lion has a big mane.

556. Juiz

∝ Quero ser juiz. - I want to be a judge.

557. Julgamento

∝ Quando é o julgamento? - When is the trial?

558. Julho

∝ Ele faz anos em Julho. - His birthday is in July.

559. Junho

∝ Em Junho começo a trabalhar. - I start working in June.

560. Junta

∝ As juntas estão a vazar. - The joints are leaking.

561. Juro

∝ Paguei juros muito altos. - I paid very high interest.

562. Justiça

∝ A justiça é cega. - Justice is blind.

563. Juventude

∝ A juventude tem saúde. - Young people are healthy.

564. Kit de primeiros socorros

∝ Tenho um kit de primeiros socorros no carro. - I have a first aid kit in the car.

565. Laca

∝ Compra-me laca, por favor. - Buy me hair spray, please.

566. Lado

∝ Pinta o quadro dos dois lados. - Paint the painting on both sides.

567. Lâmina

∝ Cortei-me com uma lâmina. - I cut myself with a razor blade.

568. Lâmpada

∝ Tenho que trocar a lâmpada. - I have to switch a light bulb.

569. Lamparina

∝ Adoro velhas lamparinas. - I love old lamps.

570. Lançamento

∝ O lançamento da app é amanhã. - Tomorrow is the launch of the app.

571. Lanterna

∝ Tens uma lanterna? - Do you have a lantern?

572. Lápis

∝ Escrevo só com o lápis. - I only write with the pencil.

573. Largo

∝ Eles encontraram-se no largo. - They met at the plaza.

574. Lata

∝ Estava uma lata no chão. - There was a can on the floor.

575. Laxantes

∝ Ele tomou laxantes. - He took laxatives.

576. Lei

∝ Esta é a lei. - This is the law.

577. Leite

∝ Quero beber leite. - I want to drink milk.

578. Leitor

∝ O leitor lê o livro. - The reader reads the book.

579. Leitura

∝ Como vai a leitura? - How is the reading going?

580. Lembranças

∝ Tenho boas lembranças desse dia. - I have good memories from that day.

581. Lenço

∝ Encontrei um lenço no chão. - I found a tissue on the floor.

582. Lenha

∝ Tenho de comprar lenha. - I have to buy wood.

583. Letra

∝ Não conheço esta letra. - I don't know this letter.

584. Liberdade

∝ Preciso de mais liberdade. - I need more freedom.

585. Líder

∝ Quem é o líder? - Who is the leader?

586. Liderança

∝ A liderança tem que ser mais forte. - The leadership has to be stronger.

587. Ligação

∝ Temos uma boa ligação. - We have a good connection.

588. Limite

∝ Já estou no meu limite. - I'm at my limit.

589. Linguagem

∝ Falo a linguagem do amor. - I speak the language of love.

590. Linha

∞ Não ultrapasses esta linha. – Don't cross this line.

591. Lista

∞ Já fizeste a lista? – Have you already made the list?

592. Literatura

∞ Gosto muito de literature russa. – I like Russian literature a lot.

593. Livro

∞ Estou a ler um livro. – I'm reading a book.

594. Local

∞ Gosto da gastronomia local. – I like the local gastronomy.

595. Loja

∞ Saí agora da loja. – I just left the store.

596. Lucro

∞ Não fizemos lucro. – We didn't make a profit.

597. Lugar

∞ Qual é o teu lugar? – What is your seat?

598. Luta

∞ Estamos numa luta. – We're in a fight.

599. Luz

∞ Precisamos de luz. – We need light.

600. Madeira

∞ A mesa é de madeira. – The table is made out of wood.

601. Madrugada

∝ Já é madrugada. - It is dawn already.

602. Maio

∝ Em Maio vou de férias. - In May, I'll be going on vacation.

603. Maioria

∝ A maioria das pessoas é feliz. - The majority of people are happy.

604. Mandato

∝ Ele já cumpriu o mandato. - He has already fulfilled the mandate.

605. Maneira

∝ Tenta desta maneira. - Try it in this manner.

606. Manhã

∝ Vou levantar-me de manhã. - I'm going to get up in the morning.

607. Manifestação

∝ Há uma manifestação na rua. - There is a manifestation in the street.

608. Máquina

∝ Tu és uma máquina! - You're a machine!

609. Marca

∝ Qual é a marca? - What is the brand?

610. Marcha

∝ Eu vou à marcha. - I'm going to the march.

611. Março

∝ Eu nasci em Março. - I was born in March.

612. Margem

∝ Estou na margem sul. - I'm in the south margin.

613. Marquês

∝ Esta é a praça do Marquês do Pombal. - This is the square of the Marquis of Pombal.

614. Massa

∝ Estou a tentar aumentar a massa muscular. - I'm trying to gain muscle mass.

615. Matéria

∝ Somos todos feitos de matéria. - We are all made of matter.

616. Material

∝ Este material não é bom. - This material isn't good.

617. Mecanismo

∝ Não percebo o mecanismo. - I don't understand the mechanism.

618. Medicina

∝ A Medicina tem avançado muito. - Medicine has been evolving a lot.

619. Médico

∝ Queres ser médico? - Do you want to be a doctor?

620. Medida

∝ Anos-luz é uma medida de distância. - Light-year is a measure of distance.

621. Medo

∝ Estou cheia de medo. - I'm full of fear.

622. Meio

∝ O presente está no meio da mesa. - The gift is in the middle of the table.

623. Membro

∝ Ele é um membro da fundação. - He is a member of the foundation.

624. Menina

∝ É uma menina! - It's a girl!

625. Menino

∝ É um menino! - It's a boy!

626. Mensagem

∝ Vou-lhe escrever uma mensagem. - I'm going to text him.

627. Mensal

∝ É um evento mensal. - This is a monthly event.

628. Mercado

∝ Vou ao mercado. - I'm going to the market.

629. Mês

∝ Este mês não trabalho. - This month I won't be working

630. Mesa

∝ Parti a mesa. - I broke the table.

631. Mestre

∝ Ele é o meu mestre. - He is my master.

632. Metade

∝ Dei a metade ao meu irmão. - I gave half to my brother.

633. Metal

∝ Foi feito de metal. - It was made of metal.

634. Método

∝ Vou seguir o teu método. - I'm going to follow your method.

635. Metro

∝ A janela tem um metro. - The window is one meter wide.

636. Militar

∝ Ele sempre quis ser militar. - He always wanted to be in the military.

637. Ministério

∝ O ministério da defesa está em alerta. - The defense ministry is on alert.

638. Ministro

∝ O ministro foi à gala. - The minister went to the gala.

639. Minuto

∝ Demoro só um minuto. - I will only take a minute.

640. Missão

∝ Essa é a minha missão. - That is my mission.

641. Moça

∝ Que moça deslumbrante. - What a stunning girl.

642. Mochila

∝ Comprei uma mochila. - I bought a backpack.

643. Modelo

∝ Este é o primeiro modelo. - This is the first model.

644. Modo

∝ Este é o meu modo de fazer as coisas. - This is my way of doing things.

645. Moeda

∝ Encontrei uma moeda. - I found a coin.

646. Momento

∝ Só um momento, por favor. - Just a moment, please.

647. Morte

∝ A morte é inevitável. - Death is inevitable.

648. Motivo

∝ Qual é o motivo? - What is the motive?

649. Motor

∝ O motor estragou-se. - The engine broke.

650. Móvel

∝ Eu tenho um dispositivo móvel. - I have a mobile device.

651. Movimento

∝ Ele está sempre em movimento - He is always moving.

652. Mudança

∝ Precisamos de mudança. - We need change.

653. Mulher

∝ Eu sou uma mulher. – I am a woman.

654. Mundo

∝ Que mundo louco. – What a crazy world.

655. Município

∝ O município é muito populado. – The municipality is very populated.

656. Museu

∝ Amanhã vou a um museu. – Tomorrow I'll be going to a museum.

657. Música

∝ Adoro ouvir música. – I love listening to music.

658. Nação

∝ Não sei qual será o futuro da nação. – I don't know what the future of the nation will be.

659. Não

∝ Não, obrigada. – No, thank you.

660. Nascimento

∝ Qual é a tua data de Nascimento? – What is your date of birth?

661. Navio

∝ O navio afundou-se. – The ship sank.

662. Necessidade

∝ Não tenho necessidade disso. – I don't need that.

663. Negociação

∝ As partes entraram em negociação. - The parties started negotiating.

664. Negócio

∝ Foi um bom negócio. - It was a good business.

665. Nível

∝ O jogo foi de alto nível. - The game was of a high level.

666. Noite

∝ Já é noite. - It is night already.

667. Nome

∝ Qual é o teu nome? - What is your name?

668. Nomeado

∝ Ele foi nomeado. - He was nominated.

669. Nono

∝ Ele foi o nono. - He finished ninth.

670. Norma

∝ A norma proíbe isso. - The norm prohibits that.

671. Nota

∝ Que nota tiveste? - What was your grade?

672. Notícias

∝ Já ouviste as notícias? - Have you heard the news?

673. Novembro

∝ Já é Novembro. - It is November already.

674. Novidade

∝ Foi tudo uma novidade. - It was all a novelty.

675. Núcleo

∝ Fui ao núcleo da terra. - I went to the Earth's core.

676. Objectivo

∝ Qual é o teu objectivo? - What is your goal?

677. Objecto

∝ Esse é um objecto perigoso. - That is a dangerous object.

678. Obra

∝ A obra está a ser construída. - The construction work is still being built.

679. Obrigação

∝ Eu não tenho essa obrigação. - I don't have that obligation.

680. Obrigado

∝ Obrigado! - Thank you!

681. Observação

∝ Boa observação. - Good observation.

682. Ocasião

∝ Qual é a ocasião? - What is the occasion?

683. Óculos de Sol

∝ Preciso de óculos de sol. - I need sunglasses.

684. Oitavo

∝ Ele foi oitavo. - He was the eighth.

685. Olá

∝ Olá! - Hello!

686. Óleo

∝ O carro precisa de óleo. - The car needs oil.

687. Opção

∝ Não tenho outra opção. - I don't have another option.

688. Operação

∝ O médico fez uma operação. - The doctor performed a surgery.

689. Opinião

∝ Qual é a tua opinião? - What is your opinion?

690. Oportunidade

∝ Não quero perder a oportunidade. - I don't want to lose the opportunity.

691. Oposição

∝ A oposição foi dura nas críticas. - The opposition was harsh in their criticism.

692. Orçamento

∝ Qual é o orçamento? - What is the budget?

693. Ordem

∝ Assim é a ordem das coisas. - This is the order of things.

694. Organização

∝ Precisamos de mais organização. - We need more organization.

695. Orientação

∝ Ela perdeu a orientação. - She lost the orientation.

696. Origem

∝ Qual é a origem do problema? - What is the origin of the problem?

697. Ouro

∝ Eu quero mais ouro. - I want more gold.

698. Outubro

∝ Ele morreu em Outubro. - He died in October.

699. Paciente

∝ A paciente foi mandada para casa. - The patient was sent home.

700. Padrão

∝ Este é o procedimento padrão. - This is the standard procedure.

701. Padre

∝ Ele quer ser padre. - He wants to be a priest.

702. Pagamento

∝ Faz já o pagamento. - Make the payment right away.

703. Página

∝ É preciso virar a página. - We need to turn the page.

704. País

∝ Eu adoro este país. - I love this country.

705. Paixão

∝ O meu coração está cheio de paixão. - My heart is full of passion.

706. Palácio

∝ Quero viver num palácio. - I want to live in a palace.

707. Palavra

∝ Só queria dizer uma palavra. - I only wanted to say a word.

708. Palhinha

∝ Quero beber com uma palhinha! - I want to drink with a straw!

709. Pandeireta

∝ Adoro a pandeireta. - I love the tambourine.

710. Panela

∝ O arroz está na panela. - The rice is on the pan.

711. Papa

∝ Temos um novo Papa! - We have a new Pope!

712. Papa

∝ Come a papa! - Eat the porridge!

713. Papel

∝ Assina o papel. - Sign the paper.

714. Papel higiénico

∝ Tens papel higiénico? - Do you have toilet paper?

715. Par

∝ Ele era o meu par para o baile. – He was my date for the dance.

716. Parágrafo

∝ Isso está no terceiro parágrafo. – That is in the third paragraph.

717. Parede

∝ A parede partiu-se. – The wall broke down.

718. Parlamento

∝ O parlamento faz as leis. – The parliament makes the laws.

719. Parque

∝ A criança brinca no parque. – The child plays in the park.

720. Parte

∝ Eu só quero aquela parte. – I only want that part.

721. Participação

∝ Obrigada pela sua participação. – Thanks for your participation.

722. Partícula

∝ Cada partícula é perigosa. – Each particle is dangerous.

723. Partida

∝ Qual é a hora da partida? – What is the time of departure?

724. Partido

∝ Qual é o teu partido? – What is your party?

725. Passagem

∝ Tens que atravessar aquela passagem. - You have to cross that pathway.

726. Passeio

∝ Queres ir dar um passeio? - Do you want to go take a walk?

727. Passo

∝ Não sei qual é o próximo passo. - I don't know what the next step is.

728. Pasta

∝ O senhor levava uma pasta na mão. - The man had a folder in his hand.

729. Pasta de dentes

∝ Preciso de comprar pasta de dentes. - I need to buy toothpaste.

730. Patins

∝ Já sei andar de patins! - I already know how to use the roller skates!

731. Patrão

∝ Odeio o meu patrão. - I hate my boss.

732. Património

∝ A Europa tem um rico património cultural. - Europe has a rich cultural heritage.

733. Património

∝ Tenho um património no valor de X euros. - I have an estate that is worth X euros.

734. Paz

∝ Eu só quero paz. – I only want peace.

735. Pecado

∝ Isso é pecado. – That's a sin.

736. Peça

∝ Falta-me um peça. – There's one piece missing.

737. Pedaço

∝ Está aqui um pedaço de manga. – There is a piece of mango here.

738. Pedido

∝ Eu já fiz o pedido. – I have already made the request.

739. Pena

∝ A pena foi muito longa. – The sentence was very long.

740. Pensamento

∝ Estás sempre no meu pensamento. – You're always in my thought.

741. Penso higiénico

∝ Preciso de um penso higiénico. – I need a sanitary towel/pad.

742. Pequeno-almoço

∝ Adoro o pequeno-almoço. – I love breakfast.

743. Perfume

∝ Preciso de um perfume novo. – I need a new perfume.

744. Pergunta

∝ Posso fazer uma pergunta? - Can I ask a question?

745. Perigo

∝ Qual é o perigo? - What is the danger?

746. Período

∝ Este é o primeiro período. - This is the first period.

747. Personagem

∝ Ela é a personagem principal. - She is the main character.

748. Personalidade

∝ A minha personalidade é diferente da do meu irmão. - My personality is different from my brother's.

749. Perspectiva

∝ Preciso de uma nova perspectiva. - I need a new perspective.

750. Pertences

∝ Eu tenho os meus pertences. - I have my belongings.

751. Peso

∝ Tenho que perder peso. - I have to lose weight.

752. Pesquisa

∝ Já fiz a pesquisa inicial. - I have already made the initial research.

753. Pessoa

∝ A criança desenhou uma pessoa. - The child drew a person.

754. Petróleo

∝ O petróleo é muito valioso. - Oil is very valuable.

755. Piano

∝ Gostava de saber tocar piano. - I'd like to know how to play the piano.

756. Pilha

∝ Que grande pilha de livros. - What a big stack of books.

757. Pilhas

∝ Preciso de comprar pilhas. - I need to buy batteries.

758. Pinça

∝ Faz isso com uma pinça. - Do that with a clamp/tweezer.

759. Pintor

∝ Ele sempre quis ser pintor. - He always wanted to be a painter.

760. Pintura

∝ Que bela pintura. - What a beautiful painting.

761. Piscina

∝ Vou dar um mergulho na piscina. - I'm taking a dive in the swimming pool.

762. Planetário

∝ Amanhã vou visitar o planetário. - Tomorrow I'm going to visit the planetarium.

763. Plano

∝ Qual é o plano? - What is the plan?

764. Pó de arroz

∝ Antes as mulheres usavam pó de arroz. - Before, women used rice powder.

765. Poder

∝ O partido da esquerda está no poder. - The party from the left is in power.

766. Poema

∝ Escrevi um poema. - I wrote a poem.

767. Poesia

∝ Gostas de poesia? - Do you like poetry?

768. Poeta

∝ Ele sempre quis ser poeta. - He always wanted to be a poet.

769. Polícia

∝ Chama já o polícia. - Call the officer right now.

770. Polícia

∝ A polícia não resolveu o caso. - The police didn't solve the case.

771. Política

∝ Odeio a política. - I hate politics.

772. Pomada

∝ O medico prescreveu uma pomada. - The doctor prescribed an ointment.

773. Ponta

∝ A estrela está na ponta da árvore. - The star is in the top of the tree.

774. Ponte

∝ Ela atravessou a ponte. - She crossed the bridge.

775. Ponto

∝ Ela levantou um ponto imporante. - She raised an important point.

776. População

∝ A população está a crescer. - The population is growing.

777. Porta

∝ Bati com o pé na porta. - I hit my foot on the door.

778. Porto

∝ O barco atracou no porto. - The boat docked in the harbor.

779. Posição

∝ Qual é a tua posição na empresa? - What is your position in the company?

780. Posse

∝ Ainda não tomei posse da casa. - I still haven't taken possession of the house.

781. Possibilidade

∝ Há possibilidade de vires cá? - Is there the possibility of you coming here?

782. Potencial

∝ Ele tem muito potencial. - He has a lot of potential.

783. Povo

∝ O povo está descontente. - The people are unhappy.

784. Praça

∝ Houve protestos na praça. - There were protests in the square.

785. Prática

∝ Eu não tenho muita prática. - I don't have a lot of practice.

786. Prato

∝ A comida está no prato. - The food is on the plate.

787. Prazer

∝ Muito prazer em conhecê-lo. - Very nice to meet you.

788. Prazo

∝ Qual é o prazo? - What is the deadline?

789. Preço

∝ O preço não é ngociável. - The price isn't negotiable.

790. Prédio

∝ O prédio está velho. - The building is old.

791. Prejuízo

∝ O prejuízo foi grande. - The damage was big.

792. Prémio

∝ Qual é o meu prémio? - What is my prize?

793. Preocupação

∝ Noto a tua preocupação. - I can notice your concern.

794. Presença

∝ A tua presença é essencial. - Your presence is essential.

795. Preservativos

∝ Tens preservativos? - Do you have condoms?

796. Presidência

∝ Ele é candidato à presidência. - He is a presidency candidate.

797. Presidente

∝ Quem é o Presidente da República? - Who is the President of the Republic?

798. Preso

∝ O preso foi libertado. - The prisoner was released.

799. Pressão

∝ Não faças tanta pressão. - Don't apply so much pressure.

800. Previsão

∝ A minha previsão é boa. - My prediction is good.

801. Primeiro

∝ Ele foi o primeiro. - He was the first.

802. Primeiro-ministro

∝ O primeiro ministro Português está em Nova Iorque. - The Portuguese prime minister is in New York.

803. Príncipe

∝ Ele é o meu príncipe. - He is my prince.

804. Princípio

∝ Começa pelo príncipio. - Start at the beginning.

805. Prisão

∝ Onde é a prisão de Lisboa? - Where is Lisbon's prison?

806. Privatização

∝ Está a decorrer um processo de privatização. - A process of privatization is going on.

807. Problema

∝ Qual é o problema? - What is the problem?

808. Procedimento

∝ Não sei qual é o procedimento a seguir. - I don't know what is the procedure to follow.

809. Processo

∝ Este é um processo difícil. - This is a difficult process.

810. Procura

∝ Do que estás à procura? - What are you looking for?

811. Produção

∝ A produção de um filme é cara. - The production of a movie is expensive.

812. Produto

∝ Tenho um produto novo. - I've got a new product.

813. Produtor

∝ Ele é produtor de manteiga. - He is a butter producer.

814. Professor

∝ Sempre quis ser professor. – I always wanted to be a professor.

815. Profissão

∝ Qual é a tua profissão? – What is your profession?

816. Programa

∝ O programa é divertido. – The program is fun.

817. Projecto

∝ Qual é o próximo projecto? – What is the next project?

818. Prol

∝ Isso foi feito em prol de ti. – That was done on your behalf/for your advantage.

819. Propósito

∝ Não percebo o propósito disto. – I don't understand the purpose of this.

820. Proposta

∝ Ela fez-me uma proposta. – She made me a proposal.

821. Propriedade

∝ Eu vendi a minha propriedade. – I sold my property.

822. Proprietário

∝ Quem é o proprietário? – Who is the owner?

823. Protecção

∝ A polícia existe para nossa protecção. – The police exist for our protection.

824. Protector solar

∝ Tens que pôr protector solar. - You have to put on sunscreen.

825. Protesto

∝ Houve um protesto na rua. - There was a protest in the street.

826. Prova

∝ Preciso de ver a prova. - I need to see the evidence.

827. Província

∝ De que província és? - From which province are you?

828. Publicação

∝ Quando sai a publicação? - When is the publication out?

829. Público

∝ O actor falou para o público. - The actor spoke to the public.

830. Quadro

∝ Que quadro lindo. - What a beautiful painting.

831. Qualidade

∝ Tenho uma boa qualidade de vida. - I have a good quality of life.

832. Quantidade

∝ Comprei uma grande quantidade de maçãs. - I bought a big quantity of apples.

833. Quarta-feira

∝ Já é quarta-feira? - Is it Wednesday already?

834. Quarto

∝ Ele foi o quarto. - He was the fourth.

835. Quarto

∝ Limpa o teu quarto. - Clean your room.

836. Queda

∝ Que grande queda. - What a big fall.

837. Quente

∝ A água está muito quente. - The water is very hot.

838. Questão

∝ A questão não é essa. - That's not the question.

839. Quilómetro

∝ Só corri um quilómetro. - I only ran one kilometer.

840. Quinta-feira

∝ Quinta-feira tenho uma entrevista de trabalho. - Thursday I have a job interview.

841. Quinto

∝ Ele foi o quinto. - He was the fifth.

842. Raça

∝ Qual é a raça deste cão? - What is this dog's breed?

843. Raça

∝ A raça humana existe há muito tempo. - The human race has existed for a long time.

844. Rádio

∝ Não gosto da música da rádio. - I don't like the music on the radio.

845. Rainha

∝ Ela é a nossa rainha. - She is our queen.

846. Rapariga

∝ Que rapariga tão bonita. - What a beautiful girl.

847. Rapaz

∝ Estou grávida de um rapaz! - I'm pregnant with a boy!

848. Razão

∝ Não lhe dês uma razão. - Don't give him a reason.

849. Reacção

∝ A reacção foi de surpresa. - The reaction was of surprise.

850. Real

∝ É baseado numa história real. - It is based on a true story.

851. Realidade

∝ Esta é a nossa realidade. - This is our reality.

852. Realização

∝ O projecto precisa de fundos para a sua realização. - The project needs funding for its completion.

853. Receita

∝ Qual é a receita do sucesso? - What is the recipe for success?

854. Recurso

∝ O cliente pediu um recurso. - The client filed for an appeal.

855. Rede

∝ A rede de transportes é má. - The transportations network is bad.

856. Redução

∝ Houve uma redução dos salários. - There was a reduction of the salaries.

857. Refeição

∝ Só fiz uma refeição. - I only made one meal.

858. Referência

∝ O livro fez uma referência ao documento. - The book made a reference to the document.

859. Reforma

∝ O governo vai realizar uma reforma. - The government is going to implement a reform.

860. Refrigerante

∝ Quero beber um refrigerante. - I want to drink a soda.

861. Região

∝ Vou viver para a região do norte. - I'm going to live in the north region.

862. Regime

∝ A China vive num regime comunista. - China lives in a communist regime.

863. Regra

∝ Qual é a regra de ouro? - What is the golden rule?

864. Rei

∝ Longa vida para o rei! - Long live the king.

865. Reino

∝ Fui expulsa do reino. - I was expelled from the kingdom.

866. Relação

∝ A nossa relação é muito boa. - Our relationship is very good.

867. Relatório

∝ Ainda não fiz o relatório. - I still haven't done the report.

868. Religião

∝ Não sigo nenhuma religião. - I don't follow any religion.

869. Relógio

∝ Comprei um relógio novo. - I bought a new clock.

870. Renda

∝ Tenho que pagar a renda. - I have to pay the rent.

871. Reportagem

∝ Já viste a reportagem do telejornal? - Have you seen the report in the news?

872. Representação

∝ Esta é uma representação da realidade. - This is a representation of reality.

873. Representante

∝ Ele é o meu representante. - He is my representative.

874. República

∝ Eu vivo numa república. - I live in a republic.

875. Reserva

∝ O dinheiro ficou na reserva. - The money went to the reserve.

876. Resistência

∝ Ele lutou pela resistência. - He fought for the resistance.

877. Resolução

∝ O governo aprovou a resolução. - The government approved the resolution.

878. Respeito

∝ Exijo mais respeito. - I demand more respect.

879. Responsabilidade

∝ É a minha responsabilidade. - It is my responsibility.

880. Resposta

∝ Já chegou a resposta? - Did the answer arrive?

881. Restaurante

∝ Vamos jantar a um restaurante. - We are going to have dinner at a restaurant.

882. Resto

∝ Estou de férias o resto do ano. - I'm on vacation the rest of the year.

883. Resultado

∝ Qual foi o resultado? - What was the result?

884. Retrato

∝ Ela pintou o meu retrato. - She painted my portrait.

885. Reunião

∝ Tenho uma reunião. - I have a meeting.

886. Revisão

∝ Tenho ainda que fazer a revisão. - I still have to make the revision.

887. Revista

∝ Ele estava a ler uma revista. - He was reading a magazine.

888. Revolução

∝ Eles querem uma revolução. - They want a revolution.

889. Rímel

∝ Preciso de rímel. - I need mascara.

890. Risco

∝ O risco é pequeno. - The risk is small.

891. Riso

∝ A sala encheu-se de riso. - The room was filled with laughter.

892. Ritmo

∝ Ela corre a um ritmo alto. - She runs at a high pace.

893. Roda

∝ A roda foi inventada há muito. - The wheel was invented a long time ago.

894. Romance

∝ Gosto de livros de romance. - I like books with romances.

895. Rua

∝ As crianças estão a brincar na rua. - The children are playing in the street.

896. Rumo

∝ Qual é o rumo agora? - What is the course/direction now?

897. Sábado

∝ Vou lá Sábado. - I'm going there Saturday.

898. Sabão

∝ Preciso de comprar sabão. - I need to buy soap.

899. Saco

∝ Põe isso no saco. - Put that in the bag.

900. Saco-cama

∝ Tens um saco-cama? - Do you have a sleeping bag?

901. Saída

∝ Onde é a saída? - Where is the exit?

902. Sala

∝ A sala está cheia. - The room is full.

903. Salário

∝ O meu salário foi aumentado. - My salary was raised.

904. Sangria

∝ Adoro sangria! - I love sangria!

905. Santo

∝ O santo padroeiro desta cidade é ... - The patron saint of this city is ...

906. Saudade[74]

∝ Tenho saudades tuas. - I miss you.

907. Saúde

∝ Ele está cheio de saúde. - He is full of health.

908. Saxofone

∝ Odeio o som do saxofone. - I hate the sound of the saxophone.

909. Secção

∝ Isto encontra-se naquela seccção. - You find this in that section.

910. Secretaria

∝ Vou à secretaria. - I'm going to the secretariat/bureau/front office.

911. Secretária

∝ O telefone estava na secretária. - The telephone was on the desk.

---

74 "Saudade" is a very atypical word because it is unique to the Portuguese language, with no good translation existing. It encompasses the feeling of missing someone, or something, along with a sense of nostalgia and sadness.

912. Secretária

∝ Ela é a minha secretária. – She is my secretary.

913. Sector

∝ Eu trabalho no sector tecnológico. – I work in the technological sector.

914. Século

∝ Já passou um século. – A century has already gone by.

915. Sede

∝ A sede da empresa é ali. – The headquarters of the company is over there.

916. Sede

∝ Estou cheia de sede. – I'm really thirsty.

917. Segredo

∝ Qual é o teu segredo? – What is your secret?

918. Segunda-feira

∝ Hoje é segunda-feira. – Today is Monday.

919. Segundo

∝ Ele foi o segundo. – He was the second.

920. Segurança

∝ A segurança é fundamental. – Safety/security is fundamental.

921. Seguro

∝ Não tenho seguro do carro. – I don't have car insurance.

922. Selecção

∝ Tenho que fazer a selecção dos melhores textos. - I have to make a selection of the best texts.

923. Semana

∝ Vou lá para a semana. - I'm going there next week.

924. Senado

∝ Ele concorreu para o senado. - He ran for the senate.

925. Senador

∝ Ele é senador. - He is a senator.

926. Senão

∝ Não há nenhum senão. - There's no drawback/downside.

927. Senhor

∝ O senhor do café sentou-se. - The man/sir in the café sat down.

928. Sensação

∝ Qual é a sensação? - What is the sensation?

929. Sentença

∝ A sentença foi muito pesada. - The sentence was very heavy.

930. Sentido

∝ Isso não faz sentido. - That makes no sense.

931. Sentimento

∝ Que bonito sentimento. - What a beautiful feeling.

932. Sequência

∝ A sequência de eventos foi caótica. - The sequence of events was chaotic.

933. Série

∝ Fiz uma série de erros. - I made a series of mistakes.

934. Serviço

∝ Estou ao teu serviço. - I am at your service.

935. Sessão

∝ Já acabou a sessão. - The session is already over.

936. Setembro

∝ As aulas começam em Setembro. - The classes start in September.

937. Sétimo

∝ Ele foi o sétimo. - He was the seventh.

938. Sexo

∝ Qual é o sexo do bebé? - What is the baby's gender?

939. Sexta-feira

∝ Ontem foi Sexta-feira. - Yesterday was Friday.

940. Sexto

∝ Ele foi o sexto. - He was the sixth.

941. Silêncio

∝ Quero silêncio. - I want silence.

942. Sim

∝ Sim, eu caso contigo! - Yes, I'll marry you!

943. Símbolo

∝ Este é o novo símbolo. - This is the new symbol.

944. Sinal

∝ Qual é o sinal? - What is the signal?

945. Sindicato

∝ O sindicato luta pelos seus direitos. - The union fights for their rights.

946. Sistema

∝ O sistema é corrupto. - The system is corrupt.

947. Sítio

∝ Não onde fica esse sítio. - I don't know where that place is.

948. Situação

∝ A situação é promissora. - The situation is promising.

949. Sociedade

∝ Fundei uma sociedade. - I founded a society.

950. Sócio

∝ Sou sócio da sociedade. - I'm a partner in the society.

951. Sofá

∝ Ela está no sofá. - She is in the couch.

952. Soldado

∝ Sempre quis ser soldado. - I always wanted to be a soldier.

953. Solução

∝ Qual é a solução? – What is the solution?

954. Som

∝ O som está muito alto. – The sound is very high.

955. Sonho

∝ Esse é o meu sonho. – This is my dream.

956. Sono

∝ Estou cheia de sono. – I'm really sleepy.

957. Soro

∝ Deram-lhe soro. – He was given physiological saline.

958. Sorriso

∝ Que bonito sorriso! – What a beautiful smile!

959. Sorte

∝ Tens muita sorte. – You have a lot of luck.

960. Substância

∝ Que substância é esta? – What is this substance?

961. Sucesso

∝ O sucesso vem com trabalho. – The success comes with work.

962. Sujeito

∝ Ele é um sujeito encantador. – He is a charming individual.

963. Sumo

∝ Vou beber sumo. – I'm going to drink juice.

964. Superfície

∝ A superfície está escorregadia. - The surface is slippery.

965. Supermercado

∝ Tenho que ir ao supermercado. - I have to go to the supermarket.

966. Surpresa

∝ Ela fez-me uma surpresa. - She surprised me.

967. Tabela

∝ Esta tabela mostra os resultados da pesquisa. - This table shows the results of the research.

968. Talheres

∝ Eu como com talheres. - I eat with cutlery.

969. Tamanho

∝ Qual é o tamanho da cama? - What is the size of the bed?

970. Tampões

∝ Ela foi comprar tampões. - She went to buy tampons.

971. Tarde

∝ Eu vou correr à tarde. - I'm going to run in the afternoon.

972. Tarefa

∝ A tarefa está feita. - The task is done.

973. Taxa

∝ Qual é a taxa? - What is the rate?

974. Teatro

∝ Amanhã vou ao teatro. - Tomorrow I'm going to the theater.

975. Tecido

∝ Que tecido tão lindo. - Such beautiful fabric.

976. Técnico

∝ Tenho que chamar um técnico da televisão. - I have to call a television technician.

977. Tecnologia

∝ Ele tem medo da tecnologia. - He is scared of technology.

978. Telefone

∝ Quero um telefone novo. - I want a new telephone.

979. Telemóvel

∝ Ela ofereceu-lhe um telemóvel. - She gave her a cellphone as a gift.

980. Televisão

∝ Ele está sempre a ver televisão. - He is always watching television.

981. Tema

∝ Qual é o tema da aula? - What is the subject of the class?

982. Tempo

∝ Hoje está mau tempo. - Today is bad weather.

983. Tenda

∝ Vem para a minha tenda! - Come to my tent!

984. Tendência

∝ Qual é a tendência da primavera-verão? - What is the tendency of spring-summer?

985. Tentativa

∝ A tentativa já importante. - Trying is already important.

986. Teoria

∝ Não conheço essa teoria. - I don't know that theory.

987. Terça-feira

∝ Hoje é terça-feira. - Today is Thursday.

988. Terceiro

∝ Ele é o terceiro. - He is the third.

989. Termo

∝ Nunca tinha ouvido esse termo. - I had never heard that term.

990. Termómetro

∝ Tens um termómetro? - Do you have a thermometer?

991. Território

∝ Este é o território Português. - This is the Portuguese territory.

992. Tesoura

∝ Perdi a tua tesoura. - I lost your scissors.

993. Teste

∝ Não quero fazer o teste. - I don't want to take the test.

994. Texto

∝ Este texto está muito bem escrito. - This text is very well written.

995. Tigela

∝ Parti a tigela. - I broke the bowl.

996. Tipo

∝ Eu quero um copo deste tipo. - I want a glass of this type.

997. Tiro

∝ Mais alguém ouviu o tiro? - Did anyone else hear the shot?

998. Título

∝ Qual é o título do rei? - What is the king's title?

999. Toalha

∝ Sujei a toalha. - I got the towel dirty.

1000. Toalhitas de bebé

∝ Podes comprar toalhitas de bebé? - Can you buy baby wipes?

1001. Toalhitas higiénicas

∝ Preciso de toalhitas higiénicas. - I need sanitary wipes.

1002. Tomo

∝ Precisam do livro 1, tomo 2. - You need book 1, tome 2.

1003. Torre

∝ Gostava de viver numa torre. - I'd like to live in a tower.

1004. Trabalhador

∝ O trabalhador está na hora de almoço. - The employer is in his lunch hour.

1005. Trabalho

∝ Estou farta do meu trabalho. - I'm tired of my job.

1006. Tradição

∝ Não gosto desta tradição. - I don't like this tradition.

1007. Transformação

∝ Observei a transformação da borboleta. - I observed the transformation of the butterfly.

1008. Transporte

∝ Qual é o meio de transporte? - What is the means of transportation?

1009. Tratado

∝ Portugal e Espanha celebraram o Tratado de Tordesilhas. - Portugal and Spain celebrated the Treaty of Tordesilhas.

1010. Tratamento

∝ Este é o melhor tratamento. - This is the best treatment.

1011. Triângulo

∝ Ela desenhei um triângulo. - She drew a triangle.

1012. Tribunal

∝ Nós encontrámo-nos em frente ao tribunal. - We met each other by the court.

1013. Troca

∝ A troca de informações é essencial. - The exchange of information is essential.

1014. Tropa

∝ Eu consegui evitar a tropa. - I managed to avoid the military.

1015. Turismo

∝ Portugal vive do turismo. - Portugal lives off tourism.

1016. Último

∝ Quem foi o último? - Who was the last one?

1017. União

∝ A união é fundamental. - Union is fundamental.

1018. Único

∝ Ele foi o único a ir à aula. - He was the only one to go to class.

1019. Unidade

∝ Há duas unidades nessa área. - There are two units in that area.

1020. Universo

∝ O universo é infinito. - The universe is infinite.

1021. Universidade

∝ Amanhã vou à universidade. - Tomorrow I'm going to university.

1022. Uso

∝ Qual é o uso desta ferramenta? - What is the use of this tool?

1023. Usuário

∝ Leia o manual de usuário. - Read the user's manual.

1024. Utensílio

∝ Preciso de outro utensílio. - I need another utensil.

1025. Utilização

∝ Esta máquina não é para utilização pública. - This machine is not for public use.

1026. Vale

∝ Tenho um vale de compras. - I have a coupon.

1027. Valor

∝ Esta peça não tem valor. - This piece has no value.

1028. Válvula

∝ Perdemos uma válvula. - We lost a valve.

1029. Vantagem

∝ A equipa ganhou uma grande vantagem. - The team won a big advantage.

1030. Variação

∝ Há uma variação na taxa de crescimento. - There's a variation in the growth rate.

1031. Vaso

∝ Parti outro vaso. - I broke another vase.

1032. Vazio

∝ Sinto um vazio em mim . . . - I feel emptiness in me . . .

1033. Veículo

∝ O carro é um veículo. - A car is a vehicle.

1034. Vela

∝ Acendi uma vela. - I lit a candle.

1035. Velocidade

∝ A mota atinge uma grande velocidade. - The motorcycle reaches a great speed.

1036. Venda

∝ A empresa conseguiu um grande venda. - The company made a big sale.

1037. Verdade

∝ Temos que dizer a verdade. - We have to say the truth.

1038. Vereador

∝ O vereador é o meu pai. - The councilor is my dad.

1039. Versão

∝ Qual é a tua versão? - What is your version?

1040. Vez

∝ Não é a tua vez de falar. - It isn't your turn to speak.

1041. Via

∝ O cão atravessou a via. - The dog crossed the way.

1042. Viagem

∝ Amanhã começo a viagem. - Tomorrow I start the trip.

1043. Vida

∝ Adoro a minha vida. - I love my life.

1044. Vidro

∝ O vidro pode ser perigoso. - The glass can be dangerous.

1045. Vila

∝ A senhora vive na vila. - The lady lives in the village.

1046. Violão

∝ Eu toco o violão. - I play the guitar.

1047. Violoncelo

∝ Gostava de aprender a tocar o violoncelo. - I'd like to learn how to play the cello.

1048. Violência

∝ Não gosto de violência. - I don't like violence.

1049. Violino

∝ O som do violino é lindo. - The sound of the violin is beautiful.

1050. Virtude

∝ A paciência é uma virtude. - Patience is a virtue.

1051. Visão

∝ Ontem tive uma visão. - Yesterday I had a vision.

1052. Visita

∝ Amanhã faço-te uma visita. - Tomorrow I will pay you a visit.

1053. Vista

∝ Que vista magnífica. - What a magnificent view.

1054. Vítima

∝ Ela não é uma vítima. - She isn't a victim.

1055. Vitória

∝ A equipa conseguiu a vitória. - The team got the win.

1056. Volta

∝ Só falta uma volta. - There is only one lap to go.

1057. Volume

∝ Podes baixar o volume? - Can your lower the volume?

1058. Vontade

∝ A minha vontade de ganhar é enorme. - My desire to win is huge.

1059. Votação

∝ Quando é que vai ser a votação? - When is the voting taking place?

1060. Voto

∝ Tu já tens o meu voto. - You already have my vote.

1061. Xilofone

∝ Sabes tocar xilofone? - Do you know how to play the xylophone?

1062. Zona

∝ Não conheço esta zona. - I don't know this area.

Body

Now learn the nouns relating to anatomy.

1063. Anatomia

∞ Hoje vamos estudar o capítulo sobre anatomia. - Today we are going to study the chapter about anatomy.

1064. Anca

∞ Dói-me tanto a anca. - My hip hurts so much.

1065. Antebraço

∞ A abelha picou-me no antebraço. - The bee stung me in the forearm.

1066. Ânus

∞ As fezes saem pelo ânus. - Feces come out through the anus.

1067. Apêndice

∞ Para que serve o apêndice? - What is the appendix for?

1068. Artéria

∞ Como se diz artéria em Inglês? - How do you say artery in English?

1069. Audição
∝ Tenho problemas com a minha audição. - I have problems with my hearing.

1070. Axila
∝ Tenho muito pelo na axila. - I have a lot of hair in my armpit.

1071. Baço
∝ O baço é um orgão importante. - The spleen is an important organ.

1072. Barba
∝ Vou crescer a minha barba. - I'm going to grow a beard.

1073. Barriga
∝ Dói-me a barriga. - My belly hurts.

1074. Bexiga
∝ Tenho a bexiga muito inchada. - My bladder is really bloated.

1075. Bigode
∝ Novembro é o mês de crescer o bigode. - November is the month to grow the mustache.

1076. Bílis
∝ O fígado segrega bílis. - The liver secretes bile.

1077. Boca
∝ Eu como com a minha boca. - I eat with my mouth.

1078. Bochecha
∝ Que bochecha tão fofa! - What a cute cheek!

1079. Braço
∝ Eu tenho um braço muito forte. - I have a really strong arm.

1080. Cabeça

∝ Estou com uma dor de cabeça . . . - I have such a headache . . .

1081. Cabelo

∝ Vou mudar a cor do meu cabelo. - I'm going to change my hair color.

1082. Caixa Torácica

∝ Os pulmões estão dentro da caixa torácica. - The lungs are inside the rib cage.

1083. Calcanhar

∝ Este sapato magoa o meu calcanhar. - This shoe hurts my heel.

1084. Cara

∝ A minha cara está a arder. - My face is on fire.

1085. Cartilagem

∝ Já quase que não tenho cartilagem no meu joelho. - I barely have cartilage on my knee.

1086. Célula

∝ Vodka mata as células do meu cérebro. - Vodka kills brain cells.

1087. Cérebro

∝ Quem me dera ter o teu cérebro. - I wish I had your brain.

1088. Cintura

∝ Que cintura mais fina! - What a slim waist!

1089. Clavícula

∝ Parti a clavicula. - I broke my collarbone.

1090. Coração

∝ O coração é o orgão mais importante do corpo humano. – The heart is the most important organ of the human body.

1091. Corpo

∝ Dói-me o corpo todo. – My body hurts everywhere.

1092. Cotovelo

∝ Bati com o meu cotovelo na cadeira. – I hit the chair with my elbow.

1093. Córnea

∝ Tenho uma lesão na córnea. – I have a lesion in my cornea.

1094. Costas

∝ Ela não consegue dobrar as costas. – She can't bend her back.

1095. Costela

∝ A costela dele está ainda muito frágil. – His rib is still very fragile.

1096. Coxa

∝ Que bonita coxa! – What a beautiful thigh!

1097. Crânio

∝ Conseguimos saber muito a estudar o crânio. – We can know a lot by studying the skull.

1098. Dedo

∝ Põe o anel no teu dedo! – Put the ring on your finger!

1099. Dente

∝ Os peixes têm dentes? – Do fish have teeth?

1100. Esófago

∝ Tenho uma doença no esófago. - I have a disease in my esophagus.

1101. Espirro

∝ Não se deve tentar impedir um espirro de acontecer. - We shouldn't try to prevent a sneeze from happening.

1102. Esqueleto

∝ Também tens um esqueleto na sala de aula? - Do you also have a skeleton in your classroom?

1103. Estômago

∝ Dói-me o estômago. - My stomach hurts.

1104. Face

∝ Ela tinha maquilhagem na face. - She had makeup on her face.

1105. Fémur

∝ O fémur é o maior osso do corpo. - The femur is the biggest bone in the body.

1106. Fígado

∝ Demasiado álcool estraga o fígado. - Too much alcohol ruins the liver.

1107. Garganta

∝ Estás com dores de garganta? - Do you have a sore throat?

1108. Gémeos

∝ Os meu gémeos ajudam-me a saltar. - My calves help me jump.

1109. Gordura

∝ O meu pai tem muita gordura na barriga. - My dad has a lot of fat in the belly.

1110. Grávida

∝ A minha irmã está gravida. - My sister is pregnant.

1111. Hálito

∝ Tens mau hálito. - You have bad breath.

1112. Intestino

∝ Essa comida faz-me mal ao intestino. - That food isn't good for my intestine.

1113. Íris

∝ A íris é no olho. - The iris is in the eye.

1114. Joelho

∝ Ela já foi operada ao joelho. - She already had surgery on her knee.

1115. Lábios

∝ O meu namorado tem uns lábios avermelhados. - My boyfriend has reddish lips.

1116. Lágrimas

∝ O meu pai chorou lágrimas de alegria. - My father cried tears of joy.

1117. Língua

∝ A minha língua não pára quieta. - My tongue doesn't stay still.

1118. Maçã-de-adão

∝ O Cristiano Ronaldo tem uma grande maçã-de-adão. - Cristiano Ronaldo has a big Adam's apple.

1119. Mamilo

∝ Uma amiga minha tem um piercing no mamilo. - A friend of mine has a nipple piercing.

1120. Massa

∝ Eu adoro massa com atum. - I love pasta with tuna.

1121. Mão

∝ Fiz uma tatuagem na mão. - I made a tattoo on my hand.

1122. Maxilar

∝ Desloquei o maxilar. - I dislocated my jaw.

1123. Memória

∝ A minha avó tem problemas de memória. - My grandmother has memory problems.

1124. Menopausa

∝ A minha mãe está a passar pela menopausa. - My mother is going through menopause.

1125. Menstruação

∝ Já tens a menstruação? - Are you menstruating already?

1126. Músculo

∝ Ele bebe batidos de proteína para fazer crescer os músculos. - He drinks protein shakes to grow his muscles.

1127. Nádegas

∝ Tenho comichão nas nádegas. - I have itchy buttocks.

1128. Narina

∝ Acho que vejo algo na tua narina. - I think I'm seeing something in your nostril.

1129. Nariz

∝ O nariz é para cheirar. The nose is for smelling.

1130. Nervo

∝ Ela tem uma lesão num nervo. - She has an injury in a nerve.

1131. Nós dos dedos

∝ Dei um murro, e agora doem-me os nós dos dedos. – I threw a punch, and now my knuckles hurt.

1132. Olfacto

∝ Um dos sintomas do COVID-19 é a perda de olfacto. – One of the symptoms of COVID-19 is the loss of smell.

1133. Olho

∝ Entrou pó no meu olho. – Some dust got into my eye.

1134. Ombro

∝ Podes chorar no meu ombro. – You can cry on my shoulder.

1135. Orelha

∝ Tens as orelhas tão vermelhas! – Your ears are so red!

1136. Osso

∝ Qual é o maior osso do corpo humano? – What is the biggest bone in the human body?

1137. Ouvido

∝ Tenho uma otite no ouvido. – I have an otitis in my ear.

1138. Organismo

∝ A alga é um organismo aquático. – Algae is an aquatic organism.

1139. Orgão

∝ O coração é um orgão vital. – The heart is a vital organ.

1140. Palato

∝ Eu tenho um bom palato. - I have a good palate.

1141. Palma

∝ A palma da mão dele é enorme. - His palm is huge.

1142. Pálpebras

∝ Estou quase a fechar as pálpebras. - I'm almost closing my eyelids.

1143. Pâncreas

∝ Doenças do pâncreas são muito problemáticas. - Pancreatic diseases are very problematic.

1144. Peito

∝ Dói-me o peito. - My chest hurts.

1145. Pele

∝ Temos que cuidar bem da nossa pele. - We have to take good care of our skin.

1146. Pés

∝ Os meus pés são demasiado grandes para essas sapatilhas. - My feet are too big for those sneakers.

1147. Pélvis

∝ A minha avó foi operada à pélvis. - My grandmother had surgery on her pelvis.

1148. Pêlo

∝ Felizmente não tenho muito pelo. - Luckily, I don't have a lot of body hair.

1149. Pestanas

∝ Rímel põe-se nas pestanas. - Mascara is for your eyelashes.

1150. Pescoço

∝ Adorava ter o pescoço de uma girafa. - I would love to have the neck of a giraffe.

1151. Pernas

∝ Quero esticar as pernas. - I want to stretch my legs.

1152. Planta

∝ Uma abelha picou-me na planta do pé. - A bee stung me on the bottom of my foot.

1153. Polegar

∝ Vou pôr o anel no polegar. - I'm going to put the ring in my thumb.

1154. Pulmões

∝ Fumar não faz bem aos pulmões. - Smoking isn't good for your lungs.

1155. Pulso

∝ Magoei-me no pulso. - I hurt my wrist.

1156. Pupilas

∝ Tens as pupilas super dilatadas! - Your pupils are super dilated!

1157. Queixo

∝ Tens uma borbulha no queixo. - You have a pimple on your chin.

1158. Rabo

∝ Ela tem um rabo grande. - She has a big butt.

1159. Recto

∝ Ninguém quer ter problemas no seu recto. - Nobody wants to have problems in their rectum.

1160. Retina

∝ Qual é a função da retina? - What is the function of the retina?

1161. Rins

∝ Nós temos dois rins. - We have two kidneys.

1162. Rótula

∝ A minha rótula está fora do sítio. - My kneecap is out of place.

1163. Rosto

∝ A mãe fez uma carícia no rosto do filho. - The mother caressed his son's face.

1164. Rugas

∝ Já tenho rugas de expressão. - I already have expression wrinkles.

1165. Saliva

∝ Preciso de recolher a sua saliva, por favor. - I need to collect your saliva, please.

1166. Sangue

∝ O sangue é vermelho. - Blood is red.

1167. Seios

∝ Quando se engravida, os seios crescem. - When you're pregnant, the breasts get bigger.

1168. Sémen

∝ O sémen é um fluido corporal essencial para criar vida. - Semen is bodily fluid that is essential to create life.

1169. Sentidos

∝ Temos só cinco sentidos? - We only have five senses?

1170. Sistema nervoso

∝ O cérebro é uma parte do sistema nervoso. - The brain is a part of the nervous system.

1171. Sobrancelhas

∝ Pintas as sobrancelhas? - Do you paint your eyebrows?

1172. Soluços

∝ Estou com soluços. - I have hiccups.

1173. Sovaco

∝ Não gosto de pêlos no sovaco. - I don't like hair in the armpit.

1174. Suor

∝ A toalha está cheia de suor. - The towel is full of sweat.

1175. Tacto

∝ Perdi o meu sentido de tacto na mão direita! - I lost my sense of touch in the right hand!

1176. Testa

∝ Tenho alguma coisa na testa? - Do I have anything on my forehead?

1177. Tendão

∝ O meu tendão está óptimo. - My tendon is great.

1178. Testículos

∝ Os homens têm testículos. - Men have testicles.

1179. Tímpano

∝ Dói-me o timpano. - My eardrum hurts.

1180. Tornozelo

∝ Torci o tornozelo. - I twisted my ankle.

1181. Traqueia

∝ Onde é a traqueia? - Where is the trachea?

1182. Umbigo
∝ Adoro o teu umbigo. - I love your belly button.

1183. Unha
∝ Parti uma unha. - I broke a nail.

1184. Urina
∝ A cor da minha urina indica que é saudável. - The color of my urine indicates that it is healthy.

1185. Útero
∝ Já não tenho útero. - I don't have a uterus anymore.

1186. Vagina
∝ Os bebés saem pela vagina. - Babies come out of the vagina.

1187. Veias
∝ Consigo ver as tuas veias! - I can see your veins!

1188. Vértebra
∝ Uma fractura na vértebra é muito chata. - A fracture in a vertebra is very annoying.

1189. Virilha
∝ Tenho dores na virilha. - I have pain in my groin.

1190. Vómito
∝ Está ali vómito no chão. - There is vomit on the floor there.

1191. Voz
∝ A voz do meu avô acalma-me. - My grandfather's voice soothes me.

Clothes

Now, look at the fashion items Portuguese speakers mention the most!

1192. Blusa

∝ Eu comprei uma blusa nova. - I bought a new blouse.

1193. Calças

∝ Gostas das minhas calças? - Do you like my pants?

1194. Calções

∝ Ela foi para a neve de calções! - She went to the snow in shorts!

1195. Casaco

∝ Eu deixei o meu casaco em casa. - I left my jacket at home.

1196. Chapéu

∝ Que chapéu lindo! - What a beautiful hat!

1197. Fato

∝ Ele fica muito sexy de fato. - He looks very sexy in a suit.

1198. Fato de banho

∝ A minha prenda de anos foi um fato de banho. - My birthday gift was a swimsuit.

1199. Luvas

∝ Precisas de comprar um par de luvas? - Do you need to buy a pair of gloves?

1200. Meias

∝ Ela dorme sempre sem meias. - She always sleeps without socks.

1201. Moda

∝ Vamos a um desfile de moda hoje à noite. - We are going to a fashion show tonight.

1202. Roupa

∝ Preciso mesmo de roupa nova. - I really need new clothes.

1203. Roupa interior

∝ Esqueci-me de vestir roupa interior! - I forgot to put on underwear!

1204. Saia

∝ Com este vento não posso usar saia. - With this wind, I can't put on a skirt.

1205. Sapatilhas

∝ Eu amo estas sapatilhas! - I love these sneakers!

1206. Sapatos

∝ Onde compraste os teus sapatos? - Where did you buy your shoes?

1207. Soutien

∝ Este soutien é perfeito. - This bra is perfect.

1208. Vestido

∝ Eu tenho que comprar aquele vestido! - I have to buy that dress!

Colors

The following include the most common colors, which is always useful to know, even though several of them are not the most daily used words.

1209. Amarelo
∝ O sol é amarelo. – The sun is yellow.

1210. Azul
∝ Os meus olhos são azuis. – My eyes are blue.

1211. Branco
∝ Eu quero ter um gato branco. – I want to have a white cat.

1212. Castanho
∝ Não gosto nada de castanho! – I really don't like brown!

1213. Cinzento
∝ O céu está cinzento. – The sky is gray.

1214. Cor
∝ Qual é a tua cor favorita? – What is your favorite color?

1215. Cor-de-laranja

∝ Uma laranja é cor-de-laranja. - An orange is colored orange.

1216. Cor-de-rosa

∝ Ela é a que está a usar uma saia cor-de-rosa. - She is the one wearing a pink skirt.

1217. Preto

∝ À noite, o céu é preto. - At night, the sky is black.

1218. Roxo

∝ Eu odeio roxo! - I hate purple!

1219. Verde

∝ Pintei o meu cabelo de verde. - I painted my hair green.

1220. Vermelho

∝ O sangue é vermelho. - Blood is red.

Relationships

Here is a list relating to family connections.

1221. Afilhado
∝ Eu tenho um afilhado. - I have a godson.

1222. Amigo
∝ Nós somos só amigos. - We are just friends.

1223. Avó
∝ Vou jantar a casa da minha avó. - I'm going to dinner at my grandmother's.

1224. Avô
∝ Eu gosto muito do meu avô. - I really like my grandfather.

1225. Cunhado
∝ Este é o cunhado dela. - This is her brother-in-law.

1226. Esposa
∝ Aquela é a esposa dele. - That is her wife.

1227. Família
∝ Vou passar o fim-de-semana com a minha família. - I'm going to spend the weekend with my family.

1228. Filho

∝ Ninguém tem um filho favorito. - Nobody has a favorite son.

1229. Genro

∝ Não gosto do meu genro. - I don't like my son-in-law.

1230. Irmã

∝ Eu quero mesmo uma irmã! - I really want a sister!

1231. Irmão

∝ És o meu irmão favorito. - You are my favorite brother.

1232. Mãe

∝ Ela é como uma mãe para mim. - She is like a mother to me.

1233. Marido

∝ Este é o meu novo marido. - This is my new husband.

1234. Namorado

∝ Acabei com o meu namorado. - I ended things with my boyfriend.

1235. Neto

∝ A minha avó quer um neto já! - My grandmother wants a grandson right away!

1236. Noivo

∝ Já conheceste o noivo dela? - Have you met her fiancé?

1237. Nora

∝ Não suporto a minha nora. - I can't stand my daughter-in-law.

1238. Pai

∝ A minha relação com o meu pai é muito boa. - My relationship with my father is really good.

1239. Primo

∝ Não te cases com o teu primo! - Don't marry your cousin!

1240. Sobrinho

∝ Estou ansiosa por ter um sobrinho. - I'm anxious to have a nephew.

1241. Sogro

∝ Eu amo o meu sogro. - I love my father-in-law.

1242. Tio

∝ O meu tio é fantástico. - My uncle is fantastic.

1243. Vizinho

∝ Que sorte em ter-te como vizinho. - How lucky I am to have you as a neighbor.

Nature

What is better than a stroll through Mother Nature? This list will present you with the most frequently used nouns that relate to all things nature.

1244. Abelha

∝ Eu tenho medo de abelhas. - I am scared of bees.

1245. Água

∝ A bebida favorita dela é água. - Her favorite drink is water.

1246. Águia

∝ A águia é o símbolo do Benfica. - The eagle is Benfica's symbol.

1247. Alho

∝ A tua boca cheira a alho. - Your mouth smells of garlic.

1248. Ambiente

∝ Temos que cuidar melhor do ambiente. - We have to take better care of the environment.

1249. Amendoins

∝ Tenho alergia a amendoins. - I'm allergic to peanuts.

1250. Ananás

∝ Eu gosto de ananás na pizza. - I like pineapple on my pizza.

1251. Anchova

∝ Tu queres anchovas na tua pizza? - You want anchovies in your pizza?

1252. Animais

∝ Eu vou ao zoo ver os animais. - I go to the zoo to see the animals.

1253. Ar

∝ Não gosto da qualidade deste ar. - I don't like the quality of this air.

1254. Aranha

∝ Eu tenho medo de aranhas. - I am scared of spiders.

1255. Arbusto

∝ O que está atrás daquele arbusto? - What is behind that bush?

1256. Arco-íris

∝ Adoro o arco-íris. - I love the rainbow.

1257. Árvore

∝ Ele subiu à árvore. - He went up the tree.

1258. Asa

∝ O pássaro magoou a asa. - The bird hurt his wing.

1259. Atum

∝ Vou comer uma lata de atum. - I will eat a can of tuna.

1260. Ave

∝ Não gosto de hamburguer de ave. - I don't like poultry hamburger.

1261. Aveia

∝ O pequeno-almoço é papas de aveia. - The breakfast is oats.

1262. Azedo

∝ Isto está um pouco azedo. - This is a bit sour.

1263. Azeite

∝ Põe mais azeite! - Put in more olive oil!

1264. Azeitonas

∝ Gostas de azeitonas? - Do you like olives?

1265. Bacalhau

∝ O cacalhau é muito usado em Portugal. - Codfish is used a lot in Portugal.

1266. Banana

∝ A minha fruta favorita é a banana. - My favorite fruit is banana.

1267. Batata doce

∝ Batata doce é muito saudável. - Sweet potato is very healthy.

1268. Bicho

∝ Tinha um bicho na minha cereja. - I had a bug in my cherry.

1269. Borboleta

∝ Que linda borboleta! - What a beautiful butterfly!

1270. Brisa

∝ A brisa é muito agradável. - The breeze is very pleasant.

1271. Cabra

∝ Vi uma cabra na estrada. - I saw a goat on the road.

1272. Cacto

∝ Não toques no cacto! - Don't touch the cactus!

1273. Café

∝ Os Portugueses bebem muito café. - The Portuguese drink a lot of coffee.

1274. Calor

∝ Já tenho saudades do calor. - I already miss the hot weather.

1275. Campo

∝ Ela adora viver no campo. - She loves living in the countryside.

1276. Canela

∝ Não gosto de nada com canela. - I don't like anything with cinnamon.

1277. Cão

∝ Qual é o nome do teu cão? - What is the name of your dog?

1278. Caranguejo

∝ O caranguejo anda de lado. - The crab walks sideways.

1279. Carapau

∝ O carapau é maior que a sardinha. - The horse mackerel is bigger than the sardine.

1280. Carne

∝ Eu não como carne. - I don't eat meat.

1281. Carvalho

∝ Vou encher o meu jardim de carvalhos. - I'm going to fill my garden with oak trees.

1282. Cascavel

∝ Olha ali uma cascavel! - Look, there's a rattlesnake over there!

1283. Castanheiro

∝ Que castanheiro tão bonito. - What a beautiful chestnut tree.

1284. Cauda

∝ Aquele cão não tem cauda. - That dog doesn't have a tail.

1285. Cavalo

∝ Gostava de aprender a andar de cavalo. - I would like to learn how to ride a horse.

1286. Cavalo-marinho

∝ Os cavalos-marinhos são tão fofos! - Seahorses are so cute!

1287. Cebola

∝ A cebola faz-me chorar. - Onion makes me cry.

1288. Cereais

∝ De manhã, como cereais. - In the morning, I eat cereals.

1289. Cereja

∝ Estas cerejas não são muito doces. - These cherries aren't very sweet.

1290. Cerejeira

∝ Vou plantar uma cerejeira. - I'm going to plant a cherry tree.

1291. Cerveja

∝ A cerveja incha-me a bexiga. - Beer inflates my bladder.

1292. Céu

∝ A minha avó de certeza que está no céu. - My grandmother surely is in Heaven.

1293. Cevada

∝ A cevada tem gluten. - Barley has gluten.

1294. Chá

∝ Que tipo de chá gostas? - What kind of tea do you like?

1295. Chocolate

∝ Não confies em quem não gosta de chocolate. - Don't trust those who don't like chocolate.

1296. Chuva

∝ A chuva faz com que eu queira ficar em casa. - Rain makes me want to stay at home.

1297. Clima

∝ O clima no deserto é árido. - The climate in the desert is arid.

1298. Cobra

∝ Vi uma cobra a rastejar. - I saw a snake slithering.

1299. Coco

∝ Se for ao Brasil, come um coco! - If you go to Brazil, eat a coconut.

1300. Coelho

∝ Eu não gosto de comer coelho. - I don't like eating rabbit.

1301. Cogumelo

∝ Vou fazer cogumelos recheados. - I'm going to make stuffed mushrooms.

1302. Comida

∝ Não se deve desperdiçar comida. - Food shouldn't be wasted.

1303. Compota

∝ Vou comer pão com compota. - I'm going to eat bread with jam.

1304. Continente

∝ Quantos continentes há no mundo? - How many continents are there in the world?

1305. Cordeiro

∝ Que cordeiro tão fofo. - What a cute lamb.

1306. Coruja

∝ Adorava ter uma coruja de estimação. - I would love to have a pet owl.

1307. Corvo

∝ Os corvos são muito inteligentes. - Crows are very intelligent.

1308. Costa

∝ Vou passar férias à costa algarvia. - I'm going to spend my vacation on the Algarve coast.

1309. Crepe

∝ Apetecia-me um crepe com chocolate. - I feel like having a crepe with chocolate.

1310. Doce

∝ Este croissant é muito doce. - This croissant is very sweet.

1311. Dourada

∝ Dourada é o melhor peixe que há. - Sea bream is the best fish there is.

1312. Dragão

∝ Aquele pássaro parece um dragão. - That bird looks like a dragon.

1313. Elefante

∝ Tenho memória de elefante. - I have the memory of an elephant.

1314. Erva

∝ Gosto de me sentar na erva. - I like to sit on the grass.

1315. Espinhas

∝ Tenho que tirar as espinhas ao peixe. - I have to take the bones out of the fish.

1316. Estrela

∝ És a minha estrela. - You are my star.

1317. Fiambre

∝ Quero pão com fiambre, por favor. - I want bread with ham, please.

1318. Figueira

∝ Que linda figueira. - What a beautiful fig tree.

1319. Flor

∝ Ele ofereceu-me uma flor. - He gave me a flower.

1320. Florescer

∝ Na Primavera, as plantas florescem. - In Spring, plants flourish.

1321. Floresta

∝ Tens medo de andar pela floresta? - You're afraid of walking in the forest?

1322. Fogo

∝ Cuidado com o fogo. - Be careful with fire.

1323. Fogueira

∝ Vamos acender uma fogueira. - Let's light up a bonfire.

1324. Folha

∝ As folhas estão a cair das árvores. - The leaves are falling from the trees.

1325. Formiga

∝ Pisei uma formiga. - I stepped on an ant.

1326. Fruta

∝ Eu gosto de toda a fruta. - I like all the fruit.

1327. Fruto

∝ Esta árvore já está a dar fruto. - This tree is already flourishing.

1328. Frutos Secos

∝ Frutos secos são muito saudáveis. - Nuts/dried fruits are very healthy.

1329. Frutos vermelhos

∝ Eu como o iogurte com frutos vermelhos. - I eat my yoghurt with red berries.

1330. Gado

∝ Nunca tinha visto gado. - I had never seen cattle.

1331. Galho

∝ Parti um galho. - I broke a twig.

1332. Galinha

∝ Tenho duas galinhas. - I have two chickens.

1333. Galo

∝ O galo canta muito alto. - The rooster sings very loudly.

1334. Garra

∝ Que grandes garras! - Such big claws!

1335. Gato

∝ Ele quer adoptar um gato. - He wants to adopt a cat.

1336. Gelado

∝ O tempo está gelado. - The weather is freezing.

1337. Girafa

∝ Ela é alta como uma girafa. - She is tall like a giraffe.

1338. Hipópotamo

∝ Nunca tinha visto um hipópotamo ao vivo. - I had never seen a hippopotamus in real life.

1339. Ilha

∝ O meu sonho é comprar uma ilha. - My dream is to build an island.

1340. Insecto

∝ Ele tem muito medo de insectos. - He is really afraid of insects/bugs.

1341. Inverno

∝ No Inverno está muito frio. - In the winter, it is very cold.

1342. Jardim

∝ Ela comprou uma casa com jardim. - She bought a house with a garden.

1343. Laranja

∝ Não se deve comer laranja à noite. - We shouldn't eat orange at night.

1344. Leão

∝ O leão é o rei da selva. - The lion is the king of the jungle.

1345. Leite

∝ Bebo leite todas as manhãs. - I drink milk every morning.

1346. Leopardo

∝ Os leopardos são tão elegantes. - Leopards are so elegant.

1347. Leste

∝ O sol nasce a leste. - The sun rises in the east.

1348. Lima

∝ Prefiro lima ao limão. - I prefer lime over lemon.

1349. Limão

∝ Já puseste limão na salada? - Have you already put lemon on the salad?

1350. Limonada

∝ No Verão, uma limonada fresca é o melhor. - In the summer, a fresh lemonade is the best.

1351. Lobo

∝ Nunca vi um lobo. Acreditas? - I never saw a wolf. Do you believe it?

1352. Lua

∝ Hoje está lua cheia. - Today is a full moon.

1353. Luar

∝ Vamos dar um passeio ao luar. - Let's take a walk in the moonlight.

1354. Maçã

∝ Gostas mais de maçã verde ou vermelha? - Which one do you like more, green or red apple?

1355. Macaco

∝ Olha um macaco em cima da árvore. - Look at the monkey on top of the tree.

1356. Macieira

∝ Que linda macieira! - Such a beautiful apple tree!

1357. Manteiga

∝ A manteiga não é muito saudável. - Butter is not very healthy.

1358. Manteiga de Amendoim

∝ Adoro manteiga de amendoim! - I love peanut butter!

1359. Mar

∝ Não era capaz de viver numa cidade sem mar. - I wouldn't be able to live in a city without the sea.

1360. Marisco

∝ Sou alérgico ao marisco. - I'm allergic to shellfish.

1361. Milho

∝ As panquecas são de farinha de milho. - The pancakes are made with corn flour.

1362. Mina

∝ O meu pai trabalha numa mina. - My father works at a mine.

1363. Montanha

∝ Um dia hei-de ter uma casa na montanha. - One day, I will have a mountain house.

1364. Monte

∝ O rio é depois do monte. - The river is after the hill.

1365. Morango

∝ Esta é a época dos morangos. - This is the strawberries season.

1366. Mosca

∝ Que mosca tão chata! - Such an annoying fly!

1367. Mosquitos

∝ Os mosquitos não me deixam dormir. - The mosquitoes don't let me sleep.

1368. Musgo

∝ Eu escorreguei no musgo. - I slipped in the moss.

1369. Natureza

∝ Ele fugiu da cidade e foi viver para a natureza. – He left the city and went to live in the nature.

1370. Neve

∝ Aqui no Sul, nunca vemos a neve. – Here in the south, we never see the snow.

1371. Nevoeiro

∝ Londres é uma cidade com muito nevoeiro. – London is a city with a lot of fog.

1372. Nordeste

∝ Caminha para Nordeste. – Walk toward northeast.

1373. Norte

∝ Lisboa fica a norte do Barreiro. – Lisbon is to the north of Barreiro.

1374. Nuvem

∝ Hoje, felizmente, não se vê nem uma nuvem. – Today, luckily, we can't see even one cloud.

1375. Oeste

∝ O vento está a soprar para oeste. – The wind is blowing to the west.

1376. Oliveira

∝ As azeitonas vêm da oliveira. – Olives come from the olive tree.

1377. Onda

∝ Que onda tão grande! – What a big wave!

1378. Outono

∝ A minha estação do ano favorita é o Outono. – My favorite season is autumn/fall.

1379. Ovelha

∝ As ovelhas são tão fofas. – Sheep are so cute.

1380. Ovo

∝ Eu não quero ovo na minha salada. – I don't want egg in my salad.

1381. Padaria

∝ Qual é a padaria mais próxima? – What is the nearest bakery?

1382. Palmeira

∝ Quero uma palmeira na minha casa. – I want a palm tree in my house.

1383. Pão

∝ O pão deixa-me inchada. – Bread makes me bloated.

1384. Panqueca

∝ Quero panquecas ao pequeno-almoço. – I want pancakes for breakfast.

1385. Papagaio

∝ Ela tem a voz de um papagaio. – She has the voice of a parrot.

1386. Pássaro

∝ Quem me dera voar como um pássaro. – I wish I could fly as a bird.

1387. Pata

∝ O meu hamster está magoado na pata direita da frente. – My hamster is hurt on the right front paw.

1388. Pato

∝ As pessoas na China comem pato? – Do people eat duck in China?

1389. Pau

∝ Adoro brincar com o meu cão a atirar o pau. - I love playing with my dog by throwing a stick.

1390. Pé

∝ Torci o pé. - I twisted my foot.

1391. Pedra

∝ Quem nunca pecou que atire a primeira pedra. - Let he who is without sin cast the first stone.

1392. Peixe

∝ Eu não gosto muito de peixe. - I don't like fish very much.

1393. Pêlo

∝ Os ursos têm muito pêlo. - Bears have a lot of hair.

1394. Pêra

∝ A minha fruta favorita é a pêra. - My favorite fruit is pear.

1395. Pereira

∝ É por isso que vou plantar uma pereira. - That's why I'm going to plant a pear tree.

1396. Perú

∝ Só como fiambre de perú. - I only eat turkey ham slices.

1397. Pescada

∝ Não consigo comer pescada, é horrível! - I can't eat hake, it's horrible!

1398. Pessegueiro

∝ Há um pessegueiro numa ilha. - There is a peach tree on an island.

1399. Pétala

∝ O narciso tem pétalas lindas. - The daffodil has beautiful petals.

1400. Picante

∝ Não consigo lidar com comida picante. - I can't deal with spicy food.

1401. Pinheiros

∝ As pinhas vêm dos pinheiros. - Pine cones come from pine trees.

1402. Pinheiral

∝ O pinheiral é composto por pinheiros. - A pine grove is made of pine trees.

1403. Planeta

∝ Este é o único planeta que temos. - This is the only planet we have.

1404. Planta

∝ Não conheço esta planta. - I don't know this plant.

1405. Pólen

∝ Tenho alergia ao pólen. - I'm allergic to pollen.

1406. Pombo

∝ Está um pombo dentro de casa. - There is a pigeon inside the house.

1407. Porco

∝ Muçulmanos não comem porco. - Muslims don't eat pork.

1408. Praia

∝ Tenho saudades da praia. - I miss the beach.

1409. Primavera

∝ Já começou a Primavera. - Spring has already started.

1410. Queijo

∝ Deixei de comer queijo. - I stopped eating cheese.

1411. Raio

∝ Caiu um raio no nosso telhado. - Lightning hit our rooftop.

1412. Raiz

∝ Esta árvore tem uma raiz muito forte. - This tree has a really strong root.

1413. Ramo

∝ O ramo partiu-se. - The branch snapped.

1414. Raposa

∝ As raposas são nocturnas. - Foxes are nocturnal.

1415. Ratazana

∝ As ratazanas são nojentas. - Rats are gross.

1416. Rato [75]

∝ Vi um rato na cozinha. - I saw a rat in the kitchen.

---

75 A "rato" is a smaller rat than a "ratazana."

1417. Região

∝ Que comida é típica nesta região? - What food is typical of this region?

1418. Relva

∝ Quero um quintal com relva. - I want a backyard with grass.

1419. Rio

∝ Vou nadar no rio. - I'm going to swim in the river.

1420. Robalo

∝ Adoro robalo! - I love sea bass!

1421. Rocha

∝ O que está debaixo da rocha? - What is under the rock?

1422. Rosa

∝ Oferecer uma rosa é muito romântico. - Giving a rose is very romantic.

1423. Sal

∝ Eu não ponho sal nos meus cozinhados. - I don't use salt when I cook.

1424. Salmão

∝ O salmão é muito rico em ómega-3. - Salmon is very rich in Omega-3.

1425. Salsicha

∝ Claro que o cachorro quente leva salsicha. - It's obvious that there is a sausage in a hotdog.

1426. Sapo

∝ Tens medo de tocar num sapo? - You're afraid of touching a frog?

1427. Sardinha

∝ Não gosto de comer sardinhas. - I don't like eating sardines.

1428. Serpente

∝ As serpentes assustam-me. - Serpents scare me.

1429. Sidra

∝ Eu simplesmente amo sidra. - I simply love cider.

1430. Sobremesa

∝ A melhor parte da refeição é a sobremesa. - The best part of the meal is the dessert.

1431. Sol

∝ O sol está muito quente! - The sun is very hot!

1432. Solo

∝ Os tomates crescem no solo. - Tomatoes grow in the ground.

1433. Sombra

∝ Com o calor que está, tenho que ficar à sombra. - With this heat, I have to stay in the shade.

1434. Temperatura

∝ A temperature está muito baixa. - The temperature is really low.

1435. Tempestade

∝ O meu cão fica assustado com tempestades. - My dog gets scared with storms.

1436. Terra

∝ Tenho os pés na terra. - I have my feet on the ground.

1437. Terreno

∝ Este é um terreno acidentado. - This is a bumpy terrain.

1438. Tigre

∝ Porque é que tens medo de tigres? - Why are you afraid of tigers?

1439. Touro

∝ O touro não gosta de vermelho. - The bull doesn't like red.

1440. Trigo

∝ Pessoas com doença celíaca não podem comer trigo. - People with celiac disease cannot eat wheat.

1441. Tronco

∝ Nunca vi um tronco de árvore tão grande. - I have never seen a tree trunk so large.

1442. Trovões

∝ O meu cão tem medo de trovões. - My dog is afraid of thunder.

1443. Truta

∝ A truta faz bem ao cérebro. - Trout is good for the brain.

1444. Tubarão

∝ O tubarão branco é um animal grande! - The white shark is a big animal!

1445. Urso

∝ Posso ter um urso como animal de estimação? - Can I have a pet bear?

1446. Uva

∞ As uvas têm muita água. - Grapes have a lot of water.

1447. Vaca

∞ Temos de agradecer às vacas pelo leite que nos dão. - We have to thank cows for the milk they give us.

1448. Veado

∞ Adoro a forma de correr do veado. - I love the way the deer run.

1449. Vegetais

∞ Porque é que tenho de comer os vegetais? - Why do I have to eat vegetables?

1450. Vento

∞ Está muito vento. - It is very windy.

1451. Verão

∞ Adoro o verão. - I love summer.

1452. Vespa

∞ A vespa é mais perigosa que a abelha. - A wasp is more dangerous than a bee.

1453. Vinagre

∞ Salada sem vinagre, por favor. - Salad with no vinegar, please.

1454. Vinho

∞ Prefiro vinho tinto. - I prefer red wine.

Numbers

This list includes every relevant number, even if it is not mentioned regularly. All numbers are equally important!

1455. Números

∝ Agora vamos estudar os números. - Now we are going to study the numbers.

1456. Um

∝ Vamos começar pelo número um. - We are going to start with number one.

1457. Dois

∝ Eu tenho dois namorados. - I have two boyfriends.

1458. Três

∝ Queres três copos? - Do you want three glasses?

1459. Quatro

∝ Ele tem quatro filhos. - He has four sons.

1460. Cinco

∝ Cinco é o meu número favorito. - Five is my favorite number.

1461. Seis

∝ Odeio o número seis. - I hate number six.

1462. Sete

∝ Vou ver os sete anões. - I'm going to see the seven dwarfs.

1463. Oito

∝ Oito é o meu número da sorte. - Eight is my lucky number.

1464. Nove

∝ A carrinha tem nove lugares. - The van has nine seats.

1465. Dez

∝ Ele joga com a camisola número 10. - He plays with the number 10 on his shirt.

1466. Onze

∝ Uma equipa de futebol tem onze jogadores. - A soccer team has eleven players.

1467. Doze

∝ Seis vezes dois é doze. - Six times two equals twelve.

1468. Treze

∝ Treze é o número do azar. - Thirteen is the bad luck number.

1469. Catorze

∝ Somos catorze à mesa. - We are fourteen at the table.

1470. Quinze

∝ Eu quero comprar quinze bilhetes, por favor. - I want to buy fifteen tickets, please.

1471. Dezasseis

∝ Dezasseis é demasiada gente. - Sixteen is too many people.

1472. Dezassete

∝ O meu avô tem dezassete netos. - My grandfather has seventeen grandchildren.

1473. Dezoito

∝ Finalmente, vou fazer dezoito anos. - I'm finally turning eighteen years old.

1474. Dezanove

∝ A minha irmã tem dezanove anos. - My sister is nineteen years old.

1475. Vinte

∝ Estão vinte pessoas na festa. - There are twenty people at the party.

1476. Trinta

∝ Eu não consigo pagar um jantar a trinta pessoas. - I can't buy dinner for thirty people.

1477. Quarenta

∝ Tenho que ficar em casa quarenta dias. - I have to stay at home for forty days.

1478. Cinquenta

∝ Comprei cinquenta latas de atum. - I bought fifty cans of tuna.

1479. Sessenta

∝ O meu pai tem sessenta anos. – My dad is sixty years old.

1480. Setenta

∝ Eu adoro a música dos anos setenta. – I love the music from the seventies.

1481. Oitenta

∝ A moda dos anos oitenta era muio feia. – Fashion in the eighties was really ugly.

1482. Noventa

∝ Ter noventa é ser muito velho. – Being ninety is being really old.

1483. Cem

∝ Eu corro os cem metros. – I run the hundred-meter dash.

1484. Duzentos

∝ Encontrei duzentos euros na rua! – I found two hundred euros on the street!

1485. Trezentos

∝ Estão trezentos camarões naquele lago. – There are three hundred shrimps in that lake.

1486. Quatrocentos

∝ Encomendei quatrocentos quilos de arroz! – I ordered four hundred kilos of rice.

1487. Quinhentos

∝ Ganhei quinhentos euros na lotaria. – I won five hundred euros in the lottery.

1488. Seiscentos

∝ O salário mínimo é seiscentos euros. - The minimal wage is six hundred euros.

1489. Setecentos

∝ Ela tem uma colecção de setecentos insectos. - She has a collection of seven hundred insects.

1490. Oitocentos

∝ Eu gostava de viver até aos oitocentos. - I would like to live until I was eight hundred.

1491. Novecentos

∝ Novecentos é um número grande. - Nine hundred is a big number.

1492. Mil

∝ Tenho mil convidados para o meu casamento. - I have a thousand guests for my wedding.

1493. Um milhão

∝ Um milhão de pessoas foram ao concerto. - A million people went to the concert.

1494. Um bilião

∝ Eu sonho em ter um bilião de dólares. - I dream of having a trillion dollars.

Adjectives

Now, adjectives! Adjectives function as an attribute, characterizing the noun. The following list contains the most frequently used adjectives in the Portuguese language.

1495. Activo

∝ Ele é um homem muito activo. - He is a very active man.

1496. Actual

∝ Este livro é muito actual. - This book is very current.

1497. Administrativo

∝ Nunca gostei de trabalho administrativo. - I never liked administrative work.

1498. Adulto

∝ Estou mortinho por ser um adulto. - I'm dying to be an adult.

1499. Alemão

∝ Ele é Alemão. - He is German.

1500. Alto

∝ Que edifício tão alto! - What a tall building!

1501. Alvo

∝ Ele é muito alvo. - He is really white.

1502. Ambiental

∝ A questão ambiental é muito importante. - The environmental question is very important.

1503. Americano

∝ Eu gosto de filmes americanos. - I like American movies.

1504. Anterior

∝ Ela foi lá no dia anterior. - She went there the day before.

1505. Antigo

∝ Ele comprou um carro muito antigo! - He bought a really old car.

1506. Anual

∝ Esta é a corrida anual. - This is the annual race.

1507. Baixo

∝ Por favor, fala mais baixo. - Please, talk lower.

1508. Bem

∝ A comida soube-me bem. - The food tasted very well.

1509. Boa

∝ A comida estava boa. - The food was good.

1510. Bom

∝ Este bife é muito bom! − This steak is very good.

1511. Brasileiro

∝ Sabe onde podemos encontrar um restaurante Brasileiro? − Do you know where we can find a Brazilian restaurant?

1512. Britânico

∝ O meu pai é Britânico. − My father is British.

1513. Capaz

∝ Não sei se sou capaz. − I don't know if I'm capable.

1514. Celular

∝ O cientista está a estudar a estrutura celular. − The scientist is studying the cellular structure.

1515. Central

∝ À tarde vou ao café central. − In the afternoon, I'll go to the central coffee shop.

1516. Certo

∝ Ele é o homem certo. − He is the right man.

1517. Chamado

∝ Eu tenho um gato chamado Bigode. − I have cat named Mustache.

1518. Chinês

∝ O meu telemóvel é Chinês. − My phone is Chinese.

1519. Civil

∝ Quero ter uma conversa de maneira civil. − I want to have a conversation in a civil manner.

1520. Claro

∝ O meu tom de pele é muito claro. - My tone of skin is very light.

1521. Criminal

∝ Estou a estudar o sistema criminal. - I'm studying the criminal system.

1522. Criminoso

∝ Ele é um criminoso. - He is a criminal.

1523. Colectiva

∝ A nossa equipa joga de forma colectiva. - Our team plays in a collective way.

1524. Comercial

∝ As músicas do novo álbum são demasiado comerciais. - The songs from the new album are too commercial.

1525. Completo

∝ O livro está bastante completo. - The book is quite complete.

1526. Comum

∝ O bacalhau é muito comum em Portugal. - Codfish is very common in Portugal.

1527. Contrário

∝ Nós vivemos do lado contrário. - We live on the opposite side.

1528. Cultural

∝ Este é um problema cultural. - This is a cultural problem.

1529. Curto

∝ Aquele camião é mais curto. - That truck is shorter.

1530. Dado

∝ O meu filho é muito dado. - My son is very friendly.

1531. Devido

∝ Eu só paguei o que era devido. - I only paid what was owed.

1532. Desfavorável

∝ A opinião é desfavorável. - The opinion is unfavorable.

1533. Diferente

∝ Eu e tu somos muitos diferentes um do outro. - You and I are very different from each other.

1534. Difícil

∝ Este jogo é super difícil! - This game is super hard!

1535. Digital

∝ Vivemos na era digital. - We live in the digital age.

1536. Directo

∝ Este caminho é mais directo. - This path is more direct.

1537. Direito

∝ Ela fez tudo direito. - She did everything right.

1538. Disponível

∝ Ela sempre se mostrou disponível. - She always showed availability.

1539. Diverso

∝ Desta vez, vou escolher uma estratégia diversa. - This time, I will choose a diverse strategy.

1540. Doente

∝ Estou doente. - I'm sick.

1541. Doméstica

∝ A minha mãe sempre foi muito doméstica. - My mother has always been very domestic.

1542. Económico

∝ Eu não confio no sistema económico. - I don't trust in the economic system.

1543. Efeminado

∝ Ele é um homem um pouco efeminado. - He is a bit of an effeminate man.

1544. Eficaz

∝ O meu plano foi eficaz. - My plan was effective.

1545. Eléctrico

∝ Ela levou um choque eléctrico. - She took an electric shock.

1546. Electrónico

∝ Eu desconfio do equipamento electrónico. - I distrust electronic equipment.

1547. Eleitoral

∝ O sistema eleitoral está corrompido. - The electoral system is corrupted.

1548. Enjoado

∝ Estou-me a sentir um pouco enjoado. - I'm felling a bit nauseous.

1549. Enorme

∝ A Rússia é enorme. - Russia is huge.

1550. Escolar

∝ Isso é durante o ano escolar. - That is during the school year.

1551. Espanhol

∝ O vinho Espanhol é muito bom. - The Spanish wine is very good.

1552. Especial

∝ Conheci alguém especial. - I met somebody special.

1553. Essencial

∝ A água é absolutamente essencial. - Water is absolutely essential.

1554. Estadual

∝ As leis são feitas a nível estadual. - The laws are made at a state level.

1555. Europeu

∝ Quem é Espanhol, é Europeu! - Who is Spanish, is European.

1556. Eventual

∝ Quais são os eventuais efeitos? - What are the possible effects?

1557. Excelente

∝ Isto está excelente! - This is excellent!

1558. Exclusivo

∝ Eu e ela somos exclusivos agora. - She and I are exclusive now.

1559. Fácil

∝ O teste foi demasiado fácil. - The test was too easy.

1560. Familiar

∝ Esta canção é familiar! - This song is familiar!

1561. Favorável

∝ O horário é favorável para mim. - The schedule is favorable to me.

1562. Federal

∝ A Europa caminha para um sistema federal. - Europe walks toward a federal system.

1563. Feliz

∝ Sinto-me muito feliz! - I feel very happy!

1564. Ferido

∝ Ontem vi um cão ferido. - Yesterday, I saw a wounded dog.

1565. Feminino

∝ Esse é um vestido muito feminino. - That is a very feminine dress.

1566. Final

∝ Esta é a canção final do concerto. - This is the final song of the concert.

1567. Financeiro

∝ O mercado financeiro funciona por si mesmo. - The financial market functions by itself.

1568. Fiscal

∝ Direito fiscal é aborrecido. - Fiscal law is boring.

1569. Física

∝ O desporto é uma actividade física. - Sports are a physical activity.

1570. Forte

∝ Como consegues ser tão forte? - How can you be so strong?

1571. Francês

∝ Já provaste pão Francês? - Have you tried French bread?

1572. Frequente

∝ É frequente chover nesta cidade. - It is frequent to rain in this city.

1573. Fundamental

∝ Ler assiduamente é fundamental. - To read assiduously is fundamental.

1574. Grátis

∝ A água é grátis. - The water is free.

1575. Gratuito

∝ A entrada é gratuita. - Entrance is free.

1576. Geral

∝ Este é um problema geral. - This is a general problem.

1577. Global

∝ O Inglês é o idioma global. - English is the global idiom.

1578. Grande

∝ A minha cama é grande. - My bed is big.

1579. Grave

∝ O que se passou foi muito grave. - What happened was very serious.

1580. Histórico

∝ Aquele foi um evento histórico. - That was a historic event.

1581. Humanitário

∝ Trabalho numa associação humanitária. - I work in a humanitarian association/organization.

1582. Humano

∝ O meu treinador é uma pessoa muito humana. - My coach is a very humane person.

1583. Idoso

∝ Ajudei um idoso a atravessar a rua. - I helped an elderly man crossing the street.

1584. Igual

∝ Eu sou igual a ti. - I am just like you.

1585. Ilegal

∝ Tudo o que tu fizeste é ilegal. - Everything you did is illegal.

1586. Imóvel

∝ A pedra é tão pesada que é imóvel. – The rock is so heavy that it is immovable.

1587. Importante

∝ Ser mãe é muito importante para mim. – Being a mother is very important to me.

1588. Impossível

∝ Isso é impossível. – That is impossible.

1589. Impróprio

∝ Ele fez um comentário um pouco impróprio. – He made quite an improper comment.

1590. Incapaz

∝ Ela é incapaz de ser rude. – She is incapable of being rude.

1591. Independente

∝ A minha cadela é independente. – My dog is independent.

1592. Indiano

∝ Gostas de comida Indiana? – Do you like Indian food?

1593. Individual

∝ Eu tenho um armário individual. – I have an individual locker.

1594. Inicial

∝ Esta é a minha proposta inicial. – This is my initial proposal.

1595. Infantil

∝ Que mulher tão infantil. - What a childish woman.

1596. Inferior

∝ Este produto é de qualidade inferior. - This product is of inferior quality.

1597. Inglês

∝ Adoro o pequeno-almoço Inglês. - I love English breakfast.

1598. Integrante

∝ Esta é uma parte integrante do carro. - This is an integral part of the car.

1599. Insuficiente

∝ Os dados são insuficientes. - The data is insufficient.

1600. Integral

∝ Eu recebi uma bolsa de estudos integral. - I was awarded a full scholarship.

1601. Interessante

∝ Este jornal é muito interessante. - This newspaper is very interesting.

1602. Internacional

∝ O currículo é bastante internacional. - The curriculum is pretty international.

1603. Interno

∝ Qual é o processo interno da empresa? - What is the internal process of the company?

1604. Italiano

∝ A minha família é Italiana. - My family is Italian.

1605. Jovem

∝ O meu namorado é muito jovem. - My boyfriend is pretty young.

1606. Judicial

∝ Há que confiar no sistema judicial. - We have to trust the judicial system.

1607. Junto

∝ Eu estava junto dele. - I was with him.

1608. Lateral

∝ A bola saiu pela linha lateral. - The ball went out the sideline.

1609. Legal

∝ A sua conduta foi legal. - His actions were legal.

1610. Legislativo

∝ As coisas têm que seguir o processo legislativo. - Things have to follow the legislative process.

1611. Leve

∝ A mochila está muito leve. - My backpack is very light.

1612. Lícito

∝ Esse comportamento não é lícito. - That behavior isn't lawful/licit.

1613. Livre

∝ Todo o homem tem que ser livre. - Every man has to be free.

1614. Local

∝ Este é um estabelecimento local. - This is a local establishment.

1615. Longo

∝ O ano passado pareceu muito longo. - Last year seemed very long.

1616. Maior

∝ A minha barriga está maior. - My belly is bigger.

1617. Manifestante

∝ A rua estava cheia de manifestantes. - The street was full of protestors.

1618. Masculino

∝ Ela tem um estilo muito masculino. - She has a very masculine style.

1619. Máxima

∝ Montanhas-russas são a diversão máxima. - Rollercoasters are the utmost fun.

1620. Médico

∝ Onde é o departamento medico? - Where is the medical department?

1621. Médio

∝ O número médio de candidatos subiu. - The average number of candidates has risen.

1622. Meio

∝ Eu só quero meio queque, obrigada. - I only want half a muffin, thank you.

1623. Melhor

∝ Quem é melhor do que eu? - Who is better than me?

1624. Menor

∝ Este é o quarto menor. - This is the smaller room.

1625. Militar

∝ Eu vivo numa instituição de cariz militar. - I live in an institution of military nature.

1626. Mínimo

∝ Qual é o mínimo de alunos? - What is the minimum of students?

1627. Morto

∝ O romance está morto. - Romance is dead.

1628. Mundial

∝ Este é um evento mundial! - This is a worldly event.

1629. Municipal

∝ Essa questão tem de ser tratado a nível municipal. - That issue has to be taken care of at a municipal level.

1630. Musical

∝ Ela tem uma voz muito musical. - She has a very musical voice.

1631. Nacional

∝ Uma pandemia não é um problema apenas nacional. - A pandemic isn't just a national problem.

1632. Natural

∝ O teu sorriso é muito natural. - Your smile is really natural.

1633. Necessário

∝ Um xarope não é bom, mas é necessário. - A syrup is not good, but it is necessary.

1634. Negativo

∝ O teste deu negativo. - The test came out negative.

1635. Neutro

∝ A minha posição é neutra. - My position is neutral.

1636. Normal

∝ A minha vida é super normal. - My life is super normal.

1637. Norte-americano

∝ Eu tenho um sobrinho que é Norte-americano. - I have a nephew that is North American.

1638. Novo

∝ Tenho um novo baralho de cartas. - I have a new deck of cards.

1639. Oficial

∝ Francês é a língua oficial da escola. - French is the official language of the school.

1640. Original

∝ Que ideia tão original! - What an original idea!

1641. Parlamentar

∝ Temos um sistema parlamentar. - We have a parliamentary system.

1642. Passado

∝ Eu fui visitar a Grécia o ano passado. – I went to visit Greece last year.

1643. Pequeno

∝ O meu pé é muito pequeno! – My foot is very small!

1644. Permanente

∝ A mudança foi permanente. – The change was permanent.

1645. Pessoal

∝ Essa é uma questão pessoal. – That is a personal question.

1646. Pior

∝ Óleo de palma é pior que azeite. – Palm oil is worse than olive oil.

1647. Policial

∝ Eu vejo uma série policial. – I see a police series.

1648. Político

∝ Eu não gosto de temas políticos. – I don't like political subjects.

1649. Popular

∝ Ela é muito popular na escola dela. – She is very popular at her school.

1650. Português

∝ Eu quero conhecer alguem Português! – I want to meet somebody who is Portuguese.

1651. Positivo

∝ O resultado foi bastante positivo. - The result was quite positive.

1652. Possível

∝ Tudo é possível. - Everything is possible.

1653. Preciso

∝ A minha mão é muito precisa. - My hand is very precise.

1654. Preparado

∝ Estás preparado? - Are you ready?

1655. Presente

∝ Ele é o tipo de pessoa que está sempre presente. - He is the type of person that is always present.

1656. Preso

∝ O gato está preso num buraco. - The cat is stuck in a hole.

1657. Primeiro

∝ Ele foi o primeiro. - He was the first.

1658. Principal

∝ A principal questão a ser tratada é a nutrição nas escolas. - The main question to be discussed is nutrition in schools.

1659. Privado

∝ O meu filho frequenta um colégio privado. - My son attends a private school.

1660. Profano

∝ A canção é profana! - The song is profane!

1661. Profissional

∝ Eu sou uma jogadora muito profissional. - I am a very professional player.

1662. Profundo

∝ Este é um tema de conversa muito profundo. - This is a conversation subject that is very profound.

1663. Próprio

∝ Eu já tenho casa própria. - I already have my own house.

1664. Pronto

∝ Já estou pronto. - I'm already ready.

1665. Próximo

∝ Qual é o próximo passo? - What is the next step?

1666. Público

∝ A vida de um presidente é muito pública. - The life of a president is very public.

1667. Rápido

∝ Nunca conduzi um carro tão rápido. - I have never driven such a fast car.

1668. Real

∝ O filme parece real. - The movie looks real.

1669. Recente

∝ Qual é a versão mais recente? - What is the most recent version?

1670. Referente

∝ A pergunta é referente ao tema falado ontem. - The question is regarding the subject discussed yesterday.

1671. Regional

∝ Este sempre foi um problema regional. - This was always a regional problem.

1672. Relacionado

∝ O livro não está relacionado com o filme. - The book is not related to the movie.

1673. Responsável

∝ Felizmente, a minha filha é responsável. - Happily, my daughter is responsible.

1674. Restante

∝ Não sei o que fazer com a comida restante. - I don't know what to do with the rest of the food.

1675. Rural

∝ Adoro fazer turismo rural. - I love rural tourism.

1676. Russo

∝ Quero aprender a falar Russo. - I want to learn how to speak Russian.

1677. Sábio

∝ O meu tio sempre foi muito sábio. - My uncle has always been very wise.

1678. Salvo

∝ O elefante foi salvo. - The elephant was saved.

1679. Saudável

∝ Eu não estou nada saudável. - I'm not healthy at all.

1680. Seguinte

∝ Não é esse; é o seguinte. – It isn't that one; it's the next one.

1681. Segundo

∝ Fiquei em segundo lugar. – I came in second place.

1682. Sexual

∝ O conteúdo do filme é sexual. – The content of the movie is sexual.

1683. Simples

∝ Vais perceber; é simples. – You are going to understand; it is simple.

1684. Só

∝ Sinto-me muito só. – I feel very lonely.

1685. Social

∝ Sempre fui uma pessoa social. – I have always been a social person.

1686. Sozinho

∝ Estou em casa sozinha. – I am home alone.

1687. Suficiente

∝ Esta comida é suficiente? – Is this food enough?

1688. Superior

∝ O meu nível de Inglês é superior ao teu. – My level of English is superior to yours.

1689. Técnico

∝ Eu não tenho o conhecimento técnico para resolver esta questão. – I don't have the technical knowledge to solve this issue.

1690. Todo

∝ Eu comi o bolo todo. - I ate the whole cake.

1691. Total

∝ O número total de infectados é grande. - The total number of infected is big.

1692. Tradicional

∝ A minha cozinha é tradicional. - My kitchen is traditional.

1693. Triste

∝ Porque é que me sinto tão triste? - Why do I feel so sad?

1694. Último

∝ Ele foi o último a sair. - He was the last one to leave.

1695. Único

∝ És uma pessoa única! - You are a unique person!

1696. Variado

∝ O menu é variado. - The menu is varied.

1697. Velho

∝ O meu cão já é muito velho. - My dog is already very old.

1698. Venezuelano

∝ Quero experimentar um jantar Venezuelano. - I want to try a Venezuelan dinner.

1699. Verdadeiro

∝ A história é verdadeira. - The story is true.

1700. Vistoso

∝ Ele é um home muito vistoso. – He is a very eye-catching man.

1701. Vivo

∝ Estar vivo é o contrário de estar morto. – Being alive is the opposite of being dead.

Adverbs

Adverbs are words that modify other words, namely verbs, adjectives, and even other adverbs. The following list features the most common ones in Portuguese.

1702. Abaixo

∞ Clique no link abaixo. - Click on the link below.

1703. Absolutamente

∞ Estamos absolutamente extasiados! - We are absolutely ecstatic!

1704. Acerca

∞ Falamos acerca da História Mundial. - We talked about World History.

1705. Acima

∞ Acima de ti está a equipa. - Above you is the team.

1706. Actualmente

∞ Actualmente, isso não acontece. - Currently, that doesn't happen.

1707. Adentro

∝ Eu fui mar adentro, sem hesitar. - I went ahead to the sea, without hesitating.

1708. Afinal

∝ Afinal, já não vamos de férias. - We won't be going on a vacation after all.

1709. Agora

∝ Agora não consigo ir, desculpa. - Now I can't go, sorry.

1710. Aí

∝ Ele está aí. - He is over there.

1711. Ainda

∝ O meu marido ainda não quer filhos. - My husband doesn't want kids yet.

1712. Além

∝ Que animal é aquele além? - What animal is that one over there?

1713. Algures

∝ Eu sei que deixei as chaves aqui algures. - I know I left the keys in here somewhere.

1714. Ali

∝ Ela está naquele café ali. - She is in that café over there.

1715. Aliás

∝ Estou contente. Aliás, não podia estar mais feliz. - I'm happy. Actually, I couldn't be happier.

1716. Altamente

∝ Esse skate é altamente! - That skateboard is incredible!

1717. Amanhã

∝ Amanhã é o meu dia de folga. - Tomorrow is my day off.

1718. Anteriormente

∝ Anteriormente, as coisas faziam-se assim. - Previously, things were done like this.

1719. Antes

∝ Antes de entrares, tira os sapatos. - Before you come in, take off your shoes.

1720. Anualmente

∝ A festa acontece anualmente. - The party happens yearly.

1721. Aparentemente

∝ Aparentemente, foi isso que aconteceu. - Apparently, that is what happened.

1722. Apenas

∝ Apenas quero dizer que te amo. - I only want to say that I love you.

1723. Apesar

∝ Apesar de tudo, gosto muito de estar lá. - Besides everything, I really like being there.

1724. Após

∝ O meu carro está após o teu. - My car is after yours.

1725. Aproximadamente

∝ Aproximadamente cinco minutos depois, começou a chover. - Approximately five minutes later, it started raining.

1726. Aquém

∝ O resultado ficou aquém das expectativas. - The result didn't match the expectations.

1727. Aqui

∝ Estou aqui! - I'm here!

1728. Assim

∝ Tens que fazer assim! - You have to do it like this!

1729. Até

∝ Ele come tudo, até os vegetais. - He eats everything, even the vegetables.

1730. Atrás

∝ As coisas estão lá atrás. - The things are back there.

1731. Através

∝ Através do passar do tempo, vamos aprendendo mais e mais. - Through the passage of time, we learn more and more.

1732. Automaticamente

∝ Quando vejo esse filme, fico automaticamente com sono. - When I see that film, I get sleepy automatically.

1733. Baixo

∝ Podem falar mais baixo, por favor? - Can you speak lower, please?

1734. Bastante

∝ Já comemos bastante. - We already ate a lot.

1735. Bem

∝ Cheira bem, cheira a Lisboa[76]. - It smells good, smells like Lisbon.

1736. Breve

∝ Vemo-nos em breve. - We will see each other soon.

1737. Cedo

∝ Amanhã tenho que me levanter muito cedo. - Tomorrow I have to get up really early.

1738. Cerca

∝ Demoro cerca de quinze minutos. - I will take around fifteen minutes.

1739. Certamente

∝ Certamente não irei faltar ao casamento. - Certainly, I won't miss the wedding.

1740. Claramente

∝ Claramente não estás habituada a trabalhar. - Clearly you are not used to working.

1741. Claro

∝ Por favor, fale claro. - Please, speak clearer.

---

[76] This sentence belongs to a very famous *fado* song. Check it out: https://www.youtube.com/watch?v=He5aaXracUk&ab_channel=Am%C3%A1liaRodrigues-Topic.

1742. Como

∝ Como é que se faz esta sobremesa? – How is this dessert done?

1743. Completamente

∝ Estás completamente apaixonado, não estás? – You are completely in love, aren't you?

1744. Conforme

∝ Está tudo a ir conforme o plano. – Everything is going according to plan.

1745. Contra

∝ Nós votámos contra a moção. – We voted against the motion.

1746. Cuidadosamente

∝ Eu toquei no vidro cuidadosamente. – I touched the glass carefully.

1747. Debaixo

∝ Estou a arder debaixo do sol. – I'm burning under the sun.

1748. Decerto

∝ Decerto não vais sair assim? – Surely you won't be going out like that?

1749. Demais

∝ O parque de estacionamento tem muito espaço. Demais, não se paga. – The parking lot has a lot of space. Besides, it's free.

1750. Demasiado

∝ Isto é demasiado. – This is too much.

1751. Dentro

∝ Tenho um bolso dentro do meu casaco. - I have a pocket inside my jacket.

1752. Depois

∝ Depois de jantar, vou dormir. - After dinner, I'll be going to sleep.

1753. Desde

∝ Este café existe desde 1923. - This cafe has existed since 1923.

1754. Designadamente

∝ Há muitos exemplos, designadamente, o x e o y. - There are many examples, namely, x and y.

1755. Detrás

∝ A bicicleta está detrás da árvore. - The bicycle is behind/after the tree.

1756. Devagar

∝ Tu andas muito devagar. - You walk very slowly.

1757. Devidamente

∝ Os recursos funcionam devidamente. - The resources function properly.

1758. Diante

∝ Está uma aranha gigante diante de mim. - There is a huge spider in front of me.

1759. Diariamente

∝ Eu bebo leite diariamente. - I drink milk daily.

1760. Directamente

∝ Ele foi directamente da universidade para casa. - He went directly from university to his home.

1761. Efectivamente

∝ Foi, efectivamente, uma noite bem passada. - It was, in effect, a night well spent.

1762. Embora

∝ Embora daqui! - Get away from here!

1763. Enfim

∝ Enfim, não vale a pena pensar nisso. - Anyway, no need to think about it.

1764. Entanto

∝ Eu queria ir passear; no entanto, está a chover. - I wanted to go take a walk; however, it is raining.

1765. Então

∝ Eu caí. Desde então que me dói o braço. - I fell. Since then my arm hurts.

1766. Entretanto

∝ Ele estava à espera, e entretanto, lia. - He was waiting, and meanwhile, he read.

1767. Especialmente

∝ Eu gosto especialmente de truta. - I especially like trout.

1768. Especificamente

∝ São muitos, mais especificamente, vinte e quatro pessoas. - They are a lot, more specifically, twenty-four people.

1769. Eventualmente

∝ Eu hei-de acabar a universidade, eventualmente. - I will finish college, eventually.

1770. Exactamente

∝ Ela chegou exactamente às três da tarde. - She arrived exactly at three p.m.

1771. Excepto

∝ Hoje os jovens são mal-educados, except eu. - Today young people are rude, except for myself.

1772. Exclusivamente

∝ Ele visitou Madrid exclusivamente para ver o Real Madrid. - He visited Madrid exclusively to watch Real Madrid.

1773. Expressamente

∝ Eu disse expressamente que queria café com leite. - I said expressly that I wanted coffee with milk.

1774. Extremamente

∝ O teste foi extremamente difícil. - The test was extremely hard.

1775. Facilmente

∝ Ultrapassei o obstáculo facilmente. - I got through the obstacle easily.

1776. Finalmente

∝ A aula acabou, finalmente. - The class is over, finally.

1777. Fora

∝ O jardim está fora de casa. - The garden is outside of the house.

1778. Frequentemente

∝ Eu vou frequentemente à praia. - I frequently go to the beach.

1779. Geralmente

∝ Geralmente, levanto-me pelas oito da manhã. - Generally, I get up around eight a.m.

1780. Gratuitamente

∝ Todos os recursos são prestados gratuitamente. - All resources are supplied for free.

1781. Hoje

∝ Hoje não é um bom dia. - Today is not a good day.

1782. Igualmente

∝ As opções são igualmente más. - The options are equally bad.

1783. Imediatamente

∝ Vem cá imediatamente! - Come here immediately!

1784. Imenso

∝ Eu gosto imenso dele. - I like him a lot.

1785. Inclusive

∝ O restaurante cozinha tudo, inclusive gastronomia Portuguesa. - The restaurant cooks everything, including Portuguese gastronomy.

1786. Incondicionalmente

∝ Eu amo-te incondicionalmente. - I love you unconditionally.

1787. Independentemente

∝ Independentemente do que acontecer, eu vou estar aqui. - Regardless of what happens, I will be here.

1788. Infelizmente

∝ Infelizmente, não posso ir. - Unfortunately, I can't go.

1789. Inicialmente

∝ As coisas não correram muito bem inicialmente. - Things didn't go very well initially.

1790. Já

∝ Ele já não está cá. - He isn't here anymore.

1791. Jamais

∝ Jamais diria essa frase! - I would never say that sentence!

1792. Juntamente

∝ Ele foi ao hospital, juntamente com o seu avô - He went to the hospital together with his grandfather.

1793. Junto

∝ A menina está junto do berço. - The little girl is next to the crib.

1794. Justamente

∝ Eu fui à recepção justamente para tratar disso. - I went to the reception exactly to take care of that.

1795. Lá

∝ A mochila está lá ao fundo. - The backpack is over there.

1796. Lentamente

∝ O frango tem de ser cozinhado lentamente. - The chicken has to be cooked slowly.

1797. Logo

∝ Logo que puder, vou dormir. - As soon as I can, I will be going to sleep.

1798. Longe

∝ Eu quero essa pessoa longe de mim! - I want that person far away from me!

1799. Mais

∝ Só isso? Ele de certeza que quererá mais! - Only that? He will for sure want more!

1800. Mal

∝ O assunto ficou mal resolvido. - The issue was badly solved.

1801. Mas

∝ Mas do que é que estás a falar? - But what are you talking about?

1802. Meio

∝ Eu fiquei meio enjoada na viagem. - I was kind of sick during the trip.

1803. Melhor

∝ Ir a andar? É melhor apanhar o autocarro. - Go walking? It's best to take the bus.

1804. Menos

∝ Eu quero menos, se faz favor. - I want less, please.

1805. Meramente

∝ Ele ficou à porta, meramente à espera. - He stayed by the door, merely waiting.

1806. Mesmo

∝ Ele mora mesmo ao lado da escola. - He lives right by the school.

1807. Muito

∝ Ela é muito inteligente! - She is very smart!

1808. Nada

∝ Não foi nada fácil dizer não. - It wasn't easy at all to say no.

1809. Não

∝ É só dizeres que não. - You only have to say no.

1810. Naturalmente

∝ Naturalmente, não é assim tão fácil. - Naturally, it isn't that easy.

1811. Necessariamente

∝ Problemas complexos têm necessariamente que ser pensados. - Complex problems have necessarily to be thought out.

1812. Nem

∝ Nem eu! - Me neither!

1813. Nisto

∝ E nisto, fiquei sem saber o que dizer. - And after this, I didn't know what to say.

1814. Nomeadamente

∝ Há vegetais que não são verdes, nomeadamente a cenoura e o pimento vermelho. - There are vegetables that are not green, namely the carrot and the red pepper.

1815. Normalmente

∝ Sou eu que vou ao supermercado normalmente. - I am usually the one to go to the supermarket.

1816. Novamente

∝ Chumbei a matemática novamente. - I failed math again.

1817. Nunca

∝ Nunca pensei dizer isto! - I never thought I would say this!

1818. Obviamente

∝ Obviamente que gosto de chocolate. - Obviously, I like chocolate.

1819. Oficialmente

∝ Não estamos casados oficialmente. - We are not married officially.

1820. Oitavo

∝ Ele ficou em oitavo lugar. - He came in eight place.

1821. Onde

∝ Onde estás? - Where are you?

1822. Ontem

∝ Ontem chorei muito. - Yesterday I cried a lot.

1823. Parcialmente

∝ Trabalho, mas só parcialmente. - I work, but only partially.

1824. Particularmente

∝ Eu gosto particularmente de carne de vaca. - I like beef particularly.

1825. Passo

∝ Ela foi andando a passo lento. - She walked step by step.

1826. Perto

∝ A escola é perto. - The school is nearby.

1827. Pessoalmente

∝ Pessoalmente, não gostei da solução. - I personally didn't like the solution.

1828. Pois

∝ Pois sim. - Well, yes.

1829. Porque

∝ Porque fizeste isso? - Why did you do that?

1830. Portanto

∝ Eu gosto de tirar boas notas, portanto estudo. - I like to get good grades, so I study.

1831. Possivelmente

∝ Possivelmente vai chover. - Possibly it will rain.

1832. Posteriormente

∝ Iremos tratar disso posteriormente. - We will take care of that subsequently.

1833. Pouco

∝ Choveu pouco este ano. – It rained little this year.

1834. Praticamente

∝ Praticamente não choveu o ano passado. – It practically didn't rain last year.

1835. Precisamente

∝ Sei precisamente o que dizer. – I know precisely what to say.

1836. Primeiro

∝ Fiquei em primeiro lugar. – I came first.

1837. Principalmente

∝ Principalmente agora. – Especially now.

1838. Provavelmente

∝ Provavelmente amanhã não vou. – Probably tomorrow I won't be going.

1839. Próximo

∝ Há uma farmácia próxima daqui. – There is a pharmacy nearby.

1840. Publicamente

∝ Não quero falar disso publicamente. – I don't want to talk about that publicly.

1841. Quando

∝ Quando é que vamos de férias? – When are we going on vacation?

1842. Quarto

∝ Eu fiquei em quarto lugar. – I finished in fourth place.

1843. Quase

∝ Quase adormeci! - I almost fell asleep!

1844. Que

∝ Que bela noite! - What a beautiful night!

1845. Quiçá

∝ Ele quiçá seja o melhor escritor Português. - He might be, perhaps, the best Portuguese writer.

1846. Quinto

∝ Nós ficámos em quinto lugar. - We finished in fifth place.

1847. Rapidamente

∝ Ele escondeu-se rapidamente. - He hid himself quickly.

1848. Realmente

∝ Isto não é, realmente, nada interessante. - This isn't, really, of any interest.

1849. Recentemente

∝ Fui ao dentista recentemente. - I went to the dentist recently.

1850. Relativamente

∝ Falamos relativamente a esse assunto depois. - We will speak regarding that issue later.

1851. Respectivamente

∝ A cadeira e a mesa são castanha e preta, respectivamente - The chair and the table are respectively brown and black.

1852. Segundo

∝ Ela ficou em segundo lugar. - She finished in second place.

1853. Sempre

∝ Sempre gostei de ti. - I always liked you.

1854. Sequer

∝ Eu nem sequer estava lá. - I wasn't even there.

1855. Sétimo

∝ Ele ficou em sétimo lugar. - He finished seventh place.

1856. Sexto

∝ Ele ficou em sexto lugar. - He came in sixth place.

1857. Simplesmente

∝ Eu simplesmente não consigo aguentar. - I simply cannot stand it.

1858. Só

∝ Só eu e tu? - Only you and me?

1859. Sobretudo

∝ Tenho que estudar muito, sobretudo por a cadeira ser difícil. - I have to study a lot, especially because the subject is hard.

1860. Somente

∝ Somente quero que me ouças. - I solely want that you listen to me.

1861. Suficientemente

∝ Não estou suficientemente preparada para isto. - I'm not sufficiently prepared for this.

1862. Supostamente

∝ Supostamente, amanhã não temos aulas. - Supposedly, tomorrow we don't have classes.

1863. Talvez

∝ Talvez vá à rua. Ainda não sei. - I might go to the street. I still don't know.

1864. Também

∝ Eu também gosto de ti. - I also like you.

1865. Tampouco

∝ Ele não gosta de bacalhau, tampouco de salmão. - He doesn't like codfish, nor salmon.

1866. Tanto

∝ Tenho tanto sono! - I'm so sleepy!

1867. Tão

∝ O filho dela está tão grande. - Her son is so big.

1868. Tarde

∝ Ele já chegou muito tarde. - He arrived really late.

1869. Terceiro

∝ O meu sobrinho ficou em terceiro lugar. - My nephew finished in the third place.

1870. Totalmente

∝ Ela está totalmente apaixonada. - She is totally in love.

1871. Unicamente

∝ Eu estou unicamente interessada no filme. - I'm uniquely interested in the movie.

Determiners

Determiners are very important words within a sentence because they precede the noun, giving a lot of information about the subject of the phrase and its meaning. Below, are determiners used more often in Portuguese.

1872. A

∝ A minha mãe é a melhor. - My mother is the best.

1873. Algum

∝ Algum de vocês é médico? - Is any of you a doctor?

1874. Ambos

∝ Ambos os quadros são feios. - Both paintings are ugly.

1875. Aquele

∝ Aquele pássaro é lindo. - That bird is beautiful.

1876. Cada

∝ Cada um de nós tem que fazer um esforço. - Each one of us needs to put in the effort.

1877. Demais

∝ Eu ouço música com os headphones, para não irritar os demais. - I listened to music in my headphones, so I don't irritate others.

1878. Esse

∝ Esse copo é teu ou meu? - That glass is yours or mine?

1879. Este

∝ Estas calças são as minhas preferidas. - These pants are my favorite.

1880. Mais

∝ Eu saí de casa mais os meus filhos, para irmos ao shopping. - I left the house, plus my kids, to go shopping.

1881. Menos

∝ Ele tem cinco laranjas; eu tenho menos. - He has five oranges; I have less.

1882. Mesmo

∝ Eu mesmo cozinho hoje. - I will be the one to cook today.

1883. Meu

∝ O meu namorado é muito alto. - My boyfriend is really tall.

1884. Muito

∝ Eu já estava sentada há muito tempo. - I was already sitting for a long time.

1885. Nenhum

∝ Nenhum de nós quer ficar em casa. - None of us wants to stay home.

1886. O

∝ O meu pai é o melhor do mundo. - My father is the best in the world.

1887. Nosso

∝ O nosso corpo tem que ser bem tratado. - Our body has to be well taken care of.

1888. Outro

∝ Eu quero outro copo de vinho, por favor. - I want another glass of wine, please.

1889. Pouco

∝ Estamos aqui à espera há pouco tempo. - We have been waiting not for long.

1890. Qualquer

∝ Quero uma coisa qualquer. - I want whatever.

1891. Seu

∝ Este é o seu carro. - This is your car.

1892. Tal

∝ Nunca vi tal coisa! - I have never seen such a thing!

1893. Teu

∝ Eu gosto do teu cachecol. - I like your scarf.

1894. Vosso

∝ Este vosso coelho é muito simpático. - This rabbit of yours is very friendly.

Prepositions and Conjunctions

Prepositions and conjunctions, just like determiners, are very important within a sentence, but now because they function as a connection between two or more parts of a sentence. It basically makes the whole phrase work. Even though there are subtle differences between a preposition and a conjunction, in the following list, you will see words from both categories.

1895. À

∝ Eu vou à escola. - I'm going to school.

1896. A

∝ A não ser que me peçam desculpa, eu não vou. - Unless they apologize, I won't be going.

1897. Ante

∝ Pé ante pé. - Foot after foot.

1898. Após

∝ A minha bicicleta está após o semáforo. - My bicycle is after the traffic lights.

1899. Aquando[77]

∝ Já era noite aquando chegaram a casa. - It was night already when they got home.

1900. Assim

∝ Eu não bebo álcool, assim como não fumo. - I don't drink alcohol, as I don't smoke.

1901. Até

∝ Eu só vou até ali. - I'm only going over there.

1902. Caso

∝ Caso acabe o trabalho a tempo, vamos jantar fora. - In case I finish the work on time, we are going out to dinner.

1903. Com

∝ Queres ir com quem? - Who do you want to go with?

1904. Como

∝ Tu falas como o teu pai. - You speak just like your father.

1905. Conforme

∝ Está tudo a ir conforme o previsto. - Everything is going as predicted.

1906. Conquanto

∝ Eu tenho que estudar hoje, conquanto não me apeteça. - I have to study today, even though I don't feel like it.

---

[77] This is an old word that is now being less and less used over time. A synonym is "quando" = "when."

1907. Consoante

∝ Tomo a decisão consoante o que ler na proposta. - I'll decide depending on what I read on the proposal.

1908. Contra

∝ Vamos jogar contra uma equipa de Lisboa. - We are going to play against a team from Lisbon.

1909. Dado

∝ Dado que não estudei para o exame, vou ter que ir à época de recurso. - Since I didn't study for the exam, I will have to go the supplementary/special season.

1910. Desde

∝ Estou de dieta desde a semana passada. - I'm on a diet since last week.

1911. Diante

∝ Estou aqui diante ti para te dizer que te amo. - I'm here before you to tell you I love you.

1912. Durante

∝ Faço os trabalhos de casa durante a aula. - I'll do the homework during class.

1913. Em

∝ Estou em casa. - I'm at home.

1914. Enquanto

∝ Enquanto lavo a loiça, ouço música. - While I wash the dishes, I listen to music.

1915. Entre

∝ Estou entre a escola e a estação dos bombeiros. - I'm between the school and the firemen station.

1916. Excepto

∝ Vou ao ginásio todos os dias, excepto ao Domingo. - I go to the gym every day, except Sunday.

1917. Fora

∝ Já vou ter que pagar 500 euros de renda, fora a conta da electricidade. - I will already have to pay 500 euros from rent, not including the electricity bill.

1918. Mal

∝ Mal tocou a campainha, eu saí da sala de aula. - As soon as the bell rang, I left the classroom.

1919. Mas

∝ Ela mandou-me fazer silêncio, mas eu estava calada. - She told me to be quiet, but I wasn't speaking.

1920. Mediante

∝ Fazemos consultas, mediante marcação prévia. - We do consultations, upon previous scheduling.

1921. Menos

∝ A menos que comeces a estudar já, vais chumbar no exame. - Unless you start studying right now, you will fail the exam.

1922. Nem

∝ Nem eu nem tu temos conhecimento técnico suficiente. - Neither me nor you have sufficient technical knowledge.

1923. Salvo

∝ Salvo melhor opinião, eu acho que esta é a solução acertada. - For the lack of a better view, I think this is the right solution.

1924. Se

∝ Se estiveres atrasada, eu espero por ti. - If you are late, I will wait for you.

1925. Segundo

∝ Segundo algumas opiniões, não devemos beber leite. - According to some opinions, we shouldn't drink milk.

1926. Sem

∝ Eu fui à rua sem o meu casaco. - I went to the street without my jacket.

1927. Senão

∝ Ele vai-se portar bem; senão, já sabe que eu me chateio. - He will behave; otherwise, he knows I will be mad.

1928. Sob

∝ O gato escondeu-se sob a mesa. - The cat hid under the table.

1929. Sobre

∝ A toalha está sobre a mesa. - The towel is over the table.

1930. Também

∝ Eu também não me vou esquecer. - I also won't forget it.

1931. Trás

∝ Trás uma cerveja, bebi outra. - After one beer, I drank another one.

1932. Via

∝ Vou ver o filme via Internet. - I'm going to watch the movie via the Internet.

1933. Visto

∝ Visto que ninguém percebeu, vou repetir. - Since no one understood, I'm going to repeat it.

1934. Ou

∝ Queres ir à praia ou à piscina? - Do you want to go to the beach or to the swimming pool?

1935. Para

∝ Eu vou para Itália de férias. - I'm going to Italy for my vacation.

1936. Perante

∝ Ele estava perante a estátua, a olhar para cima. - He was in front of the statue, looking up.

1937. Pois

∝ Eu não me atrevo a sair de casa, pois está a nevar. - I dare not leave the house, because it is snowing.

1938. Por

∝ Eu vou estudar para a Alemanha por um ano. - I'm going to study in Germany for a year.

1939. Porquanto

∝ Ela não percebeu tudo, porquanto não fala bem Inglês. - She didn't understand everything since she doesn't speak English very well.

1940. Porque

∝ Nós queremos comer porque temos fome. - We want to eat because we are hungry.

1941. Quanto

∝ Ela é tão boa cozinheira quanto a sua mãe. - She is as good a cook as her mother.

1942. Que

∝ A mulher que cantou canta muito mal. - The woman that sang sings very badly.

1943. Quer

∝ Quer concorde quer não, as regras são para ser respeitadas. - Whether you agree or not, rules are to be respected.

Pronouns

Pronouns substitute the nouns. Take a look at them.

1944. Alguém

∞ Alguém está à porta. - Somebody is at the door.

1945. Algum

∞ Quer comprar algum livro? - Do you want to buy a book?

1946. Aquele

∞ Eu quero aquele livro. - I want that book.

1947. Aquilo

∞ O que é aquilo ali em cima? - What is that over there?

1948. Ele

∞ Ele é muito bonito! - He is very handsome!

1949. Eles

∞ Eles são os meus colegas de trabalho. - They are my workmates.

1950. Esse

∝ Esse cão precisa de um banho. - That dog needs a bath.

1951. Este

∝ Este é o meu carro. - This is my car.

1952. Eu

∝ Eu chamo-me Catarina. - My name is Catarina.

1953. Isto

∝ O que é que é isto? - What is this?

1954. Isso

∝ Isso não é nada bonito. - That isn't pretty at all.

1955. Lhe

∝ Eu vou-lhe dar uma prenda. - I am going to give him/her a gift.

1956. Lhes

∝ Eu vou-lhes dar uma prenda. - I am going to give them a gift.

1957. Me

∝ Podes-me dar um abraço? - Can you give me a hug?

1958. Mesmo

∝ O nosso casaco é o mesmo. - Our coat is the same.

1959. Meu

∝ Esse telemóvel é meu. - That cell phone is mine.

1960. Mim

∝ Isso é para mim? - Is that for me?

1961. Muito

∝ Há muito que queria falar contigo. - I wanted to talk to you for a long time.

1962. Nada

∝ Está muito escuro; não conseguimos ver nada. - It is very dark; we can't see anything.

1963. Nenhum

∝ Nenhum de nós quer ir ao cinema. - None of us want to go to the cinema.

1964. Ninguém

∝ Eu não disse nada a ninguém. - I haven't told anything to anybody.

1965. Nos

∝ Ela vem-nos visitar amanhã. - She is going to visit us tomorrow.

1966. Nós

∝ Nós somos Portugueses. - We are Portuguese.

1967. Nosso

∝ Esse prédio é nosso! - That building is ours!

1968. Outrem

∝ Eu, tu, ele ou outrem. - Me, you, he, or somebody else.

1969. Outro

∝ Não quero esse; quero o outro. - I don't want that; I want the other one.

1970. Pouco

∝ Nós chegámos há pouco. – We arrived not long ago.

1971. Qual

∝ Tenho um livro da minha avó, o qual é o meu favorito. – I have a book from my grandmother, which is my favorite.

1972. Qualquer

∝ Qualquer caneta serve. – Any pen will do.

1973. Que

∝ O que é que tu queres? – What do you want?

1974. Quanto

∝ Quanto queres? – How much do you want?

1975. Quem

∝ Quem tocou a campainha? – Who rang the bell?

1976. Seu

∝ Este quadro é seu? – This painting is yours?

1977. Tal

∝ Este é o tal! – This is the one!

1978. Tanto

∝ Eu não quero tanto, obrigada! – I don't want that much, thank you!

1979. Te

∝ Eu amo-te! – I love you!

1980. Teu

∝ Eu sou teu, e tu és minha. - I am yours, and you are mine.

1981. Todo

∝ Todo o mundo está a ver o jogo de futebol. - All the world is watching the soccer game.

1982. Tu

∝ Tu és muito inteligente. - You are very intelligent.

1983. Tudo

∝ Tudo é um mistério. - Everything is a mystery.

1984. Tua

∝ Esta roupa é tua. - These clothes are yours.

1985. Vos

∝ Eu quero-vos fazer uma surpresa. - I want to throw you all a surprise.

1986. Vós [78]

∝ Vós estais muito bem vestidos. - You (as in "you all") are very well dressed.

1987. Vosso

∝ Este carro é vosso? - Is this car yours?

---

[78] The word "vós" corresponds to the second-person plural. Even though in English, "you" is used in both situations, in Portuguese, there is a different word in each case. However, "vós" is very rarely used; instead, the word "vocês" is used, and the conjugation of the verb is done in the third-person plural.

Verbs

You are almost at the end of the book, good job! This last list is verbs. As there is no separate group within it, the list is arranged in order of occurrence/frequency, and not by alphabetical order. Also, in the sentences that apply the verbs in context, some of the verbs will be conjugated, while others will be in their infinitive form.

1988. Abaixar

∝ Se ele te atirar a bola, tens que te abaixar. - If he throws you the ball, you have to lower yourself.

1989. Abalar

∝ As notícias abalaram a autoridade do professor. - The news undermined the professor's authority.

1990. Abanar

∝ O vento abanou a tenta. - The wind shook the tent.

1991. Abandonar

∝ Abandonei o projecto por completo. - I abandoned the project completely.

1992. Abater

∝ O cavalo teve que ser abatido. - The horse had to be slaughtered.

1993. Abordar

∝ Queria abordar um assunto controverso. - I wanted to touch a controversial subject.

1994. Aborrecer

∝ Ela já me está a aborrecer. - She is already upsetting me.

1995. Abraçar

∝ Ele abraçou-me. - He hugged me.

1996. Abranger

∝ O curso abrange várias matérios. - The course covers a lot of subjects.

1997. Abrigar

∝ O pombo abrigou-se debaixo do telhado. - The pigeon took shelter under the roof.

1998. Abrir

∝ Ele tentou abrir o baú. - He tried to open the chest.

1999. Absorver

∝ A esponja absorve tudo. - The sponge absorbs everything.

2000. Acabar

∝ Tenho que acabar o livro. - I have to finish the book.

2001. Acalmar

∝ Tens que te acalmar. - You have to calm down.

2002. Acampar

Vamos acampar? - Let's go camping?

2003. Acarretar

∝ A empresa acarretou com os danos. - The company caused the damage.

2004. Accionar

∝ O administrador accionou o protocolo. - The administrator activated the protocol.

2005. Aceitar

∝ Ela aceitou o pedido de casamento. - She accepted the wedding proposal.

2006. Acelerar

∝ Acelera! - Accelerate/speed up!

2007. Acenar

∝ Ela está a acenar. - She is waving.

2008. Acender

∝ Alguém acendeu uma fogueira. - Somebody lit a fire.

2009. Acentuar

∝ Queria acentuar a importância da conferência. - I wanted to accentuate the importance of the conference.

2010. Acercar

∝ Vou tentar acercar-me do recinto. - I'm going to try and get closer to the precinct.

2011. Acertar

∝ Ninguém acertou nos números da lotaria. - Nobody guessed the lottery numbers.

2012. Achar

∝ Eu acho que sim. - I think so.

2013. Achar

∝ Não consigo achar as minhas chaves. - I can't find my keys.

2014. Acolher

∝ A família acolheu os convidados. - The family welcomed the guests.

2015. Acompanhar

∝ Ele acompanhou-me até à porta. - He accompanied me up to the door.

2016. Aconselhar

∝ Eu queria aconselhar-vos que . . . - I wanted to advise you that . . .

2017. Acontecer

∝ Não percebo o que está a acontecer. - I don't understand what is happening.

2018. Acordar

∝ Amanhã vou ter de acordar cedo. - Tomorrow I will have to wake up early.

2019. Acreditar

∝ Acreditas em mim? - Do you believe me?

2020. Acrescentar

∝ O que é que eu posso acrescentar? - What can I add?

2021. Actualizar

∝ Tens de te actualizar. - You have to update yourself.

2022. Actuar

∝ Ele está a actuar de boa-fé. - He is acting in good faith.

2023. Acudir

∝ Ele está no mar a acudir alguém. - He is in the sea helping/saving/assisting somebody.

2024. Aculturar

∝ Ela aculturou-se. - She assimilated that culture.

2025. Acumular

∝ Estou a acumular muita gordura. - I'm accumulating a lot of fat.

2026. Acusar

∝ Porque estão a acusar aquela pessoa? - Why are you accusing that person?

2027. Adaptar

∝ Tenho que me adaptar às novas circunstâncias. - I have to adapt to the new circumstances.

2028. Aderir

∝ Já aderiste ao programa? - Have you subscribed to the program?

2029. Adiantar

∝ Vou tentar adiantar trabalho. - I will try to advance in my work.

2030. Adiar

∝ Vou ter que adiar o encontro. - I'm going to have to postpone the date.

2031. Adivinhar

∝ Consegues adivinhar qual é o meu aniversário? - Can you guess when is my birthday?

2032. Administrar

∝ O médico administrou a droga. - The doctor administrated the drug.

2033. Admirar

∝ Eu admiro-te muito. - I admire you a lot.

2034. Admitir

∝ Vais admitir que o fizeste? - Are you going to admit that you did it?

2035. Adoptar

∝ Eu quero adoptar. - I want to adopt.

2036. Adorar

∝ Ela adora-me. - She loves/really likes me.

2037. Adormecer

∝ Não consigo adormecer. - I can't fall asleep.

2038. Adquirir

∝ Estou a pensar adquirir um carro novo. - I'm thinking of acquiring a new car.

2039. Advertir

∝ Tenho que te advertir para que não faças isso. - I have to warn you not to do that.

2040. Afastar

∝ Essa solução tem que ser afastada. - That solution has to be excluded.

2041. Afectar

∝ Isso não me afecta. - That doesn't affect me.

2042. Afirmar

∝ Posso afirmar que nunca ouvi tal coisa. - I can assert that I never heard such a thing.

2043. Afogar

Estou a afogar-me em trabalhos de casa. - I'm drowning in homework.

2044. Afundar

∝ O navio está a afundar. - The ship is sinking.

2045. Agarrar

∝ Ela está a agarrar o braço dele. - She is grasping his arm.

2046. Agir

∝ Estarei a agir de forma certa? - Am I acting the right way?

2047. Agitar

∝ Ela estava a agitar a sua bebida. - She was shaking/stirring her drink.

2048. Agradar

∝ Eu só te quero agradar. - I only want to please you.

2049. Agradecer

∝ Só queria agradecer . . . - I only wanted to thank you . . .

2050. Agravar

∝ A situação está a agravar-se. - The situation is aggravating.

2051. Agredir

∝ Ele agrediu-o. - He attacked him.

2052. Agrupar

∝ Vamos agrupar-nos. - Let's group.

2053. Aguardar

∝ Tem que aguardar cá fora. - You have to wait outside.

2054. Aguentar

∝ Não consigo aguentar mais. - I can't take it anymore.

2055. Ajudar

∝ Podes-me ajudar? - Can you help me?

2056. Ajustar

∝ Tenho que ajustar as medidas. - I need to adjust the measures.

2057. Alargar

∝ O círculo de amigos foi alargado. - The circle of friends was broadened.

2058. Alastrar

∝ A doença está a alastrar-se. - The disease is spreading.

2059. Alcançar

∝ Quais são os objectivos que queres alcançar? - What are the goals that you want to reach?

2060. Alegar

∝ O que é que ele alegou? - What did he allege?

2061. Alertar

∝ Temos que alertar os bombeiros. - We have to alert the firemen.

2062. Alimentar

∝ Os pais têm de alimentar os filhos. - Parents have to feed their kids.

2063. Aliviar

∝ Como posso aliviar a minha dor de cabeça? - How can I relieve my headache?

2064. Almoçar

∝ Vamos almoçar fora. - Let's have lunch outside.

2065. Alongar

∝ Vamos alongar o corpo. - Let's stretch our body.

2066. Alterar

∝ Temos que alterar este ponto do contrato. - We have to change this point in the contract.

2067. Alugar

∝ Vou alugar um carro. - I'm going to rent a car.

2068. Amanhecer

∝ Está a amanhecer. - It is dawning.

2069. Amar

∝ Amas alguém? - Do you love someone?

2070. Ameaçar

∝ Ele ameaçou toda a gente que estava no bar. - He threatened everyone that was at the bar.

2071. Amealhar

Este ano amealhei muito dinheiro. - This year I saved/amassed a lot of money.

2072. Ampliar

∝ A cozinha foi ampliada. - The kitchen was expanded.

2073. Analisar

∝ Tenho que analisar melhor a situação. - I have to better analyze the situation.

2074. Andar

∝ O caminho faz-se a andar. - The path is made by walking.

2075. Animar

∝ Ele veio animar a festa. - He came and excited the party.

2076. Anteceder

∝ A chuva antecedeu a tempestade. - The rain preceded the storm.

2077. Antecipar

∝ Tentei antecipar as minhas férias. - I tried to anticipate my vacation.

2078. Anular

∞ Vou anular a minha matricula. - I'm going to cancel my enrolment.

2079. Anunciar

∞ Venho anunciar uma boa notícia. - I'm here to announce good news.

2080. Apagar

∞ Vou apagar a mensagem. - I'm going to erase the message.

2081. Apaixonar

∞ Acho que me estou a apaixonar. - I think I'm falling in love.

2082. Apanhar

∞ Podes apanhar o meu isqueiro que caiu ao chão? - Can you pick up my lighter that fell to the floor?

2083. Aparecer

∞ Sabes quem apareceu no concerto? - Do you know who appeared at the concert?

2084. Apelar

∞ A instituição apelou ao público por doações. - The institution appealed to the public for donations.

2085. Apertar

∞ Aperta com mais força. - Squeeze/tighten it harder.

2086. Apetecer

∞ Não me apetece comer. - I don't feel like eating.

2087. Aplicar

∝ Aplica todas as técnicas que conheces para ganhar. - Apply every technique you know to win.

2088. Apoiar

∝ Eu sei que tenho que te apoiar mais. - I know I have to support you more.

2089. Apontar

∝ Ele estava a apontar para o fundo da sala. - He was pointing to the end of the room.

2090. Apostar

∝ Em quem vais apostar? - Who are you going to bet on?

2091. Apreciar

∝ Eu não aprecio o teu tom. - I don't appreciate your tone.

2092. Aprender

∝ O que vamos aprender hoje? - What are we going to learn today?

2093. Apresentar

∝ Vou apresentar-me à turma. - I'm going to present myself to the class.

2094. Apressar

∝ Tenho que me apressar! - I have to rush!

2095. Aprofundar

∝ Devíamos aprofundar o tema. - We should dig deeper on the subject.

2096. Aprovar

∝ O orçamento foi aprovado. - The budget was approved.

2097. Aproveitar

∝ Temos que aproveitar enquanto está sol. - We have make the most out of it while it's still sunny.

2098. Aproximar

∝ Aproxima-te de mim. - Get close to me.

2099. Apurar

∝ A polícia vai apurar quem é o culpado. - The police has to ascertain who is guilty.

2100. Aquecer

∝ Ela estava a aquecer o leite. - She was heating/warming the milk.

2101. Arder

∝ A casa está a arder. - The house is on fire.

2102. Argumentar

∝ Não sei argumentar bem. - I don't know how to argue well.

2103. Armar

∝ Toda a população está armada. - All the population is armed.

2104. Armazenar

∝ Estou a armazenar enlatados. - I'm storing canned goods.

2105. Arranjar

∝ Tenho que arranjar o meu carro. - I have to fix my car.

2106. Arrastar

∝ Ele arrastou-me para a praia. - He dragged me to the beach.

2107. Arrecadar

∝ Estou a arrecadar muito dinheiro. - I'm collecting a lot of money.

2108. Arrepender

∝ Arrependi-me do que fiz. - I regret what I did.

2109. Arriscar

∝ Tens que arriscar mais. - You have to take more risks.

2110. Arrumar

∝ Vai já arrumar o quarto. - Go tidy your room right now.

2111. Articular

∝ Não consigo articular bem a minha opinião. - I can't articulate well my opinion.

2112. Ascender

∝ O preço ascendeu 10%. - The price ascended/rose 10%.

2113. Assegurar

∝ Quero assegurar-me que te sentes bem. - I want to make sure that you feel good.

2114. Assemelhar

∝ Ela assemelha-se à sua irmã. - She resembles her sister.

2115. Assentar

∝ Está na altura de assentar. - It is time to settle down.

2116. Assinalar

∝ Temos que assinalar esta data. - We have to mark this date.

2117. Assinar

∝ Já assinei o contrato. - I have already signed the contract.

2118. Assistir

∝ Estou a assistir a um filme. - I'm watching a movie.

2119. Associar

∝ Nunca associo o nome à cara. - I never associate the name with the face.

2120. Assumir

∝ Ele assumiu que a culpa tinha sido sua. - He confessed that he was guilty.

2121. Assustar

∝ Eu não estou assustado. - I'm not scared.

2122. Atacar

∝ Porque é que o estás a atacar? - Why are you attacking him?

2123. Atar

∝ Tenho que atar os cordões dos meus ténis. - I have to tie the laces in my sneakers.

2124. Atender

∝ Não vais atender a chamada? - Aren't you going to take that call?

2125. Atingir

∝ Que objectivos queres atingir? - What goals do you want to achieve?

2126. Atirar

∝ Não podes atirar pedras, Pedro! - You can't throw stones, Pedro!

2127. Atrair

∝ Ele atrai-me. - He attracts me.

2128. Atrapalhar

∝ Só me estás a atrapalhar. - You're only disturbing me.

2129. Atrasar

∝ Desculpa, mas vou-me atrasar. - Sorry, but I'm going to be late.

2130. Atravessar

∝ Cuidado a atravessar a estrada. - Be careful crossing the road.

2131. Atrever

∝ Não me atrevo a entrar aí. - I don't dare go in there.

2132. Atribuir

∝ O prémio vai ser atribuído no fim-de-semana. - The award is going to be attributed on the weekend.

2133. Aumentar

∝ O nível de dificuldade continua a aumentar. - The level of difficulty continues to increase.

2134. Autorizar

∝ Não estou autorizada. - I'm not authorized.

2135. Auxiliar

∝ Ele auxilia-me em tudo o que precisar. - He helps me in everything I need.

2136. Avaliar

∝ A professora está a avaliar os alunos. - The professor is evaluating the students.

2137. Avançar

∝ Temos que avançar. - We have to go forward.

2138. Avisar

∝ Só te vou avisar uma vez. - I'm going to warn you only once.

2139. Avistar

∝ O investigador avistou um pássaro. - The researcher sighted a bird.

2140. Baixar

∝ Podes baixar o volume do rádio, por favor? - Can you lower the volume of the radio, please?

2141. Balançar

∝ Tenho que balançar os estudos e o lazer. - I have to balance the studies and leisure.

2142. Balbuciar

Não se percebia nada: ele só balbuciava. - We couldn't understand anything: he only babbled.

2143. Banhar

∝ Hoje não me vou banhar. - Today I'm not going to bathe.

2144. Baptizar

∝ Eu não vou baptizar os meus filhos. - I'm not going to baptize my children.

2145. Basear

∝ Você está baseado no quê diz? - Are you based on what you say?

2146. Bastar

∝ Basta de confusão! - Enough chaos!

2147. Bater

∝ O meu pai bateu com o carro no muro. - My father hit his car against the wall.

2148. Beber

∝ O que queres beber? - What do you want to drink?

2149. Beijar

∝ Ele beijou-me ontem. - He kissed me yesterday.

2150. Beneficiar

∝ Ela beneficia de uma bolsa de estudos. - She benefits from a scholarship.

2151. Berrar

∝ Porque estás a berrar? - Why are you yelling?

2152. Bocejar

Ela está a bocejar muito? - She is yawning a lot.

2153. Botar

∝ A minha galinha bota um ovo todos os dias. - My chicken lays an egg every morning.

2154. Bradar

∝ O homem estava a bradar. - The man was yelling.

2155. Brigar

∝ Vamos parar de brigar. - Let's stop fighting.

2156. Brilhar

∝ O sol estava a brilhar. - The sun was shining.

2157. Brincar

∝ Queres brincar com as Barbies? - Do you want to play with Barbies?

2158. Buscar

∝ Estamos em busca de investimentos. - We are seeking investment.

2159. Caber

∝ Tu não cabes neste carro. - You don't fit in this car.

2160. Caçar

∝ O predador caça a sua presa. - The predator hunts his prey.

2161. Cair

∝ Não ando de patins porque tenho medo de cair. - I don't skate, because I'm afraid to fall.

2162. Calar

∝ Porque é que ela se calou? - Why did she shut up?

2163. Calcular

∝ Como é que consegues calcular esse número? - How can you calculate that number?

2164. Calhar

∝ O que será que me vai calhar desta vez? - What will I get this time?

2165. Caminhar

∝ Queres ir caminhar perto do rio? - Do you want to walk by the river?

2166. Cancelar

∝ Ele cancelou todos os planos. - He canceled all the plans.

2167. Candidatar

∝ Ela candidatou-se ao cargo. - She ran for the opening.

2168. Cansar

∝ Ela cansou-se muito no treino. - She got really tired in the practice.

2169. Cantar

∝ Quem me dera saber cantar bem. - I wish I could sing well.

2170. Captar

∝ Eu consegui captar a atenção dele. - I managed to catch his attention.

2171. Capturar

∝ Quero capturar este momento. - I want to capture this moment.

2172. Caracterizar

∝ Tu tens um cheiro que te caracteriza. - You have a smell that characterizes you.

2173. Carregar

∝ Carrega no botão. - Push the button.

2174. Casar

∝ Eu quero casar-me contigo! - I want to marry you!

2175. Cascar

∝ Ela está a cascar nele. - She is barking at him.

2176. Causar

∝ O que está a causar essa dor? - What is causing that pain?

2177. Ceder

∝ Eu cedi o meu lugar. - I gave up my seat.

2178. Celebrar

∝ O que estamos a celebrar? - What are we celebrating?

2179. Centrar

∝ Vamos centrar o quadro. - Let's center the painting.

2180. Cercar

∝ Os polícias cercaram os criminosos. - The policemen surrounded the criminals.

2181. Cerrar

É altura de cerrar os punhos. - It's time to clench the fists.

2182. Cessar

∝ Os disparos cessaram. - The shots ceased.

2183. Chamar

∝ Alguém te estava a chamar. - Somebody was calling for you.

2184. Chefiar

∝ Quem é que chefia o departamento? - Who leads the department?

2185. Chegar

∝ A que horas vais chegar? - At what time are you going to arrive?

2186. Cheirar

∝ Cheira mal aqui! - It smells bad in here!

2187. Chocar

∝ O filme tinha cenas que chocaram o público. - The movie had scenes that shocked the public.

2188. Chorar

∝ Porque estás a chorar? - Why are you crying?

2189. Chover

∝ Começou a chover. - It started raining.

2190. Circular

∝ A hiena anda a circular a tenda. - The hyena is circulating around the tent.

2191. Citar

∝ Se citas alguém, tens que fazer uma referência. - If you quote someone, you have to make a reference.

2192. Clamar

∝ O povo clamava por água. - The people cried out for water.

2193. Classificar

∝ A professora está a classificar os testes. - The professor is classifying the tests.

2194. Cobrar

∝ Ele cobrou 10 euros. - He charged 10 euros.

2195. Cobrir

∝ Vou-te cobrir com uma manta. - I'm going to cover you up with a blanket.

2196. Coçar

Vou coçar onde tenho comichão. - I'm going to scratch where it is itching.

2197. Cochichar

Ela estava a cochichar. - She was whispering.

2198. Coincidir

∝ Os nossos aniversários coincidem. - Our birthdays coincide.

2199. Colaborar

∝ Temos que colaborar mais uns com os outros. - We have to collaborate more with one another.

2200. Colar

∝ Ela está a colar a sua fotografia na parede. - She is sticking her photograph on the wall.

2201. Colher

∝ Colhes o que semeias. - You reap what you sow.

2202. Colocar

∝ Coloca aí os talheres. - Put the cutlery there.

2203. Comandar

∝ O chefe comanda o grupo. - The boss commands/controls the group.

2204. Combater

∝ Os militares combatem o mal. - The military fight evil.

2205. Combinar

∝ Não queres combinar o que vamos dizer? - Don't you want to plan what we are going to say?

2206. Começar

∝ Quero começar a ter aulas de dança. - I want to start having dance classes.

2207. Comemorar

∝ Temos que comemorar. - We have to celebrate.

2208. Comentar

∝ Ele está a comentar o jogo. - He is commentating the game.

2209. Comer

∝ O que vamos comer? - What are we going to eat?

2210. Cometer

∝ Acho que estou a cometer um erro. - I think I'm making a mistake.

2211. Comparar

∝ Vamos comparar as nossas notas. - Let's compare our grades.

2212. Comparecer

∝ Ele não compareceu. - He didn't attend/turn up.

2213. Compensar

∝ Essa opção não me compensa. - That option is not worthwhile for me.

2214. Competir

∝ Não quero competir contigo. - I don't want to compete against you.

2215. Completar

∝ Tenho que completer o formulário. - I have to fill the form.

2216. Complicar

∝ Tu complicas muito as coisas. - You complicate things a lot.

2217. Compor

∝ Esta música foi composta por aquele maestro. - This song was composed by that maestro.

2218. Comportar

∝ Ela comportou-se muito bem. - She behaved very well.

2219. Comprar

∝ Ele foi comprar o anel de noivado. - He went to buy the wedding ring.

2220. Compreender

∝ Eu não estou a compreender. - I'm not understanding.

2221. Comprometer

∝ Não me quero comprometer. - I don't want to commit myself.

2222. Comprovar

∝ Como posso comprovar o que estou a dizer? - How can I ascertain what I'm saying?

2223. Comunicar

∝ Temos que comunicar mais. - We have to communicate more.

2224. Conceber

∝ Os pais conceberam um filho. - The parents conceived a child.

2225. Conceder

∝ O governo concede assistência aos habitantes. - The government granted the residents assistance.

2226. Concentrar

∝ Vou tentar concentrar-me. - I'm going to try and focus.

2227. Concluir

∝ Portanto, eu concluo que está tudo bem. - So, I conclude that everything is okay.

2228. Concordar

∝ Estás a concordar comigo? - Are you agreeing with me?

2229. Concorrer

∝ Ele concorreu à vaga de emprego. - He ran for the job opening.

2230. Concretizar

∝ Por favor, concretize a ideia. - Please, substantiate the idea.

2231. Condenar

∝ Não se pode condenar sem saber a história toda. - We can't condemn someone without knowing the whole story.

2232. Conduzir

∝ Já aprendeste a conduzir? - Have you already learned how to drive?

2233. Conferir

∝ Já conferi e está tudo certo. - I have checked and everything is okay.

2234. Confessar

∝ Ele já confessou o crime. - He already confessed the crime.

2235. Confiar

∝ Não sei se posso confiar em ti. - I don't know if I can trust you.

2236. Confirmar

∝ Confirma que vem à consulta amanhã? - You confirm that you will come to the appointment tomorrow?

2237. Conformar

Já me conformei com a vida. - I have already accepted life as it is.

2238. Confundir

∝ Acho que estou a confundir as coisas. - I think I am confusing things.

2239. Conhecer

∝ Conheces alguém em Portugal? - Do you know someone in Portugal?

2240. Conquistar

∝ Os Portugueses conquistaram muito território. - The Portuguese conquered a lot of territory.

2241. Consagrar

∝ A mulher consagra todo o seu amor à sua família. - The woman devotes all her love to her family.

2242. Conseguir

∝ Eu não vou conseguir ir hoje, desculpa. - I won't be able to go today, sorry.

2243. Consentir

∝ Ele consentiu com as regras. - He complied with the rules.

2244. Conservar

∝ O atum pode ser conservado durante muito tempo. - Tuna can be kept for a long time.

2245. Considerar

∝ Eu considero tudo isso uma porcaria. - I consider all of that crap.

2246. Consistir

∝ Consiste em areia e água, principalmente. - It consists of sand and water, mainly.

2247. Consolidar

∝ O crescimento da empresa consolidou a liderança no mercado. - The company's growth consolidated its market leadership.

2248. Constar

∝ O que consta no texto? - What is stated in the text?

2249. Constatar

∝ Constatei que não sabia falar bem inglês. - I realized I didn't know how to speak English very well.

2250. Constituir

∝ Os países são constituídos por pessoas. - Countries are constituted by people.

2251. Construir

∝ A empresa construiu a casa. - The company constructed the house.

2252. Consultar

∝ Vou consultar um médico. - I'm going to see a doctor.

2253. Consumir

∝ O que é que ele consumiu? - What did he consume?

2254. Contactar

∝ Já contactaste o banco? - Have you contacted the bank?

2255. Contar

∝ Estou a contar os dias para acabar a escola. - I'm counting the days to finish school.

2256. Contemplar

∝ Estou a contemplar a lua. - I'm contemplating the moon.

2257. Conter

∝ O pacote contém variados items. - The package contains various items.

2258. Contestar

∝ Ele contestou a multa. - He contested the fine.

2259. Continuar

∝ Continuamos a ser amigos, como sempre. - We are still friends, as always.

2260. Contrair

∝ Ela está a contrair os músculos. - She is contracting her muscles.

2261. Contrariar

∝ Ela está sempre a contrariar-me. - She is always going against me.

2262. Contratar

∝ Vamos contratar um novo empregado. - We are going to hire a new employee.

2263. Contribuir

∝ Quero contribuir para a causa. - I want to contribute to the cause.

2264. Controlar

∝ Eu quero controlar tudo. - I want to control everything.

2265. Convencer

∝ Ele não me conseguiu convencer. - He wasn't able to convince me.

2266. Conversar

∝ Queria conversar contigo, se não te importares. - I wanted to talk to you, if you don't mind.

2267. Converter

∝ Não me vais conseguir converter. - You are not going to be able to convert me.

2268. Convidar

∝ Ele convidou-me para a festa. - He invited me to the party.

2269. Convir

∝ Isso não me convém. - That doesn't suit me/my needs.

2270. Conviver

∝ Eu quero conviver com mais pessoas. - I want to hang out with more people.

2271. Convocar

∝ Os trabalhadores foram convocados. - The workers were summoned.

2272. Coordenar

∝ Temos de coordenar esforços. - We have to coordinate efforts.

2273. Copiar

∝ Não se deve copiar nos testes. - We shouldn't cheat during tests.

2274. Corar

∝ A minha filha cora muitas vezes. - My daughter blushes a lot.

2275. Correr

∝ Odeio correr. - I hate running.

2276. Corresponder

∝ O caixote verde corresponde ao vidro. - The green bin corresponds to glass.

2277. Corrigir

∝ A mãe corrigiu o filho. - The mother corrected the son.

2278. Cortar

∝ Podes cortar a cebola? - Can you cut the onion?

2279. Coser

Eu não sei coser roupa. - I don't know how to sew clothing.

2280. Costumar

∝ Eu costumo beber muito café. - I usually drink a lot of coffee.

2281. Cozer

∝ Vou cozer um ovo. - I'm going to cook/boil an egg.

2282. Cozinhar

Ela quer aprender a cozinhar. - She wants to learn how to cook.

2283. Crer

∝ Eu não creio em Deus. - I don't believe in God.

2284. Crescer

∝ Não te preocupes, ainda vais crescer. - Don't worry, you are still going to grow.

2285. Criar

∝ Não podemos criar problemas. - We can't create problems.

2286. Criticar

∝ Ela está sempre a criticar toda a gente. - She is always criticizing everybody.

2287. Cruzar

∝ Ele cruzou-se comigo na rua. - He crossed me on the street.

2288. Cuidar

∝ Ele cuida muito bem de mim. - He takes very good care of me.

2289. Culminar

∝ Tudo culminou com o grito. - All culminated with a scream.

2290. Culpar

∝ Não te vou culpar. - I will not blame you.

2291. Cultivar

∝ É importante cultivar o pensamento crítico. - It's important to cultivate critical thought.

2292. Cumprimentar

∝ Ela não me cumprimentou. - She didn't greet me.

2293. Cumprir

∝ Não sei se vou cumprir o prazo. - I don't know if I'm going to make the deadline.

2294. Curar

∝ O médico curou a minha doença. - The doctor cured my disease.

2295. Curvar

∝ Não tens que te curvar. - You don't have to curve/bend yourself.

2296. Custar

∝ Custa muito levantar cedo. - It's really hard to have to wake up early.

2297. Dançar

∝ Não gosto desta dança. - I don't like this dance.

2298. Dar

∝ Vou-te dar uma prenda. - I'm going to give you a present.

2299. Debater

∝ Vamos debater essa questão. - Let's debate that question.

2300. Debruçar

∞ Vou-me debruçar sobre o assunto. - I'm going to dwell/think about the issue.

2301. Decidir

∞ És tu que tens que decidir. - You are the one who has to decide.

2302. Declarar

∞ Ele declarou vitória. - He declared victory.

2303. Decorar

∞ Quero decorar a minha casa. - I want to decorate my house.

2304. Decorrer

∞ A prova está ainda a decorrer. - The event is still going on.

2305. Decretar

∞ O presidente decretou a lei. - The president decreed the law.

2306. Dedicar

∞ Vou dedicar todo o meu tempo a este projecto. - I'm going to dedicate all of my time to this project.

2307. Defender

∞ Eu vou defendê-lo até ao fim. - I'm going to defend him until the end.

2308. Definir

∞ Vou definir as linhas gerais. - I'm going to define the general lines.

2309. Defrontar

∝ A equipa do sul vai enfrentar a do norte. - The team from the south will face the one from the north.

2310. Deitar

∝ Estou deitada na praia. - I'm lying down at the beach.

2311. Deixar

∝ Vou deixar o país. - I'm going to leave the country.

2312. Demitir

∝ Vou-me demitir amanhã. - I'm going to resign tomorrow.

2313. Demonstrar

∝ Ele demonstrou o quanto se preocupa comigo. - He demonstrated how much he worries about me.

2314. Demorar

∝ Quanto tempo vais demorar? - How long are you going to take?

2315. Denominar

∝ Este campo denomina o administrador. - This field names the administrator.

2316. Denunciar

∝ Ele denunciou o próprio amigo. - He denounced/reported his own friend.

2317. Deparar

∝ Eu deparei-me com uma situação indescritível. - I came across an indescribable situation.

2318. Depender

∝ Isso depende de outros factores. - That depends on other factors.

2319. Depor

∝ A testemunha vai depor hoje. - The witness will testify today.

2320. Depositar

∝ Vou depositar o dinheiro no banco. - I'm going to deposit the money at the bank.

2321. Derivar

∝ Muitas palavras do Português derivam do Latim. - Many Portuguese words derive from Latin.

2322. Derramar

∝ Não vale a pena chorar sobre leite derramado. - No point crying over spilled milk.

2323. Derrotar

∝ Uma equipa derrotou a outra. - One team defeated the other.

2324. Derrubar

∝ A bandeira foi derrubada pelo mar. - The flag was overthrown by the sea.

2325. Desabafar

∝ Preciso de desabafar. - I need to vent.

2326. Desafiar

∝ Quero-te desafiar para uma partida. - I want to challenge you for a match.

2327. Desaparecer

∝ Toda a minha energia desapareceu. – All my energy disappeared.

2328. Descansar

∝ Preciso de descansar. – I need to rest.

2329. Descartar

∝ As ideias más foram descartadas. – The bad ideas were discarded.

2330. Descer

∝ Desce as escadas já! – Come down the stairs now!

2331. Descobrir

∝ Nem imaginas o que eu descobri. – You can't imagine what I found out.

2332. Desconfiar

∝ Ela está a desconfiar. – She is suspecting.

2333. Desconhecer

∝ Desconheço aquelas pessoas. – I don't know those people.

2334. Descrever

∝ Não sei como descrever a sensação. – I don't know how to describe the feeling.

2335. Desculpar

∝ Desculpas-me? – Do you forgive me?

2336. Desejar

∝ Desejo felicidade para todos. – I wish happiness for all.

2337. Desembarcar

∝ Pare! Não possui autorização para desembarcar. - Stop! You're not authorized to disembark.

2338. Desempenhar

∝ Ele desempenhou bem a sua tarefa. - He performed his task well.

2339. Desencadear

∝ A vitória desencadeou a euforia. - The win unleashed the euphoria.

2340. Desenhar

∝ Tu sabes desenhar muito bem. - You know how to draw very well.

2341. Desenrolar

∝ Vamos ver como se desenrola a história. - Let's see how the story unfolds.

2342. Desenvolver

∝ Estou a desenvolver uma aplicação de telemóvel. - I'm developing a phone app.

2343. Desfazer

∝ Vou desfazer o que fiz. - I'm going to undo what I did.

2344. Designar

∝ O chefe designou o administrador. - The boss designated the administrator.

2345. Desistir

∝ Não te vou deixar desistir. - I'm not going to let you give up.

2346. Desligar

∝ Desliga já a televisão. - Turn off the television right now.

2347. Deslizar

∝ Deslizar pela neve é divertido. - Sliding through the snow is fun.

2348. Deslocar

∝ A empresa deslocou a produção para outra cidade. - The company shifted production to another city.

2349. Desmentir

∝ Ela desmentiu tudo o que eu disse. - She denied everything I said.

2350. Despedir

∝ Ela foi despedida. - She was fired.

2351. Despertar

∝ A que horas vais despertar amanhã? - At what time are you going to wake up tomorrow?

2352. Desprezar

∝ Eu desprezo a desonestidade. - I despise dishonesty.

2353. Destacar

∝ Ela não se destaca na equipa. - She doesn't stand out in her team.

2354. Destinar

∝ Ele está destinado à glória. - He is destined for glory.

2355. Destruir

∞ Um meteorito vai destruir o universo. - A meteor is going to destroy the universe.

2356. Desviar

∞ Ele desviou-se do que estávamos a falar. - He deviated from what we were talking about.

2357. Detectar

∞ Detectaste alguma coisa? - Did you detect something?

2358. Deter

∞ Os polícias detiveram os criminosos. - The policemen arrested the criminals.

2359. Determinar

∞ Quero determinar qual é o problema. - I want to determine what is the problem.

2360. Detestar

∞ Eu detesto a praia. - I detest the beach.

2361. Dever

∞ Ele deve-me dinheiro. - He owes me money.

2362. Devolver

∞ Podes devolver a minha carteira? - Can you give back my wallet?

2363. Devorar

∞ O leão devorou a carne. - The lion devoured the meat.

2364. Diferenciar

∝ Não consigo diferenciar uma de outra. - I can't differentiate one from the other.

2365. Diferir

∝ As nossas opiniões diferem muito. - Our opinions differ a lot.

2366. Dificultar

∝ Ele dificultou-me a vida. - He made my life difficult.

2367. Diminuir

∝ A febre já está a diminuir. - The fever is already diminishing.

2368. Dirigir

∝ E depois ele dirigiu-se ao público, e disse . . . - And then, he turned to the public, and said . . .

2369. Disciplinar

∝ Os pais disciplinaram os seus filhos. - The parents disciplined their children.

2370. Discutir

∝ Não quero discutir. - I don't want to argue.

2371. Disfarçar

∝ Estás a disfarçar-te? - Are you disguising yourself?

2372. Disparar

∝ O ladrão disparou a sua pistola. - The thief shot his gun.

2373. Dispensar

∝ Ela foi dispensada da equipa. - She was cut from the team.

2374. Dispersar

∝ A polícia dispersou a multidão. - The police dispersed the crowd.

2375. Disponibilizar

Ele disponibilizou todos os recursos. - He made available all the resources.

2376. Dispor

∝ A minha mãe dispôs os livros num círculo. - My mother arranged the books in a circle.

2377. Disputar

∝ Os jogadores disputaram a bola. - The players disputed the ball.

2378. Dissolver

∝ O açúcar dissolveu-se na água. - The sugar dissolved in the water.

2379. Distinguir

∝ Não sei distinguir as hipóteses. - I don't know how to distinguish the hypothesis.

2380. Distrair

∝ Ela está constantemente a distrair-se. - She is constantly distracting herself.

2381. Distribuir

∝ Quem vai distribuir os panfletos? - Who is going to distribute the flyers?

2382. Ditar

∝ O ditador dita a regras. - The dictator dictates the rules.

2383. Divertir

∝ Não me estou a divertir. - I'm not having fun.

2384. Dividir

∝ Queres dividir a sobremesa? - Do you want to split the dessert?

2385. Divulgar

∝ Vamos divulgar a notícia. - We are going to divulge the news.

2386. Dizer

∝ O que é que eu posso dizer? - What can I say?

2387. Doar

∝ Eu gosto de doar. - I like donating.

2388. Dobrar

∝ O vento dobrou o papel. - The wind bent the paper.

2389. Doer

∝ Isso vai doer muito? - Is that going to hurt a lot?

2390. Dominar

∝ Ela tem sempre que dominar tudo. - She always has to dominate everything.

2391. Dormir

∝ Ela está a dormir. - She is sleeping.

2392. Dotar

∝ Ela é dotada de um grande talento. - She is endowed with a great gift.

2393. Durar

∝ Isto não vai durar muito. - This won't last long.

2394. Duvidar

∝ Não duvido do que dizes. - I don't doubt what you say.

2395. Edificar

∝ Queremos edificar um novo projecto. - We want to build a new project.

2396. Editar

∝ O livro tem ainda que ser editado. - The book still has to be edited.

2397. Efectuar

∝ Ela não efectuou o pagamento. - She didn't make the payment.

2398. Elaborar

∝ A empresa elaborou um projecto. - The company elaborated a project.

2399. Eleger

∝ O presidente foi democraticamente eleito. - The president was democratically elected.

2400. Elevar

∝ Ela elevou-se mesmo à minha frente. - She soared right in front of my eyes.

2401. Eliminar

∝ Os concorrentes foram eliminados. - The contestants were eliminated.

2402. Elogiar

∝ Ele elogiou-me. - He complimented me.

2403. Embarcar

∝ Vamos embarcar numa viagem fantástica. - We are going to embark on a fantastical trip.

2404. Emergir

∝ O sol emergiu no horizonte. - The sun emerged from the horizon.

2405. Emigrar

Vou emigrar para a França. - I'm going to emigrate to France.

2406. Emitir

∝ O navio emitiu um pedido de ajuda. - The ship issued a call for help.

2407. Empatar

Eu vou tentar empatar o processo. - I'm going to try and stall the process.

2408. Empenhar

∝ Tens que te empenhar mais. - You have to commit more.

2409. Empreender

∝ Eu quero empreender uma viagem pelo mundo. - I want to undertake a journey around the world.

2410. Empregar

∝ Vou empregar um novo método. - I'm going to employ a new method.

2411. Emprestar

∝ Eu emprestei-lhe dinheiro. - I lent her money.

2412. Empurrar

∝ Ela empurrou-me! - She pushed me!

2413. Encaminhar

∝ Não sei para onde nos encaminhamos. - I don't know where we are heading to.

2414. Encarar

∝ Há que encarar os problemas. - We have to face the problems.

2415. Encarregar

∝ Quem se encarrega das bebidas? - Who is in charge of the drinks?

2416. Encerrar

∝ A loja vai encerrar em breve. - The store will close soon.

2417. Encher

∝ Vou encher a banheira de água - I'm going to fill the tub with water.

2418. Encolher

∝ As minhas meias encolheram. - My socks shrank.

2419. Encomendar

∝ Vou encomendar um computador. - I'm going to order a computer.

2420. Encontrar

∝ Só se encontra o que se perde. - You can only find what is lost.

2421. Encostar

∝ O meu gato encostou-se a mim. - My cat leaned against me.

2422. Enfatizar

∝ Enfatizo que devemos estudar. - I emphasize that we should study.

2423. Enfiar

∝ Não enfies a mão aí! - Don't stick your hand in there!

2424. Enfrentar

∝ Eu não quero enfrentar os meus medos. - I don't want to face my fears.

2425. Enganar

∝ Eu não te estou a enganar. - I am not fooling you.

2426. Englobar

∝ O programa engloba toda a matéria. - The program covers all the subjects.

2427. Engolir

∝ A criança engoliu o brinquedo. - The child swallowed the toy.

2428. Enriquecer

∝ Quero enriquecer muito. - I want to get really rich.

2429. Enrolar

∝ Ele enrolou o colchão. - He rolled up the mattress.

2430. Ensaiar

∝ A banda está a ensaiar. – The band is rehearsing.

2431. Ensinar

∝ O meu sonho sempre foi ensinar. – My dream has always been to teach.

2432. Entender

∝ Eu entendo-te tão bem. – I get you so well.

2433. Enterrar

∝ Os mortos são enterrados. – The dead are buried.

2434. Entrar

∝ Vamos entrar? – Let's go in?

2435. Entregar

∝ Amanhã vou-lhe entregar as chaves. – Tomorrow I'm going to deliver him the keys.

2436. Envelhecer

∝ Estou a envelhecer. – I am getting old.

2437. Enviar

∝ Vou enviar uma carta à minha mãe. – I'm going to send a letter to my mother.

2438. Envolver

∝ Temos que envolver os mais novos na conversa. – We have to involve the youngest in the conversation.

2439. Enxergar

∝ Eu não consigo enxergar nada. – I can't see anything.

2440. Enxugar

∝ Ela estava a enxugar as lágrimas. - She was wiping the tears.

2441. Equivaler

∝ A conta de telephone equivale a cinquenta euros. - The phone bill amounts to fifty euros.

2442. Erguer

∝ Temos que erguer o nosso nome ao topo. - We have to raise our name to the top.

2443. Errar

∝ Errar é humano. - To err is human.

2444. Escalar

∝ A tensão está a escalar. - The tension is escalating.

2445. Escapar

∝ O prisioneiro tentou escapar. - The prisoner tried to escape.

2446. Esclarecer

∝ Podes esclarecer o que disseste? - Can you clarify what you said?

2447. Escolher

∝ Tens que escolher uma das opções. - You have to choose one of the options.

2448. Esconder

∝ A criança escondeu-se por baixo da mesa. - The child hid under the table.

2449. Escorregar

∝ Eu escorreguei numa casca de banana. - I slipped on a banana peel.

2450. Escorrer

∝ Tenho ainda que escorrer a massa. - I still have to drain the pasta.

2451. Escrever

∝ O que estás a escrever? - What are you writing?

2452. Escutar

∝ Tens que escutar os mais velhos. - You have to listen to the older people.

2453. Esforçar

∝ Tens que te esforçar mais! - You have got to put in more effort!

2454. Esfregar

∝ Tinha sono e esfreguei os olhos. - I was sleepy and rubbed my eyes.

2455. Esgotar

∝ A minha paciência está-se a esgotar. - My patience is running out.

2456. Esmagar

∝ A cozinheira esmagou o alho. - The cook crushed the garlic.

2457. Espalhar

∝ Quero espalhar uma mensagem de amor. - I want to spread a message of love.

2458. Espantar

∝ Porque ficaste tão espantada? - Why were you so astonished?

2459. Especificar

∝ Podes especificar? - Can you specify?

2460. Esperar

∝ Estás à espera do quê? - What are you waiting for?

2461. Espiar

∝ A vizinha espia as outras casas. - The neighbor spies on the other houses.

2462. Espreitar

∝ Para onde estás a espreitar? - Where are you peeking at?

2463. Esquecer

∝ Agora já me esqueci! - Now I already forgot!

2464. Estabelecer

∝ As regras já estão estabelecidas. - The rules are already established.

2465. Estacionar

Onde vais estacionar o carro? - Where are you going to park the car?

2466. Estalar

∝ Não estales os dedos! - Don't crack your fingers!

2467. Estar

∝ Eu estou sozinha. - I am alone.

2468. Estender

∝ O chefe estendeu o prazo. - The boss extended the deadline.

2469. Estimar

∝ É difícil estimar o preço. - It's difficult to estimate the price.

2470. Estimular

∝ É preciso estimular o cérebro. - We need to stimulate the brain.

2471. Estragar

∝ Estraguei tudo. - I ruined everything.

2472. Estranhar

∝ Ela estranhou o pai sem barba. - She was surprised by the dad without the beard.

2473. Estrear

∝ A peça estreou ontem. - The play debuted yesterday.

2474. Estremecer

∝ Ela estremeceu ao ouvir o nome. - She trembled when she heard the name.

2475. Estudar

∝ Amanhã vou ter que estudar. - Tomorrow I will have to study.

2476. Evidenciar

∝ O exemplo evidencia a afirmação. - The example confirms the affirmation.

2477. Evitar

∝ Vou tentar evitar aquele caminho. - I'm going to try and avoid that path.

2478. Evocar

∝ O cheiro das rosas evoca boas memórias. - The smell of rose evokes good memories.

2479. Evoluir

∝ Estamos todos continuamente a evoluir. - We are all continuously evolving.

2480. Examinar

∝ Ela está só a examinar o quarto. - She is only examining the room.

2481. Exceder

∝ Eles excederam as minhas expectativas. - They exceeded my expectations.

2482. Exclamar

∝ Ele exclamou: "Aleluia!" - He exclaimed: "Hallelujah!"

2483. Excluir

∝ Não quero excluir ninguém. - I don't want to exclude anybody.

2484. Executar

∝ Vou executar esta tarefa. - I'm going to execute this task.

2485. Exercer

∝ Vou ter que exercer a minha autoridade. - I'm going to have to exert my authority.

2486. Exibir

∝ Ele só se está a exibir. - He is only showing off.

2487. Exigir

∝ Ela exigiu demasiado de mim. - She demanded too much of me.

2488. Existir

∝ Eu penso, logo existo. - I think, therefore I am.

2489. Expandir

∝ O universo está a expandir. - The universe is expanding.

2490. Experimentar

∝ Quero experimentar coisas novas. - I want to try new things.

2491. Explicar

∝ Não sei como te explicar. - I don't know how to explain to you.

2492. Explodir

∝ A casa explodiu. - The house exploded.

2493. Explorar

∝ Vamos explorar a floresta. - Let's explore the forest.

2494. Expor

∝ Ele expôs toda a verdade. - He exposed the whole truth.

2495. Exportar

∝ Portugal exporta cortiça. - Portugal exports corkwood.

2496. Expressar

∝ É difícil expressar os sentimentos - It is difficult to express feelings.

2497. Exprimir

∝ É difícil exprimir sentimentos. - It's hard to express feelings.

2498. Expulsar

∝ Ela já foi expulsa? - Has she been expelled yet?

2499. Extinguir

∝ Os bombeiros extinguiram o fogo. - The firemen extinguished the fire.

2500. Extrair

∝ O mineiro extraiu o carvão. - The miner extracted the coal.

2501. Fabricar

∝ Ela está a fabricar um facto. - She is fabricating a fact.

2502. Facilitar

∝ Não me podes facilitar as coisas? - Can't you facilitate things for me?

2503. Falar

∝ Eu não gosto muito de falar. - I don't like to talk a lot.

2504. Falecer

∝ Quem é que faleceu? - Who died?

2505. Falhar

∝ Tenho medo de falhar. - I'm afraid to fail.

2506. Faltar

∝ Falta só cortar a cebola. - We just have to cut up the onion.

2507. Fartar

∝ Já começo a fartar-me disto. - I'm starting to get fed up with this.

2508. Favorecer

∝ O árbitro favoreceu uma equipa. - The referee favored one team.

2509. Fazer

∝ Eu gosto de fazer desporto. - I like to do sports.

2510. Fechar

∝ O restaurante já está a fechar. - The restaurant is already closing.

2511. Ferir

∝ Ele não se feriu no acidente. - He didn't hurt himself in the accident.

2512. Ferver

∝ A água está a ferver. - The water is boiling.

2513. Fiar

∝ Não se deve fiar nos mentirosos. - You shouldn't believe liars.

2514. Ficar

∝ Hoje quero ficar em casa. - Today I want to stay home.

2515. Figurar

∝ Vários exemplos figuram no texto. - Several examples appear in the text.

2516. Filmar

∝ Vou filmar o jogo. - I'm going to film the game.

2517. Finalizar

∝ O processo está quase finalizado. - The process is almost finalized.

2518. Financiar

∝ Quem vai financiar o projecto? - Who is going to fund the project?

2519. Findar

∝ O ano lectivo está a findar. - The school year is ending.

2520. Fingir

∝ Vou fingir que não ouvi isso. - I'm going to pretend I didn't hear that.

2521. Firmar

∝ Vamos firmar o contrato amanhã. - We are going to sign the contract tomorrow.

2522. Fiscalizar

∝ Quem vem cá fiscalizar a empresa? - Who is coming here to inspect/audit the company?

2523. Fitar

∝ Ele estava a fitar a cara dela. - He was staring at her face.

2524. Fixar

∝ Nós usamos parafusos para fixar a prateleira na parede. - We used bolts to fix the shelf to the wall.

2525. Fluir

∝ A conversa fluiu facilmente. - The conversation flowed easily.

2526. Flutuar

∝ Eu vi a bóia a flutuar. - I saw the buoy floating.

2527. Forçar

∝ Não te vou forçar a nada. - I'm not going to force you to do anything.

2528. Formar

∝ Ela queria formar uma banda. - She wanted to form a band.

2529. Formular

∝ Eu formulei uma pergunta. - I formulated one question.

2530. Fornecer

∝ A empresa fornece os produtos. - The company supplies the products.

2531. Fortalecer

∝ A proteína fortalece os músculos. - Protein strengthens the muscles.

2532. Fotografar

Nas minhas férias, vou fotograr tudo o que puder. - On my vacation, I am going to photograph everything I can.

2533. Frequentar

∝ Eu frequento um colégio privado de Lisboa. - I attend a private school in Lisbon.

2534. Frisar

∝ Quero frisar que amanhã temos aula. - I want to stress that tomorrow we have classes.

2535. Fugir

∝ Só quero fugir daqui. - I just want to run away from here.

2536. Fumar

∝ Eu não fumo. - I don't smoke.

2537. Funcionar

∝ Este telemóvel já não funciona. - This cell phone doesn't work anymore.

2538. Fundar

∝ O meu pai fundou o clube de natação. - My father founded the swimming club.

2539. Fundir

∝ A empresa fundiu-se com outra. - The company merged with another.

2540. Furar

∝ A pedra furou o papel. - The rock pierced the paper.

2541. Ganhar

∝ A única coisa que me interessa é ganhar. - The only things that interests me is winning.

2542. Garantir

∝ É importante garantir a segurança de todos. - It's important to guarantee the safety of everybody.

2543. Gastar

∝ Não quero gastar muito dinheiro. - I don't want to spend a lot of money.

2544. Gemer

∝ Ouço alguém a gemer. - I hear someone moaning.

2545. Gerar

∝ Um dos meus sonhos é gerar vida. - One of my dreams is to generate life.

2546. Gerir

∝ Ele gere o grupo muito bem. - He manages the group very well.

2547. Girar

∝ Gira o ecrã. - Turn/rotate the screen.

2548. Gostar

∝ Eu gosto muito de ti. - I like you a lot.

2549. Governar

∝ Quem é que governa esta casa? - Who governs this house?

2550. Gozar

∝ Porque estás gozar comigo? - Why are you making fun of me?

2551. Gravar

∝ Gravaste o filme? - Did you record the movie?

2552. Gritar

∝ Não precisas de estar a gritar. - You don't need to be shouting.

2553. Guardar

∝ Vou guardar metade do dinheiro. - I'm going to save half the money.

2554. Guiar

∝ Quem é que nos vai guiar? - Who is going to guide us?

2555. Habitar

∝ Os leões habitam na selva. - Lions live in the jungle.

2556. Habituar

Não estou habituada a falar Português. - I'm not used to speaking Portuguese.

2557. Haver

∝ Há várias palhinhas aqui. - There are several straws here.

2558. Herdar

∝ Eu vou herder muito dinheiro. - I'm going to inherit a lot of money.

2559. Hesitar

∝ Não hesites em pedir ajuda. - Don't hesitate in asking for help.

2560. Homenagear

∝ Vamos homenagear o presidente. - We're going to pay homage to the president.

2561. Identificar

∝ Já identifiquei os erros. - I have already identified the mistakes.

2562. Ignorar

∝ Porque é que ele me está a ignorar? - Why is he ignoring me?

2563. Iluminar

∝ A luz iluminava a sala. - The light illuminated the room.

2564. Ilustrar

∝ Isto serve para ilustrar a situação. - This serves to illustrate the situation.

2565. Imaginar

∝ Imagina que estás na lua . . . - Imagine that you are on the moon . . .

2566. Imitar

∝ Ele está a imitar o seu pai. - He is imitating his father.

2567. Impedir

∝ Eles impediram-me de entrar. - They stopped me from going in.

2568. Implantar

∝ Os cientistas implantaram chips na cabeça das pessoas. - The scientists implanted chips in the head of the people.

2569. Implementar

Tenho uma nova estratégia a implementar. - I have a new strategy to implement.

2570. Implicar

∝ Isso implica falar com um médico. - That implies talking with a doctor.

2571. Impor

∝ Não me quero impor . . . - I don't want to impose myself . . .

2572. Importar

∝ Eu não me importo que fiques sentado. - I don't care if you stay seated.

2573. Importunar

∝ Ela está sempre a importunar-me. - She is always disturbing me.

2574. Impressionar

∝ Ela impressionou-me muito. - She impressed me a great deal.

2575. Imprimir

Vou imprimir o trabalho escrito. - I'm going to print the written assignment.

2576. Improvisar

∝ Vou improvisar. - I'm going to improvise.

2577. Inaugurar

∝ O ministro veio inaugurar a apresentação. - The minister came to inaugurate the presentation.

2578. Incentivar

∝ Ela foi incentivada a trabalhar. - She was encouraged to work.

2579. Incidir

∝ A aula incidiu sobre o segundo capítulo. - The class concerned the second chapter.

2580. Inclinar

∝ Estou inclinada a aceitar. - I'm inclined to accept.

2581. Incluir

∝ Ela não está incluída na conversa. - She is not included in the conversation.

2582. Incomodar

∝ Ela está a incomodar-me. - She is bothering me.

2583. Incorporar

∝ Vou tentar incorporar isso. - I will try to incorporate that.

2584. Indagar

∝ Ele estava a indagar se . . . - He was inquiring if . . .

2585. Indicar

∝ Pode indicar-me o caminho, por favor? - Can you show me the way, please?

2586. Induzir

∝ O texto induziu-o em erro. - The text misled him.

2587. Influenciar

∝ Ele tentou influenciar as eleições. - He tried to influence the elections.

2588. Informar

∝ E porque não me informaste disso? - And why haven't you informed me of that?

2589. Ingressar

∝ O funcionário ingressou na empresa. - The employee entered the company.

2590. Iniciar

∝ As aulas iniciam em Setembro. - Classes start in September.

2591. Inserir

∝ Ela inseriu a moeda na máquina. - She inserted the coin in the machine.

2592. Insistir

∝ Desculpa, mas tenho que insister . . . - I'm sorry, but I have to insist . . .

2593. Inspirar

∝ Ela inspira-me a ser melhor. - She inspires me to be better.

2594. Instalar

∝ Vou instalar um sistema de segurança. - I'm going to install a security system.

2595. Instituir

∝ O presidente instituiu uma nova política. - The president instituted a new policy.

2596. Integrar

∝ Temos que tentar integrar todos os colegas na equipa. - We have to try to integrate every colleague in the team.

2597. Intensificar

∝ O seu desejo intensificou-se. - His desire intensified.

2598. Interessar

∞ Esse tema interessa-me muito. – This subject interests me a lot.

2599. Interferir

∞ Ela interferiu no meu trabalho. – She interfered in my work.

2600. Interpretar

∞ Como vais interpretar a resposta dele? – How are you going to interpret his response?

2601. Interrogar

∞ A testemunha vai ser interrogada. – The witness is going to be interrogated.

2602. Interromper

∞ Não me interrompas. – Don't interrupt me.

2603. Intervir

∞ O professor interveio. – The professor intervened.

2604. Introduzir

∞ Eu introduzi a questão na conferência. – I introduced the question at the conference.

2605. Invadir

∞ Um país invadiu outro. – One country invaded another.

2606. Inventar

∞ A história foi inventada. – The story was made up.

2607. Inverter

Os coisas inverteram-se. – Things turned around.

2608. Investigar

∝ A polícia já está a investigar o caso. - The police is already investigating the case.

2609. Investir

∝ Quanto vais investir na empresa? - How much are you going to invest in the company?

2610. Invocar

∝ Ele invocou o Código Penal. - He invoked the Penal Code.

2611. Ir

2612. Irar

∝ Vejo o teu espírito a irar-se! - I see your spirit getting angrier!

2613. Irritar

∝ Estás-me a irritar. - You're pissing me off.

2614. Isolar

∝ Ela foi isolada num quarto. - She was isolated in a room.

2615. Jantar

∝ Ontem esqueci-me de jantar. - Yesterday, I forgot to have dinner.

2616. Jazer

∝ Aqui jaz o meu pai. - Here lies my father.

2617. Jogar

∝ Queres vir jogar Playstation? - Do you want to come play Playstation?

2618. Julgar

∝ Quem és tu para julgar? - Who are you to judge?

2619. Juntar

∝ Agora só tens de juntar o abacate ao tomate. - Now you only have to put together the avocado and the tomato.

2620. Jurar

∝ Juras que não estás a mentir? - Do you swear you are not lying?

2621. Justificar

∝ Não precisas de te justificar. - You don't need to justify yourself.

2622. Lamentar

∝ Lamento muito a tua perda. - I'm very sorry for your loss.

2623. Lançar

∝ O Steph Curry lança muito bem. - Steph Curry shoots very well.

2624. Largar

∝ Larga o que tens na mão. - Let go of what you have in your hand.

2625. Lavar

∝ Vai lavar as mãos. - Go wash your hands.

2626. Leccionar

∝ O professor leccionou a aula. - The professor taught the class.

2627. Lembrar

∝ Espero lembrar-me de fazer o jantar. - I hope I remember to cook dinner.

2628. Ler

∝ O meu hobby favorito é ler. - My favorite hobby is reading.

2629. Levantar

∝ Amanhã vou-me levantar cedo. - Tomorrow I'm going to get up early.

2630. Levar

∝ Vou levar o casaco. - I'm going to take my jacket.

2631. Liberar

∝ A gravação será liberada amanhã. - The recording will be released tomorrow.

2632. Libertar

∝ Quando é que eles vão ser libertados? - When are they going to be released?

2633. Licenciar

Sou licenciada em Direito. - I graduated in Law.

2634. Lidar

∝ Não sei como lidar com esta situação. - I don't know how to deal with this situation.

2635. Liderar

∝ Quem lidera as sondagens? - Who leads the polls?

2636. Ligar

∝ Liga já à tua mãe. - Call your mother immediately.

2637. Limitar

∝ Não limites a minha liberdade. - Don't limit my freedom.

2638. Limpar

∝ Não gosto de limpar a casa de banho. - I don't like cleaning the bathroom.

2639. Livrar

∝ Vou tentar livrar-me deles. - I'm going to try and get rid of them.

2640. Localizar

∝ Não a consigo localizar. - I can't locate her.

2641. Lutar

∝ Não precisamos de lutar. - We don't need to fight.

2642. Mandar

∝ O chefe mandou toda a gente para casa. - The boss sent everyone home.

2643. Manifestar

∝ Os sintomas do covid manifestaram-se. - The symptoms of covid manifested.

2644. Manter

∝ Ela manteve a calma. - She maintained her cool.

2645. Marcar

∝ Queria marcar uma consulta para amanhã, por favor. - I wanted to schedule an appointment for tomorrow, please.

2646. Marchar

∝ Vamos marchar pela igualdade. - Let's march for equality.

2647. Matar

∝ Este calor está a matar-me. This heat is killing me.

2648. Medir

∝ É impossível medir a altura daquele prédio. - It's impossible to measure the height of that building.

2649. Meditar

∝ Vou começar a meditar mais. - I'm going to start meditating more.

2650. Melhorar

∝ Eu treino para melhorar. - I practice to get better.

2651. Mencionar

∝ O meu nome não foi mencionado. - My name wasn't mentioned.

2652. Mentir

∝ Ela está a mentir. - She is lying.

2653. Merecer

∝ Eu mereço mais. - I deserve more.

2654. Mergulhar

∝ O menino mergulhou na piscina. - The boy dived into the pool.

2655. Meter

∝ Tenho que meter mãos ao trabalho. - I have to get down to work.

2656. Mexer

∝ Não mexas aí! – Don't touch that!

2657. Misturar

∝ Estás a misturar as coisas. – You are mixing things.

2658. Mobilizar

∝ O exército mobilizou as tropas. – The army mobilized the troops.

2659. Modificar

∝ Temos que modificar o contrato. – We have to modify the contract.

2660. Moer

∝ Ele está a moer a pimenta. – He is grinding the pepper.

2661. Montar

∝ Amanhã vou montar a cavalo. – Tomorrow I'm going to mount a horse.

2662. Montar

∝ Segui as instruções para montar os móveis. – I followed the instructions to assemble the furniture.

2663. Morar

∝ Ela vai morar para o Porto. – She is going to live in Oporto.

2664. Morder

∝ O teu cão mordeu-me! – Your dog bit me!

2665. Morrer

∝ Só quero morrer quanto tiver duzentos anos. – I only want to die when I'm two hundred years old.

2666. Mostrar

∝ Tenho que te mostrar uma coisa. - I have got something to show you.

2667. Motivar

∝ Ele motivou a namorada para fazer exercício. - He motivated his girlfriend to exercise.

2668. Mover

∝ Faz bem aos idosos moverem-se. - It is good for the elderly to move.

2669. Movimentar

∝ O exército movimentou as tropas. - The army moved the troops.

2670. Mudar

∝ Se as coisas estão mal, temos que mudar. - If things aren't okay, we have got to change.

2671. Multiplicar

∝ Eu não sei multiplicar muito bem. - I don't know how to multiply very well.

2672. Murmurar

∝ Ela estava a murmurar. - She was murmuring.

2673. Nadar

∝ Quando estou na praia, estou sempre a nadar. - When I'm at the beach, I'm always swimming.

2674. Namorar

∝ Ela namora comigo. - She is dating me.

2675. Narrar

∝ Quem está a narrar a história? - Who is narrating the story?

2676. Nascer

∝ Vamos ver uma peça de teatro. - We are going to see a play.

2677. Navegar

∝ Eles navegaram pelo oceano. - They sailed through the ocean.

2678. Necessitar

∝ Ele necessita de ajuda. - He needs help.

2679. Negar

∝ Não vale a penar negar. - No use denying it.

2680. Negociar

∝ Vamos negociar o preço? - Let's negotiate the price?

2681. Nomear

∝ Ela foi nomeada para presidente. - She was nominated to be president.

2682. Notar

∝ Nunca tinha notado nisso. - I had never noticed that.

2683. Noticiar

∝ A televisão noticiou o caso. - The television reported the case.

2684. Obedecer

∝ Não te vou obedecer. - I'm not going to obey you.

2685. Obrigar

∝ Eu obriguei-o a contar o segredo. - I made him tell the secret.

2686. Observar

∝ Os professores observavam os alunos. - The professors observed the students.

2687. Obter

∝ Trabalho para obter melhores resultados. - I work to obtain better results.

2688. Ocorrer

∝ Ocorreu-lhe uma idea brilhante. - A brilliant idea struck him.

2689. Ocultar

∝ Ela está a ocultar-me algo. - She is hiding something from me.

2690. Ocupar

∝ Os lugares estão todos ocupados. - The seats are all occupied.

2691. Odiar

∝ Eu odeio aqueles sapatos. - I hate those shoes.

2692. Ofender

∝ Não te queria ofender. - I didn't want to offend you.

2693. Oferecer

∝ O que lhe vais oferecer? - What are you going to give him/her as a present?

2694. Olhar

∝ Para onde estás a olhar? - Where are you looking to?

2695. Operar

∝ O médico vai operar o paciente. - The doctor is going to operate on the patient.

2696. Opor

∝ Ele opôs-se à proposta. - He opposed the proposal.

2697. Optar

∝ Eu optei pela segunda escolha. - I opted for the second choice.

2698. Ordenar

∝ Ele ordenou que fossem todos para casa. - He commanded that all went home.

2699. Organizar

∝ Quero organizar uma festa. - I want to organize a party.

2700. Orientar

∝ Preciso que me orientes. - I need that you guide me.

2701. Originar

∝ O que origina a vida? - What originates life?

2702. Oscilar

∝ A peça está a oscilar muito. - The piece is wobbling a lot.

2703. Ostentar

∝ Ela gosta de ostentar as suas jóias. - She likes showing off her jewels.

2704. Ousar

∝ Eu não ouso repetir o que ouvi. - I don't dare repeating what I heard.

2705. Ouvir

∝ Estás a ouvir o que eu estou a ouvir? - Are you hearing what I'm hearing?

2706. Pagar

∝ Quanto é que tenho de lhe pagar? - How much do I have to pay you?

2707. Pairar

∝ Ficou a pairar no ar. - It was hovering in the air.

2708. Parar

∝ Podem parar com isso, se faz favor? - Can you stop with that, please?

2709. Parecer

∝ Parece que vai chover. - It seems like it is going to rain.

2710. Parir

∝ A vaca está a parir. - The cow is calving.

2711. Participar

∝ Quem é que vai participar? - Who is going to participate?

2712. Partilhar

∝ Queres partilhar o segredo? - Do you want to share the secret?

2713. Partir

∝ Ele partiu o braço ontem. - He broke his arm yesterday.

2714. Passar

∝ Vou passar a bola à minha colega de equipa. - I'm going to pass the ball to my teammate.

2715. Passear

∝ Queres ir passear? - Do you want to go for a walk?

2716. Pedir

∝ Queria pedir-te uma coisa. - I wanted to ask you something.

2717. Pegar

∝ Podes pegar naquela panela, por favor? - Can you hold that pan, please?

2718. Pender

∝ O quadro está a pender mais para a esquerda. - The painting is tilting a bit to the left.

2719. Penetrar

∝ Eles penetraram pela floresta. - They penetrated through the forest.

2720. Pensar

∝ Temos todos que pensar nisso. - We all have to think about it.

2721. Perceber

∝ Eu não estou a perceber nada. - I'm not understanding anything.

2722. Percorrer

∝ O caminho tem de ser percorrido. - The path has to be taken/traveled.

2723. Perder

∝ O que há a perder? - What is there to lose?

2724. Perdoar

∝ Não sei se te consigo perdoar. - I don't know if I can forgive you.

2725. Perguntar

∝ O que é que queres perguntar? - What do you want to ask?

2726. Permanecer

∝ Vamos permanecer aqui. - We are going to stay here.

2727. Permitir

∝ Eu não permito que isso aconteça. - I won't allow that to happen.

2728. Perseguir

∝ Alguém me está a perseguir. - Somebody is chasing me.

2729. Persistir

∝ A fome persiste. - Hunger persists.

2730. Pertencer

∝ Pertences a que faculdade? - You belong to what college?

2731. Perturbar

∝ Ela perturba-me. - She upsets me.

2732. Pesar

∝ Tenho que pesar os brócolos. - I have to weigh the broccoli.

2733. Pescar

∝ Queres vir pescar comigo? - Do you want to go fishing with me?

2734. Pesquisar

∝ Tenho que pesquisar mais. - I have to research more.

2735. Picar

∝ O medico picou o meu dedo. - The doctor pricked my finger.

2736. Pintar

∝ Vamos pintar a cozinha de preto. - We are going to paint the kitchen black.

2737. Pisar

∝ Não me pises o pé. - Don't step on my foot.

2738. Planear

∝ Estou a planear visitar-te amanhã. - I'm planning on visiting you tomorrow.

2739. Plantar

∝ Quero plantar uma árvore. - I want to plant a tree.

2740. Poder

∝ Posso perguntar-te uma coisa? - Can I ask you something?

2741. Ponderar

∝ Tenho que ponderar a questão. - I have to ponder the question.

2742. Pôr

∝ A menina pôs flores dentro do vaso. - The girl put flowers inside the vase.

2743. Possibilitar

∝ Estudar possibilita muitas coisas. - Studying allows for many things.

2744. Possuir

∝ Eu possuo três mansões. - I possess three mansions.

2745. Poupar

∝ Tenho que poupar dinheiro. - I have to save money.

2746. Pousar

∝ Um pássaro pousou no meu ombro. - A bird alighted on my shoulder.

2747. Praticar

∝ Tenho que praticar mais. - I have to practice more.

2748. Preceder

∝ Que mês precede Janeiro? - What month precedes January?

2749. Precipitar

∝ Acho que me precipitei. – I think I rushed.

2750. Precisar

∝ Preciso de água. – I need water.

2751. Predominar

∝ Predominou um clima de amizade. – A friendly atmosphere prevailed.

2752. Preencher

∝ Tens que preencher esta folha. – You have to fill this paper.

2753. Preferir

∝ O que é que preferes? – What do you prefer?

2754. Pregar

∝ O prego foi pregado à parede. – The nail was nailed to the wall.

2755. Prejudicar

∝ Ele tentou prejudicar-me. – He tried to harm me.

2756. Prender

∝ Vou prender o meu cão dentro de casa. – I'm going to put my dog inside the house.

2757. Preocupar

∝ O que é que te está a preocupar? – What is worrying you?

2758. Preparar

∝ Estás preparada para o teste? – Are you prepared for the test?

2759. Preservar

∝ Como vamos preservar a nossa amizade? - How are we going to preserve our friendship?

2760. Presidir

∝ Quem vai presidir à reunião? - Who is going to preside the reunion?

2761. Pressentir

∝ Eu pressinto um futuro bom. - I foresee a good future.

2762. Pressionar

∝ Não te quero pressionar. - I don't want to push/press you.

2763. Prestar

∝ Ele prestou-me ajuda valiosa. - He provided me with valuable help.

2764. Pretender

∝ Eles pretendem falar com o chefe. - They want to talk to the boss.

2765. Prevalecer

A união prevalece sempre no fim. - Union always prevails in the end.

2766. Prevenir

∝ Como posso prevenir isso? - How can I prevent that?

2767. Prever

∝ Não consigo prever o futuro. - I can't predict the future.

2768. Proceder

∝ O meu psicólogo disse-me como proceder. - My psychologist told me how to proceed.

2769. Processar

∝ Estou a tentar processar toda a informação. - I'm trying to process all the information.

2770. Proclamar

∝ Ele proclamou o seu amor para todo o mundo ouvir. - He proclaimed his love for the whole world to hear.

2771. Procurar

∝ Ando à procura de alho. - I'm looking for garlic.

2772. Produzir

∝ A fábrica tem de produzir mais. - The factory has to produce more.

2773. Proferir

∝ Ele proferiu belas palavras. - He professed beautiful words.

2774. Proibir

∝ Estás proibido de dizer isso. - You are forbidden to say that.

2775. Projectar

∝ Vou tentar projectar o filme. - I'm going to try to project the movie.

2776. Prolongar

∝ Podemos prolongar o prazo? - Can we prolong the deadline?

2777. Prometer

∝ Prometo que te faço esse favor! - I promise you that I will do you that favor!

2778. Promover

∝ Nesta empresa queremos promover a igualdade. - In this company, we want to promote equality.

2779. Pronunciar

∝ Não me quero pronunciar sobre o assunto. - I don't want to comment on the issue.

2780. Propor

∝ Eu propus que ela viesse dormir cá em minha casa. - I proposed that she came to sleep here at my house.

2781. Proporcionar

∝ Quero-te proporcionar um bom momento. - I want to create a good moment for you.

2782. Prosseguir

∝ Vamos prosseguir? - Let's carry on?

2783. Proteger

∝ O segurança veio para me proteger. - The security came to protect me.

2784. Protestar

∝ Porque estás a protestar? - Why are you protesting?

2785. Provar

∝ Tens que provar o que estás a dizer. - You have to prove what you are saying.

2786. Prover

∝ O meu salário é o suficiente para prover o meu sustento. – My salary is enough to provide my support.

2787. Provir

∝ Donde provêm as maçãs? – Where do apples originate from?

2788. Provocar

∝ Ela começou a provocá-lo. – She started provoking him.

2789. Publicar

∝ Vou publicar esta imagem no Facebook. – I'm going to publish this image on Facebook.

2790. Pular

∝ Ela pulou a barreira. – She jumped the hurdle.

2791. Punir

∝ O criminoso foi punido. – The criminal was punished.

2792. Puxar

∝ Tens que puxar a porta. – You have to pull the door.

2793. Quebrar

∝ Eu quebrei todas a regras. – I broke all the rules.

2794. Queimar

∝ Eu vi-os a queimar o lixo. – I saw them burning the garbage.

2795. Queixar

∝ Ela está sempre a queixar-se. - She is always complaining.

2796. Querer

∝ Quero casar-me nova! - I want to marry young!

2797. Questionar

∝ Ele questionou as minhas decisões. - He questioned my decisions.

2798. Ranger

∝ Os dentes estavam a ranger. - The teeth were grinding.

2799. Rasgar

∝ O cão mordeu e rasgou a camisola. - The dog bit and tore the sweater.

2800. Reafirmar

∝ Eu reafirmo o que disse. - I reaffirm what I said.

2801. Reagir

∝ Não sei como irei reagir. - I don't know how I will react.

2802. Realçar

∝ Só quero realçar uma coisa. - I only want to highlight one thing.

2803. Realizar

∝ A empresa não realizou a obra. - The company didn't carry out the work/construction.

2804. Reaparecer

A luz reapareceu. - The light reappeared.

2805. Rebater

∝ Ele rebate tudo o que eu digo. - He counters everything I say.

2806. Rebentar

∝ Estou a rebentar de riso! - I'm bursting out of laughter!

2807. Recear

∝ Não há nada a recear. - There is nothing to fear.

2808. Receber

∝ Tens ainda que receber o troco. - You still have to receive the change.

2809. Reclamar

∝ Porque é que estás a reclamar? - Why are you complaining?

2810. Recolher

∝ O camião veio recolher o lixo. - The truck came to collect the garbage.

2811. Recomeçar

∝ Quero recomeçar a treinar. - I want to restart training.

2812. Recomendar

∝ O que me recomendas? - What do you recommend?

2813. Reconhecer

∝ Desculpe, não o reconheço. - I'm sorry, I don't recognize you.

2814. Recordar

∝ Quero recordar-me deste momento para sempre. - I want to remember this moment forever.

2815. Recorrer

∝ Eu recorri a uma vidente. - I resorted to a psychic.

2816. Recuar

∝ Podes recuar um pouco? - Can you back up a little bit?

2817. Recuperar

∝ Quero recuperar bem desta lesão. - I want to recover well from this injury.

2818. Recusar

∝ Porque é que recusaste ajuda? - Why did you refuse help?

2819. Reduzir

∝ Temos que reduzir o consumo de manteiga. - We have to reduce the consumption of butter.

2820. Referir

∝ Ele está-se a referir ao quê? - He is referring to what?

2821. Reflectir

∝ Vou reflectir sobre isso. - I'm going to reflect about it.

2822. Reforçar

∝ Queria só reforçar o que foi dito. - I only wanted to reinforce what was said.

2823. Reformar

∝ O meu avô já se reformou. - My grandfather has already retired.

2824. Refugiar

∝ O cão refugiou-se na casota. - The dog took cover in his hut.

2825. Reger

∝ A nova política rege o uso de dados pessoais. - The new policy governs the use of personal data.

2826. Registar

∝ Nunca consegui registar essa informação. - I was never able to register that information.

2827. Regressar

∝ Quando regressas a Lisboa? - When are you going to come back to Lisbon?

2828. Regular

∝ A temperatura é difícil de regular. - The temperature is hard to regulate.

2829. Reinar

∝ O rei reina no seu reino. - The king rules in his kingdom.

2830. Reivindicar

∝ Vou reinvidicar os meus direitos. - I'm going to claim my rights.

2831. Rejeitar

∝ Ela foi rejeitada. - She was rejected.

2832. Relacionar

∝ Tens que relacionar as duas coisas. - You have to link both things.

2833. Relatar

∝ O jornalista relatou as notícias. - The journalist reported the news.

2834. Relembrar

∝ Relembro que temos teste amanhã. - I remind you that we have a test tomorrow.

2835. Rematar

∝ O futebolista rematou a bola. - The footballer kicked the ball.

2836. Remeter

∝ Vou remeter para o meu chefe. - I'm going to forward it to my boss.

2837. Remover

∝ Vou remover o verniz. - I'm going to remove the polish.

2838. Render

∝ Ele rendeu-se a ela. - He surrendered himself to her.

2839. Renovar

∝ Vou renovar o meu contrato. - I'm going to renew my contract.

2840. Renunciar

∝ Ele renunciou ao seu mandato. - He renounced his mandate.

2841. Reparar

∝ Vou reparar o meu carro, que está avariado. - I'm going to repair my car, which is broken.

2842. Reparar

∝ Já reparaste como ela está vestida? - Have you noticed how she is dressed?

2843. Repetir

∝ Pode repetir, por favor? - Can you repeat, please?

2844. Replicar

∝ Vamos replicar a noite de ontem. - Let's replicate yesterday's night.

2845. Repousar

∝ Vou repousar um pouco. - I'm going to rest a little bit.

2846. Representar

∝ O que é que este símbolo representa? - What does this symbol represent?

2847. Reprimir

∝ Ele reprime os sentimentos. - He represses his feelings.

2848. Reproduzir

∝ As fêmeas reproduzem-se. - The females reproduce.

2849. Requerer

∝ Ele requereu uma entrevista com o presidente. - He requested an interview with the president.

2850. Reservar

∝ A mesa está reservada para nós. - The table is reserved for us.

2851. Resgatar

∝ A polícia conseguiu resgatar a pessoa sequestrada. - The police managed to rescue the abducted person.

2852. Residir

∝ Eu resido em Lisboa. - I reside in Lisbon.

2853. Resistir

∝ Não tentes resistir. - Don't try to resist.

2854. Resmungar

∝ Ela está a resmungar. - She is grumbling.

2855. Resolver

∝ Os problemas são para ser resolvidos. - Problems are to be solved.

2856. Respeitar

∝ Tens que respeitar as pessoas! - You have to respect people!

2857. Respirar

∝ Não consigo respirar pelo nariz. - I can't breathe through my nose.

2858. Responder

∝ Porque é que ele não responde? - Why doesn't he answer?

2859. Responsabilizar

∝ Tens que te saber responsabilizar. - You have to know how to take responsibility.

2860. Ressaltar

∝ A professora ressaltou a importância da matéria. - The professor reinforced the importance of the subject.

2861. Restabelecer

Vou fazer uma sesta para restabelecer as energias. - I'm going to take a nap to restore my energy.

2862. Restar

∝ O que é que restou do almoço? - What is left from lunch?

2863. Restaurar

∝ Estou a pensar restaurar a casa. - I'm thinking of restoring the house.

2864. Restringir

∝ Não podes restringir os meus direitos. - You can't restrict my rights.

2865. Resultar

∝ O processo resultou. - The process has worked.

2866. Resumir

∝ Vou resumir do texto. - I'm going to make a summary of the text.

2867. Reter

∝ O camelo retém água para sobreviver. - The camel retains water to survive.

2868. Retirar

∝ Tenho que retirar os livros da prateleira. - I have to remove the books off the shelve.

2869. Retomar

∝ Quando retomam as aulas? - When do classes resume?

2870. Retornar

∝ Quando vais retornar? - When are you coming back?

2871. Retratar

∝ O artista retratou-a como mulher independente. - The artist portrayed her as an independent woman.

2872. Reunir

∝ Quando nos vamos todos reunir? - When are we all going to reunite?

2873. Revelar

∝ O que será que este livro nos vai revelar? - What is it that this book is going to reveal to us?

2874. Rever

∝ O professor reviu a nota. - The professor revised the grade.

2875. Revestir

∝ O chocolate está revestido de coco. - The chocolate is coated in coconut.

2876. Rezar

∝ Ela agora está a rezar. - Now she is praying.

2877. Rir

∝ Ele começou a rir e não conseguia parar. - He started laughing and couldn't stop.

2878. Roçar

∝ O braço dela roçou no meu. - Her arm rubbed mine.

2879. Rodar

∝ A garrafa veio a rodar pelo ar. - The bottle came turning/flying across the air.

2880. Rodear

∝ Estamos rodeados por mosquitos. - We are surrounded by mosquitoes.

2881. Roer

∝ O rato roeu a rolha do rei da Rússia[79]. - The mouse gnawed the cork of the king of Russia.

2882. Rolar

∝ Eu vi a bola rolar. - I saw the ball rolling.

2883. Romper

∝ Tenho que romper com o passado. - I have to break with my past.

2884. Rondar

∝ As hienas estavam a rondar a carcaça. - The hyenas were prowling the carcass.

2885. Roubar

∝ Roubar é errado. - Stealing is wrong.

2886. Saber

∝ O que é que eu preciso de saber para o exame? - What do I need to know for the exam?

---

[79] This sentence is actually a famous Portuguese tongue twister.

2887. Sacudir

∝ O meu cão sacudiu cauda. - My dog shook his tail.

2888. Sair

∝ A que horas queres sair de casa? - At what time do you want to leave the house?

2889. Salientar

∝ Quero salientar que isto é importante. - I want to highlight that this is important.

2890. Saltar

∝ O Michael Jordan saltava muito alto. - Michael Jordan used to jump really high.

2891. Salvar

∝ O bombeiro salvou o cachorro. - The fireman saved the puppy.

2892. Satisfazer

∝ Estou a satisfazer as minhas necessidades. - I'm satisfying my needs.

2893. Saudar

∝ O presidente saudou todo o povo. - The president saluted the whole people.

2894. Secar

∝ A t-shirt está a secar. - The T-shirt is drying.

2895. Segredar

∝ Eu ouvi-a a segredar o teu nome. - I heard her softly saying your name.

2896. Seguir

∝ Quem te está a seguir? - Who is following you?

2897. Segurar

∝ O que é que ele está a segurar? - What is he holding?

2898. Seleccionar

∝ Quem é que ele seleccionou? - Who did he select?

2899. Semear

∝ Tu colhes o que semeias. - You reap what you sow.

2900. Sentar

∝ Preciso mesmo de me sentar. - I really need to sit down.

2901. Sentir

∝ Não sei bem o que sinto. - I don't know exactly what I feel.

2902. Separar

∝ Temos que separar o trigo do joio. - We have to separate the wheat from the chaff.

2903. Sequestrar

∝ O filme é sobre uma mulher que foi sequestrada. - The movie is about a woman that was abducted.

2904. Ser

∝ Ser ou não ser: eis a questão. - To be or not to be: that is the question.

2905. Servir

∝ O empregado de mesa serviu o vinho. - The waiter served the wine.

2906. Significar

∝ O que é que isso significa? - What does that mean?

2907. Situar

∝ Onde se situa a tua casa? - Where is your house situated?

2908. Soar

∝ O relógio soa cada hora. - The clock sounds every hour.

2909. Sobrar

∝ Se sobrar comida, eu quero. - If there is leftover food, I want it.

2910. Sobreviver

∝ Ele sobreviveu. - He survived.

2911. Soçobrar

O negócio soçobrou. - The deal collapsed.

2912. Sofrer

∝ Eles estão a sofrer muito. - They are suffering a lot.

2913. Soletrar

Sabes soletrar? - Do you know how to spell?

2914. Solicitar

∝ Ela solicitou a minha ajuda. - She asked for my help.

2915. Soltar

∝ O cão foi solto. - The dog was released.

2916. Soluçar

∝ Ela está ali a soluçar. - She is over there sobbing.

2917. Somar

∝ Sabes somar, certo? - You know how to add, right?

2918. Sonhar

∝ Estou sempre a sonhar! - I'm always dreaming!

2919. Soprar

∝ Ela soprou as velas. - She blew the candles.

2920. Sorrir

∝ Tens que sorrir mais! - You have to smile more.

2921. Suar

∝ Ela sua muito a fazer desporto. - She sweats a lot while doing sports.

2922. Subir

∝ O meu sonho é subir aquela montanha. - My dream is to go up that mountain.

2923. Sublinhar

∝ Eu sublinho todos os meus livros. - I underline all my books.

2924. Submeter

∝ Já submeti a minha aplicação. - I have already submitted my application.

2925. Substituir

∝ Temos que substituir a peça partida. - We have to substitute the piece that is broken.

2926. Suceder

∝ O concerto sucedeu o leilão. - The concert took place after the auction.

2927. Sufocar

∝ Ela estava a sufocar. - She was suffocating.

2928. Sugerir

∝ Possso sugerir uma coisa? - Can I suggest one thing?

2929. Sujeitar

∝ Tenho que me sujeitar. - I have to subject myself.

2930. Sumir

∝ Ela simplesmente sumiu. - She simply vanished.

2931. Superar

∝ Tenho que superar este problema. - I have got to get over this problem.

2932. Supor

∝ Ele supôs que eu não ia. - He supposed that I wasn't going.

2933. Suportar

∝ Já não consigo suportar o meu marido. - I can't stand my husband anymore.

2934. Surgir

∝ Como surgiu essa ideia? - How did that idea come about?

2935. Surpreender

∝ Ele continua a surpreender-me. - He continues surprising me.

2936. Suscitar

O indivíduo suscitava dúvidas. - The individual raised some doubts/concerns.

2937. Suspeitar

∝ Eu não suspeitei de nada. - I didn't suspect a thing.

2938. Suspender

∝ O jogador foi suspenso. – The player was suspended.

2939. Suspirar

∝ Porque suspiras? – Why are you sighing?

2940. Sustentar

∝ Não tenho dinheiro para sustentar o meu estilo de vida. – I don't have money to maintain my lifestyle.

2941. Tapar

∝ Tapa a tua cara! – Cover your face!

2942. Tardar

∝ O comboio tarda em chegar. – The train is delayed.

2943. Tecer

∝ Ele teceu muitas críticas. – He made many comments/critics.

2944. Teimar

∝ Ela teima em ficar cá. – She insists on staying here.

2945. Telefonar

∝ Espera, vou-lhe telefonar. – Wait, I'm going to phone her.

2946. Temer

∝ Não temos que temer o futuro. – We don't have to fear the future.

2947. Tender

∝ Eu tendo mais para a esquerda política. – I lean more to the political left.

2948. Tentar

∝ Vou tentar ser simpático. - I'm going to try and be nice.

2949. Ter

∝ Tenho muitas saudades tuas. - I miss you a lot.

2950. Terminar

∝ Estou quase a terminar o trabalho. - I'm almost finished with the work/job.

2951. Testar

∝ Temos ainda que testar o programa. - We still have to test the program.

2952. Tirar

∝ Tenho que tirar a roupa suja do saco. - I have to take out the dirty laundry from the bag.

2953. Tocar

∝ Senti um calafrio quando ele tocou na minha mão. - I felt goosebumps when he touched my hand.

2954. Tomar

∝ Tenho que tomar este remédio. - I have to take this medicine.

2955. Tombar

∝ A criança tombou. - The child fell.

2956. Torcer

∝ Estou a torcer para que ganhes. - I'm rooting for you to win.

2957. Tornar

∝ Ele tornou a faltar à aula. - He missed class once again.

2958. Torturar

∝ Exercício físico tortura-me. - Physical exercise tortures me.

2959. Trabalhar

∝ Eu não gosto de trabalhar. - I don't like working.

2960. Traçar

∝ Ela traçou uma linha vermelha. - She traced a red line.

2961. Traduzir

∝ Podes traduzir o texto para Português? - Can you translate the text into Portuguese?

2962. Trair

∝ Nunca pensei que fosse capaz de trair alguém. - I never thought I would be capable of cheating/betraying someone.

2963. Transferir

∝ É importante transferir recursos para quem precisa. - It's important to transfer resources for those in need.

2964. Transformar

∝ A casa transformou-se completamente. - The house transformed completely.

2965. Transmitir

∝ Qual é a mensagem que queres transmitir? - What is the message that you want to transmit?

2966. Transportar

∝ O carro transporta pessoas. - The car carries people.

2967. Tratar

∝ Temos que tratar bem os nossos amigos. - We have to take good care of our friends.

2968. Travar

∝ A condutora travou rapidamente. - The driver stopped quickly.

2969. Trazer

∝ Traz um casaco para mim, por favor. - Bring a coat for me, please.

2970. Treinar

∝ Tenho que treinar mais. - I have to practice more.

2971. Tremer

∝ Porque estás a tremer? - Why are you shaking?

2972. Trocar

∝ Queres trocar de bicicleta? - Do you want to switch bicycles?

2973. Ultrapassar

∝ Ultrapassa esse autocarro! - Overtake that bus!

2974. Unir

∝ Vamos unir-nos! - Let's unite!

2975. Usar

∝ Não sei como usar isto. - I don't know how to use this.

2976. Utilizar

∝ Que ferramenta é que está a utilizar? - What tool are you using?

2977. Vaguear

∝ Eu vi-o a vaguear pela rua. - I saw him wandering through the streets.

2978. Valer

∝ Este relógio vale muito dinheiro. - This watch is worth a lot of money.

2979. Valorizar

∝ Ele não me valoriza. - He doesn't value me.

2980. Variar

∝ Para variar, ficámos em casa. - We stayed at home, for a change.

2981. Varrer

∝ Ele varreu o chão. - He swept the floor.

2982. Velar

∝ Tens que velar por mim. - You have to watch out for me.

2983. Vencer

∝ A minha equipa venceu. - My team won.

2984. Vender

∝ Vou vender o meu carro. - I'm going to sell my car.

2985. Verificar

∝ Verifica se as luzes estão apagadas. - Verify if the lights are turned off.

2986. Vestir

∝ Não sei o que vestir para o jantar. - I don't know what to wear to dinner.

2987. Viabilizar

O investimento viabiliza o desenvolvimento. - Investment enables development.

2988. Viajar

∝ Estas férias vou viajar. - I'm going to travel this vacation.

2989. Vibrar

∝ O telemóvel está a vibrar! - The cell phone is vibrating!

2990. Vigiar

∝ Os seguranças vigiam o público. - The security guards monitor the public.

2991. Vingar

∝ Vou vingar a minha mãe. - I'm going to avenge my mother.

2992. Violar

∝ Ela violou a política da empresa. - She violated the company's policy.

2993. Vir

∝ Queres vir cá jantar hoje? - Do you want to come here to dinner tonight?

2994. Virar

∝ A tartaruga virou-se ao contrário. - The turtle turned upside down.

2995. Visar

∝ A nova lei visa beneficiar os idosos. – The new law aims to benefit the elderly.

2996. Visitar

∝ Sempre quis visitar Aveiro. – I always wanted to visit Aveiro.

2997. Viver

∝ Gostavas de viver eternamente? – Would you like to live eternally?

2998. Voar

∝ Quem me dera poder voar. – I wish I could fly.

2999. Voltar

∝ Eu vou voltar hoje. – I will return today.

3000. Votar

∝ Votar é um dever cívico. – Voting is a civic duty.

Conclusion

Now that you have made it to the end of this book, you should have a deeper knowledge of the Portuguese language!

As stated at the beginning of the book, these pages were not aimed at teaching the whole language and its structures or speaking it fluently. However, it does allow the reader to have a rich enough vocabulary that would enable any student, beginner or not, to speak in Portuguese and understand it. It is quite an ambitious goal, but one that was hopefully—and effectively—achieved.

Keep in mind that all you learn comes with practice, and never forget this new knowledge—you need to keep doing it. A hassle it might seem, but it will make a difference when—or if—you decide to start studying the language formally. After all, you know most of the words that native speakers use every day. So, just keep it up.

Boa sorte!